왜 팔리는가

WHY THEY BUY?

뇌과학이 들려주는 소비자 행동의 3가지 비밀

왜 팔리는가

: 조현준 지음 :

아템포

저 자 의 글

"마케팅이란 무엇인가?"

이는 소위 마케팅을 전공했다는 사람들에게도 쉽지 않은 질문이다. 마치 스님들의 화두처럼 뭔가의 본질에 대한 질문은 하나같이 쉽지 않다. 물론 마케팅에 대한 사전적 정의는 있다. 하지만 그것은 말 그대로 사전적 정의일 뿐이다.

나는 이 어려운 질문에 대한 대답을 스티브 잡스를 통해 보았다. 아이폰과 아이패드 출시일에 매장 앞에서 밤새워 기다리던 사람들이 결국 손에 아이폰을 들고서 환호성을 지르는 모습에서 말이다. 스티브 잡스는 상품이 아닌 행복을 만들었던 것이다. 아이폰은 단순히 혁신적인 상품으로만 우리에게 다가온 게 아니라, 우리를 흥분시키고 설레게 하는 '행복' 그 자체였던 것이다.

지금까지는 같은 상품을 더 비싼 가격에 많이 팔아야 한다는 생각이 지배하는 마케팅 세상이었다면, 이제는 소비자들이 진정 원하는 것을 찾아 제공하는 것이 소비자를 진정으로 행복하게 하는 방법이라는 것을 알려주었던 것이다.

뇌, 호르몬, 기능성자기공명영상장치(fMRI)와 같은 과학적 용어들과 전혀 친하지 않은 속칭 '문과반'이 뇌과학을 기반으로 한 소비자 행동에 관해 이야기하는 것이 참으로 난센스 같기도 하다. 하지만 부족한 지식이나마 이렇게 뇌과학의 빛으로 마케팅을 비춰보는 작업을 시도한 것은, 지금까지 우리가 미처 몰랐던 인간 행동의 수수께끼를 뇌과학을 중심으로 한 21세기 과학이 밝히고 있기 때문이다. 그리고 그 과학적 통찰을 통해야만 소비자가 상품에 끌리는 진정한 이유를 알 수 있기 때문이다.

사실 그동안의 마케팅은 설명이 충분하지 않은 면이 있었다. 왜냐하면 마케팅 법칙에 예외가 너무 많았기 때문이다. 이 책을 통틀어 하나의 결론을 내린다면, 인간 행동은 진화의 법칙에 의해서 움직이며 그 진화의 법칙은 우리 모두가 행복하기를 원한다는 것이다. 그렇기에 마케팅의 핵심은 '어떻게 해야 사람들이 행복할까, 무엇이 사람들을 행복하게 만들까'에 있다. 그런 의미에서 이 책이 사람들을 진정으로 행복하게 하고자 하는 수많은 마케터와 기업들에 조금이나마 도움이 되었으면 한다.

마지막으로 이 멋진 세상을 함께 해주는 부모님과 가족들(최영수, 조호정, 조재성)에게 지면을 빌려 진심으로 고맙다는 말을 전하고 싶다. 또, 틸리언 컨설팅 그룹을 함께 해주었던 최장원, 김현정, 김민숙 박사와 한동훈 부사장께 그리움을 전하며 바쁜 일정 중에도 많은 도움을 준 김정렬에게도 감사를 전한다.

저자의 글 >005
서문 뇌과학으로 소비자의 맨얼굴을 벗기다 >011

PART 01 마케터를 속이는 두 얼굴의 소비자

1. 좋다고 한다, 하지만 사지 않는다 >021
2. 방금 본 광고? 전혀 기억하지 않는다 >028
3. 비싼데도 더 싸다고 한다 >035
4. 맛을 모르면서 맛집이 맛있다고 한다 >040
5. 브랜드가 곧 차이라고 믿는다 >047
6. 수백 번 카드를 잘라도 지름신의 강림은 막지 못한다 >053
7. 체리피커, 프로모션을 지능적으로 즐기는 자들 >059
8. 21세기 과학이 들려주는 소비자 행동의 불편한 진실 >064

Episode 1 애플은 시장조사를 하지 않는다 >026
Episode 2 잠재의식에 바로 버려지는 수많은 광고들 >032
Episode 3 단 3%의 사람만이 맛을 구별한다 >045
Episode 4 나쁜 걸 알면서도 패스트푸드에 계속 끌리는 이유 >057
Episode 5 우리는 뇌가 인지하는 세상을 본다 >068

PART 02 소비자는 항상 판단의 지름길을 사용한다

1. 착각을 부르는 판단의 지름길 ▷075
2. 앵커링, 마음속에 내려져 있는 판단의 닻 ▷081
3. 직관, 믿을 것인가 말 것인가 ▷087
4. 고정관념은 아주 힘이 세다 ▷095
5. 프레이밍, 딱 그만큼만 세상이 보인다 ▷102
6. 자기중심성, 세상의 중심에는 늘 내가 있다 ▷111

Episode 6 양날의 칼 직관: 창조적 혁신자 vs 오판의 사도 ▷092
Episode 7 남자가 여자의 신발 50켤레를 이해 못하는 이유 ▷109
Episode 8 이케아, 불편해서 더 잘나가는 기업 ▷117

PART 03 우리는 왜 비합리적 판단을 계속하는가

1. 우리가 비합리적 판단을 하는 이유 ▷121
2. 단 0.05초 만에 일어나는 판단 ▷125
3. 기억의 90%는 사실과 다르다 ▷129
4. 인간의 정보처리 용량, 초당 40비트 ▷135
5. 99% 착시를 통해 보는 세상 ▷141

Episode 9 외눈으로도 성공한 축구 선수 ▷146

PART 04 인간 행동을 지배하는 진화의 법칙

1. 착각에도 방향성이 있다 >151
2. 뇌가 걸어온 길 >158
3. 뇌는 생각하는 것을 싫어한다 >162
4. 진화의 법칙은 감정의 뇌를 선택했다 >168
5. 1000가지 동기를 지배하는 3가지 절대동기 >172
6. 사람마다 다른 절대동기 코딩 >180
7. 남자와 여자는 뇌 속까지 다르다 >186
8. '진짜 나'에게 팔아라 >192

Episode 10 같은 실수를 반복하는 게 인간이다 >155
Episode 11 설명서가 없는 아이폰 >166
Episode 12 한스 게오르크 호이젤 박사의 림빅 시스템 >178
Episode 13 생존을 위한 진화의 선택, 다양성 >184

PART 05 3에지 임팩트, '진짜 나'를 깨워라

1. '진짜 나'는 어떤 상품을 선택하는가 >197
2. 감정의 뇌를 깨우는 3가지 에지 >203
3. 소비자에게 우월감을 주는 파워에지 >206
4. 새롭다는 즐거움을 주는 뉴에지 >209
5. 상품이 가진 위험, 리스크에지 >213
6. 3에지 임팩트가 시장을 지배한다 >217
7. 감정의 뇌에 정답이 있다 >224

Episode 14 커피는 혀가 아니라 뇌가 마신다 >201
Episode 15 뇌를 위한 종합선물세트, 소셜커머스 >222

PART 06 감정의 뇌를 유혹하는 10가지 전략

1. 대전략: '진짜 나'로 가는 지름길을 공략하라 › 233
2. 전략1: 브랜드, 0.05초 안에 승부를 내라 › 237
3. 전략2: 시각적 실체, 눈이 즐거워야 뇌가 웃는다 › 246
4. 전략3: 소비자의 말, 이분이 바로 마케팅의 신 › 255
5. 전략4: TV 광고가 해야 할 단 한 가지, 감정 깨우기 › 262
6. 전략5: 가격에 감정가치를 불어넣어라 › 270
7. 전략6: 여성은 디테일에 미친다 › 279
8. 전략7: 감정접점을 절대 놓치지 마라 › 285
9. 전략8: 감정의 뇌 시장세분화를 하라 › 290
10. 전략9: 탁상기획은 절대 모르는 RDE의 세계 › 298
11. 전략10: 테스토스테론을 컨트롤하라 › 303

Episode 16 감정의 뇌는 카스를 좋아한다 › 243
Episode 17 하얀 국물 라면은 왜 몰락했을까? › 253
Episode 18 잘 만들고도 안 팔리는 K9 › 277
Episode 19 림빅 시스템의 7가지 소비자 유형 › 296
Episode 20 잘나가던 코닥과 노키아가 무너진 이유 › 309

추천도서 › 312

서문

뇌과학으로 소비자의
맨얼굴을 벗기다

마케팅을 사랑하는 마케터로서 가장 듣기 싫었던 말은 "마케팅은 말로 하는 거야"였다. 사실 기존의 소비자 행동 분석은 복잡한 양상을 띠었고, 이렇게 다양한 소비자 행동에 대해 '왜(Why)' 이런 현상이 발생하는지에 대한 설명이 충분하지 않았다. 마케팅의 전설이라는 마케팅 불변의 법칙조차도 '왜'에 대한 설명이 부족하다. 그렇다 보니 20~30%나 되는 예외적 사례들이 존재한다. 예를 들면, '시장을 선점하라'는 마케팅 불변의 제1법칙만 살펴봐도 그렇다. 실제 시장에서는 오비 맥주와 같이 시장을 선점하고도 실패하는 사례가 심심치 않게 일어나고 있기 때문이다.

그리고 마케팅 전공자라면 누구나 배우는 선택적 지각(selective perception)과 같은 소비자 행동도 명확한 실제 현상이지만, 원인에 대한 설명은 충분하지 못했다. 이러한 마케팅 법칙들에 대한 논리적 설명력 부족은 소비자 행동을 예측하고 성공적인 마케팅을 실행하는 데 여러 한계점을 야기했고, 결국 "마케팅은 말로 하는 거야"라는 평을 듣게 된 것이다.

21세기를 사는 우리는 눈부신 과학 기술의 발전을 경험하고 있다. 물리학의 초끈이론은 모든 물질의 존재 원리를 설명하기 시작했으며, 인간 유전자를 해석하는 생명과학은 생로병사의 비밀까지 규명하는 단계로 발전하고 있다. 이러한 과학 기술의 발전은 기능성자기공명영상장치라는 새로운 기계 장치를 탄생시켰다. 기능성자기공명영상장치는 인간 행동에 따른 뇌의 혈류 변화를 직접 관찰할 수 있게 함으로써, 뇌과학이라는 새로운 학문의 출발점이 되었다. 또한 1995년 이후 뇌과학은 기존 마케팅 법칙들이 설명하지 못했던 소비자 행동의 '왜(Why)'라는 질문에 새로운 과학적 답들을 내놓기 시작했다.

그 대표적인 사례가 가장 위대한 마케팅 실패라고 하는 코카콜라의 뉴코크(New Coke)다. 효용 극대화를 추구하는 합리적 소비자라는 기존의 관점에서는 맛도 더 좋아지고 19만 명에 대한 사전 선호도 조사를 통해 완벽하다고 여겨졌던 뉴코크의 실패를 설명하기가 어려웠다. 하지만 2004년 에쉬(F. J. Esch)는 기능성자기공명영상장치 실험을 통해 소비자가 펩시콜라보다 코카콜라를 더 좋아한다는 것을 뇌과학으로 증명했다. 소비자에게 코카콜라 브랜드를 보여주고 마시게 하면 뇌 속 쾌감중추인 측좌핵이 더 많이 활성화되었다. 이는 혀로 느끼는 맛은 펩시콜라가 더 좋을지 모르지만 실제 뇌는 코카콜라를 마실 때 더 즐거워한다는 것을 증명했던 것이다. 이렇게 뇌과학은 오랫동안 풀지 못했던 마케팅 난제들을 풀기 시작했으며, 뉴로마케팅(Neuro Marketing)이라는 새로운 영역을 탄생시켰다.

또 최근 놀라운 발전을 보여주고 있는 신경경제학, 행동경제학, 진화심리학 등이 뇌과학과 함께 소비자 행동, 나아가 인간 행동에 대한 진지한 대답들을 내놓고 있다. 한스 게오르크 호이젤(Hans-Georg Häusel) 박사의 《뇌, 욕망의 비밀을 풀다》, 《이모션》, 레이 허버트(Wray Herbert)의 《위험한 생각습관 20》, 윌리엄 파운드스톤(William Poundstone)의 《가격은 없다》, 댄 애리얼리(Dan Ariely)의 《상식 밖의 경제학》 등의 주옥같은 결과물들이 쏟아지고 있다.

이들이 공통으로 이야기하는 부분은 소비자는 매우 제한적인 인지능력을 보유하고 있으며, 빠른 판단을 위해 판단의 지름길을 사용해 무의식적으로 판단을 내리고 행동한다는 것이다. 소비자 행동을 지배하는 것은 무의식이며, 이러한 무의식이 존재하는 '감정의 뇌(변연계)'가 소비자 행동을 지배한다고 이야기한다. 또한 소비자가 상품을 구매하는 진짜 이유는 감정의 뇌가 더 많은 자극을 받아 행복하기를 원하기 때문이라고 말한다. 결국 감정의 뇌를 즐겁게 하는 상품이 소비자의 무의식적인 선택을 받는 것이다.

이렇게 매일같이 쏟아지는 뜨거운 연구 결과들을 대할 때면 가슴이 뜨겁지만 한편으로는 '그렇다면 마케팅은 어떻게 해야 하는 거지?'라는 또 다른 질문에 맞닥뜨린다. 왜냐하면 뇌과학, 행동경제학, 진화심리학들이 밝히고 있는 소비자 행동에 대한 설명들이 아직 기업 입장에서는 체감하기 어렵고 그저 재미있는 가설 중의 하나쯤으로 여겨지기 때문이다. 이러한 이유는 지금까지 뇌과학, 행동경제학, 진화심리학 등이 각자의 학문 영역에서만 분석하다 보니 통합적으로 설명되지 못하고 있기 때문이며, 또한 이들 학문이 소비자 행동에 대한 현상을 설명하는 데 중점을 두다 보니 기업에서 마케팅을 어떻게 해야 하는지에 대한 이야기가 부족했기 때문이다.

그래서 이 책은 실제 마케팅을 하는 기업과 마케터의 관점에서 이런 과학적 결과들이 어떤 의미가 있고, 마케팅을 어떻게 해야 하는지에 대한 이야기들을 정리한 결과물이다. 몇 년 전 뇌과학, 행동경제학을 처음 만났을 때 마치 사막에서 오아시스를 만난 느낌이었다. 오랫동안 풀지 못했던 '마케팅이란 무엇인가'에 대한 대답을 얻었으며, 성공하는 마케팅에 대한 방향성을 보았다. 이러한 방향성이 독자들께 조금이나마 도움이 되기를 바란다.

PART 1은 기업에서 마케팅을 할 때 부딪히는 소비자의 두 얼굴에 관한 이야기다. 신상품을 만들고 매출을 증가시켜야만 하는 기업은 소비자의 두 얼굴에 매번 속는다. 소비자는 말로는 좋다고 하지만 실제로는 사지 않는다. 또 심혈을 기울인 광고를 보고서도 전혀 떠올리지 않으며, 더 비싼 상품을 싸다고도 생각한다. 기업 입장에서 이러한 소비자의 두 얼굴은 이해하기 어려운 것이며, 마케팅 실패의 원인이 되고 있다. PART 1에서는 이렇게 기업이 마케팅을 하면서 부딪히는 소비자 행동의 이중성에 관한 이야기로, 착각하게 하는 소비자의 모습에 관해 정리했다.

PART 2는 소비자가 착각하고 비합리적 판단을 하게 되는 판단의 지름길에 관한 이야기다. 이러한 판단의 지름길은 무의식중에 일어나는 사고 체계로 행동경제학에서는 이를 '휴리스틱(heuristic)'이라고 말한다. PART 2에서는 우리가 가장 많이 사용하는 '앵커링', '직관', '고정관념', '프레이밍', '자기중심성'에 대해서 설명하며 이러한 판단의 지름길이 어떻게 의사결정에 영향을 미치는지를 사례 중심으로 설명하겠다.

PART 3은 우리가 착각하고, 비합리적 판단을 하는 네 가지 이유에 대한 설명이다. 아프리카 초원에서 시작한 초기 인류는 생존을 위해 빠른 판단을 내려야만 했다. 정확하지만 느린 판단보다는 덜 정확하더라도 빠른 판단이 생존에 절대적으로 유리했기 때문이다. 빠른 판단을 위해 뇌는 감정의 뇌(변연계)가 이성의 뇌(대뇌피질)보다 더 빠르게 작동하도록 설계되었으며, 판단의 지름길을 사용하는 사고체계를 만들었다. 따라서 뇌의 판단 체계는 덜 정확하고, 비합리적이다.

우리의 판단이 비합리적인 또 하나의 중요한 이유는 판단의 지름길의 기반인 기억에 있다. 즉, 우리는 기억을 바탕으로 판단하는데, 그 기억의 90%는 정확하지 않으며 심지어 왜곡까지 한다. 또 우리는 초당 40비트의 정보만 받아들일 수 있을 정도로 제한된 지각능력을 가지고 있어 주변 정보를 다 보지 못하고 듣지도 못한다. 이러한 제한된 정보 지각은 판단을 위한 인풋 데이터(input data)가 부족하다는 것을 의미하며, 잘못된 판단의 근본 원인이 된다. 또한, 제한된 정보를 통해 사물을 판단해야 하다 보니 우리는 비교를 통해 사물을 인식하는 체계를 가지게 되었다. 여기서 중요한 것은 우리의 판단을 비합리적으로 만드는 이 네 가지 이유가 생존을 위해 선택된 진화의 법칙이라는 것이다.

PART 4에서는 우리 행동을 결정하는 진화의 법칙에 관해 이야기한다. 가장 중요한 진화의 법칙은 빠른 판단이다. 이를 위해 감정의 뇌가 더 빠르게 작동하도록 설계되어 있는데, 이는 감정의 뇌가 이성의 뇌보다 더 빨리 우리에게 행동지령을 내린다는 뜻이다. 즉, 우리 행동을 결정하는 것은 감정의 뇌라는 것이다. 그리고 이 감정의 뇌에는 우리 행동의 방향성을 결정하는 세 가지 절대동기가 코딩되어 있다. '경쟁 승리', '새로움 추구', '위험 회피' 이 세 가지 절대동기 유형에 따라 우리의 행동이 결정된다. 그리고 이 절대동기는 사람마다 다르게 코딩되어 있다. 정확하게 말하면 몇 개의 그룹으로 다르게 코딩되어 있으며, 남녀에 따라 또 다르다. 이러한 코딩 유형에 따라 소비자 행동이 어떻게 달라지는지에 관해서도 설명할 것이다.

PART 5와 6은 기업이 어떻게 마케팅을 해야 하는가에 관한 이야기다. PART 5에서는 소비자 행동을 결정하는 '진짜 나(감정의 뇌)'를 깨우는 세 가지 에지(edge)에 대해 언급하겠다. 더 많은 자극을 받기 원하는 '진짜 나(감정의 뇌)'는 상품으로부터도 더 많은 자극을 받기 원한다. 상품 속성에는 이러한 감정의 뇌를 자극하는 속성이 있는데, 이것이 3에지이다. 경쟁자보다 더 우월하고 싶은 절대동기인 '경쟁 승리'를 자극하는 속성이 파워(power)에지이며, 항상 새로움을 찾는 절대동기인 '새로움 추구'를 깨우는 속성이 뉴(new)에지이다. 마지막으로 위험 회피 본능 절대동기인 '위험 회피'를 자극하는 속성인 리스크(risk)에지가 있다. 모든 상품은 감정의 뇌를 자극하는 세 가지 에지를 가지고 있으며, 소비자는 이 세 가지 에지의 임팩트가 가장 큰 상품을 선택하게 된다. 성공 마케팅을 위해서는 3에지 임팩트를 강하게 해야 한다.

PART 6은 감정의 뇌에 3에지를 전달하는 방법에 관한 이야기다. 감정의 뇌는 우리가 원하는 대로 상품의 3에지를 느끼지 않으며, 자신만의 방법으로 3에지 임팩트를 판단한다. 이 판단에 중요한 역할을 하는 것이 브랜드, 시각적 자극, 사람의 말이며 감정의 뇌가 판단하는 방식으로 전달해야만 마케팅이 성공할 수 있다. 즉, 브랜드, 시각적 실체, 말을 어떻게 활용해야 기업이 성공적으로 자사 상품을 소비자에게 전달할 수 있는지에 대한 이야기다. 또한 감정의 뇌 관점에서 여성에 대한 마케팅, 광고, 신제품 개발, 가격 책정, 시장세분화를 어떻게 해야 하는지도 이론과 사례 중심으로 설명하겠다.

뇌, 호르몬 등 조금은 어려운 과학 용어들 때문에 딱딱해지는 것을 최소화하기 위해 가급적 우리나라의 마케팅 사례를 중심으로 설명하고자 했으며, 중간마다 '에피소드' 코너를 통해 독자들의 이해를 돕고자 노력했다.

경제전문지 〈포춘(Fortune)〉은 2005년 뉴로마케팅을 '미래를 이끌 10대 기술'로 선정했다. 또, 매일 놀라운 연구 결과들이 쏟아져나올 만큼 이 분야의 발전 속도는 매우 빠르다. 하지만 뇌 과학자들이 두뇌의 작동 메커니즘을 아직 10%밖에 이해하지 못했다고 말하듯이 뇌과학, 진화심리학 관점에서의 분석은 이제 걸음마 단계에 불과하다. 따라서 여전히 설명이 충분하지 않은 부분이 많다. 하지만 이러한 부분도 조만간 명쾌하게 설명될 것으로 믿으면서 과학자들의 연구 결과를 기쁜 마음으로 기다리고자 한다.

01
마케터를 속이는
두 얼굴의 소비자

1. 좋다고 한다, 하지만 사지 않는다
2. 방금 본 광고? 전혀 기억하지 않는다
3. 비싼데도 더 싸다고 한다
4. 맛을 모르면서 맛집이 맛있다고 한다
5. 브랜드가 곧 차이라고 믿는다
6. 수백 번 카드를 잘라도 지름신의 강림은 막지 못한다
7. 체리피커, 프로모션을 지능적으로 즐기는 자들
8. 21세기 과학이 들려주는 소비자 행동의 불편한 진실

CHAPTER 01

좋다고 한다,
하지만 사지 않는다

　신제품으로 건강에 좋은 닭 가슴살 햄을 만든 기업이 있었다. 식감은 기존 햄보다 조금 떨어지지만 맛과 모양은 거의 같으며, 무엇보다 건강에 좋은 닭 가슴살로 만든 신제품이었다. 이 신제품에 대해 구매 의향을 물었을 때 소비자들은 어떤 대답을 했을까? 햄을 좋아하지만 건강에 좋지 않다는 인식이 있었던 소비자들은 맛도 좋고 건강에도 좋은 닭 가슴살 햄에 대해 대부분 좋다고 이야기하면서 사겠다고 대답했다. 하지만 실제로 마트에서 소비자들은 이 신제품을 구매하지 않았다. 소비자들은 건강에 좋은 이 신제품 햄 대신 빨간색의 기존 햄을 구매했다. 좋다고 말했지만 실제로 사지는 않았던 것이다.

　오래전 일본의 한 식품 회사에서는 노년층을 위한 즉석 영양밥을 만들어 판매했다. 간편하게 먹을 수 있는 즉석 밥에 각종 영양소를 첨가했기 때문에 노년층 고객의 사전 반응은 매우 좋았다. 이 회사는 이러한 조사를 기반으로 대대적인 광고를 시행했다. 하지만 결과는 참담했고, 시장에서 곧바로 퇴출당했다. 건강에도 좋고 편해서 좋다고 말했던 이들이 결국에는 사지 않았던 것이다.

이러한 사례는 거의 모든 마케팅에서 일어난다. 원두를 가는 복잡한 과정을 거치지 않고 즉석에서 커피를 마실 수 있는 인스턴트 커피는 1938년 출시됐을 당시 그야말로 획기적인 상품이었다. 당연히 제품 출시 전 블라인드 테스트가 시행됐다. 주부 대부분은 원두커피와 인스턴트 커피를 맛으로 구분하지 못했고, 그 편리성에 매료되었다. 하지만 출시 후 인스턴트 커피에 대한 주부들의 초기 반응은 형편없었다. 사전 블라인드 테스트에서 맛에 차이가 없다고 한 주부들이 오히려 인스턴트 커피가 맛이 없다며 돌아섰던 것이다.

그 반대의 경우도 많다. 이제는 대표 국민 식품이 된 라면이 1963년 삼양식품에서 처음 만들어져 나왔을 때 처음 접한 사람 중에는 이를 옷감이나 실, 플라스틱으로 오해한 사람도 많았다. 이러한 생각을 바꾸기 위해 삼양식품 전 직원과 그 가족들은 무려 1년간 라면 끓이는 방법을 알리기 위한 무료 시식행사를 벌였다. 지금으로서는 상상하기 어려운 일이다.

펩시콜라의 블라인드 테스트

펩시와 코카콜라의 블라인드 테스트는 이러한 소비자들의 이중적 태도를 보여주는 대표적인 사례다. 눈을 가리고 펩시와 코카콜라 중 어느 콜라가 더 맛있는지를 시험하는 소비자 테스트에서 미국 소비자들은 펩시가 더 맛있다는 대답을 했다. 실제 눈을 감고 맛을 보면 펩시가 더 맛있다. 펩시콜라는 자사 콜라가 더 맛있다는 이러한 테스트 결과를 바탕으로 미국에서 대대적인 캠페인을 벌였지만, 전 세계 소비자들은 여전히 코카콜라를 마신다. 펩시콜라가 더 맛있다고 이야기하면서 말이다.

말과 행동이 다른 소비자의 이러한 이중적 태도는 신제품 출시 전 시행하는 선호도 조사에서 대표적으로 나타난다. 어떠한 신제품이라도 소비자의 50% 이상은 꼭 사겠다는 대답을 하며, 정말 마음에 들지 않는 제품의 경우에도 35% 정도는 구매의사를 밝힌다. 하지만 실제 상품을 구매하는 시점이 되면 내가 언제 그랬냐는 듯이 행동한다. 소비자는 건강에 좋은 유기농 웰빙 식품을 먹겠다고 말하지만 여전히 피자, 햄버거, 라면과 같은 패스트푸드 음식을 즐겨 먹는다. 또 가격은 중요하지 않고 품질을 본다고 하지만, 막상 구매할 때는 저렴한 상품을 찾는다. 이뿐인가? 외제 차보다는 현대나 기아 같은 국산 차를 구매한다고 말하지만, 실제로는 안전이 가장 중요하다며 외제 차를 구매한다.

이러한 이중적인 태도는 소비자의 행동에만 국한되지 않는다. 우리는 매년 금연, 금주, 다이어트를 다짐하지만 담배와 술이 스트레스를 풀어주며 맛있는 것을 먹는 것이 건강에 더 좋다는 핑계를 댄다. 불우이웃을 돕겠다고 말하지만, 지하철에서 애틋한 사연을 적은 장애인을 우리는 쉽게 외면한다. 미혼 남녀들은 성격 좋고 나를 위해 편안하게 해줄 수 있는 사람이 이상형이라고 말하지만 결혼은 다른 조건, 특히 경제적 조건을 따르는 경우가 많다.

〉〉〉

행동을 지배하는 무의식

말과 행동이 다른 이러한 이중적 태도의 원인을 하버드 대학교 제럴드 잘트만(Gerald Zaltman) 교수는 《How Customers Think》라는 저서에서 소비자 행동의 95%는 무의식적으로 이루어지기 때문이라고 설명하고 있다. 무의식이 행동의 95%를 결정하고 단지 5%만을 의식이 결정하기 때문에, 소비자들의 대답은 단지 그 5%의 의식적인 대답에 불과하다는 것이다. 무의식에 의해 결정되는 95%의 행동에 대해서는 소비자들도 어떻게 대답할 수가 없다.

최근 인간 행동의 비밀을 풀고 있는 뇌 과학자들 또한 인간 행동을 결정하는 것은 이성의 뇌(대뇌피질)가 아닌 감정의 뇌(변연계)라고 밝히고 있다. 따라서 소비자가 자기 생각을 말하는 기존의 신제품 조사방식은 실제 행동과 다를 수밖에 없다. 대답은 이성의 뇌(의식, 대뇌피질)가 하지만 행동은 감정의 뇌(무의식, 변연계)가 결정하기 때문이다.

소비자의 선택을 받지 못한 신상품들(왼쪽: 돈라면, 오른쪽: 노키아920)

매년 확실한 시장조사를 통해 태어나는 많은 신상품 중 극소수만이 성공하는 이유가 바로 여기에 있다. 삼양라면이 나가사끼짬뽕의 인기를 만회하기 위해 새롭게 내놓은 돈라면, 불닭볶음면도 소비자의 선택을 받지 못했다. 물론 사전 시장조사를 통해 충분한 검증을 거쳤음에도 말이다. 스마트폰 시장에서 종이호랑이로 전락한 노키아가 시장 만회를 위해 내놓은 노키아920 역시 소비자들의 외면을 받았다. 이 또한 마찬가지로 사전 시장조사에서 좋은 반응을 얻었다. 이렇게 수많은 신제품이 실패하는 이유는 말과 행동이 다른 소비자의 이중적인 태도에 있다.

> Episode 01

애플은 시장조사를
하지 않는다

이상적 배우자의 조건에 대해서 어떻게 생각하는가? 2010년 듀오와 서울대학교 최인철 교수의 조사에 따르면 '성격(남 31%, 여 30%)'이 가장 중요한 배우자의 조건이었다. 다음으로 남성은 '외모(22.5%)', '경제력(9.2%)', '가치관(7.2%)' 등의 순이었고, 여성은 '경제력(21.8%)', '직업(10.7%)', '가정환경(9.4%)' 등의 순이었다. 하지만 실제로 우리는 성격만으로 배우자를 선택하지 않는다.

애플은 시장조사를 하지 않는 것으로 유명한데, 소비자들은 자신들이 원하는 게 무엇인지 모른다고 생각했기 때문이다. 몇 년 전 스티브 잡스(Steve Jobs)는 〈포춘〉지와의 인터뷰에서 애플은 시장조사를 일절 하지 않으며, 오로지 뛰어난 제품을 만드는 데만 집중한다며 다음과 같이 말했다.

"애플은 시장조사를 하지 않는다. 컨설팅 업체와 계약하지도 않는다. 나는 10년 동안 딱 한 번 컨설팅 업체를 고용했다."

물론 애플은 일반적인 시장조사 대신 소비자의 진짜 속마음을 읽어내기 위한 분야별 사내 전문가의 관찰, 인터뷰 및 사용경험을 통한 정성적인 방법을 통해 신제품을 개발하고 있다.

〉〉〉
소비자는 거짓말을 해도 뇌는 거짓말을 하지 않는다

이렇게 사람들의 진짜 속마음을 알기란 참으로 어렵다. 그렇다 보니 소비자 자신이 스스로 자기의 생각을 대답하는 정통적인 조사기법인 설문조사, 포커스그룹 인터뷰(FGI) 등이 최근 그 신뢰도에서 큰 도전을 받고 있다.

그러면 어떻게 소비자의 무의식을 읽을 수 있을까? 뇌 과학자들은 '소비자는 거짓말을 해도 뇌는 거짓말을 하지 않는다'고 말한다. 소비자의 진짜 마음(무의식)은 설문조사로는 절대 파악할 수 없으며 뇌파, 기능성자기공명영상장치, 안구추적 시스템(Eye Tracker), 비디오 에스노그래피(Video Ethnography, 비디오 촬영을 통해 소비자들의 행동을 관찰하는 법) 및 제럴드 잘트먼 교수가 제안한 은유추출기법 ZMET(Zaltman Metaphor Elicitation Technique, 소비자에게 그림과 사진을 보여주고 연상을 유도하는 기법) 등을 통해서 알 수 있다고 말한다. 이제는 뇌가 말하는 것을 믿어야 한다.

왼쪽부터 소비자 마음을 읽는 기능성자기공명영상장치, 안구추적 시스템, 비디오 에스노그래피

CHAPTER_02

방금 본 광고?
전혀 기억하지 않는다

2013년 초에 방영된 MBC '7급 공무원'이라는 프로그램 전후에는 기아자동차 K5, GM대우 캡티바, 르노삼성 자동차 등 20개가 넘는 광고가 방영되었다. 이렇게 인기 프로그램 하나에는 5분 이상 광고를 봐야 본 방송을 볼 수 있을 만큼 광고가 많이 붙는다.

이렇게 광고가 많은 이유는 기업들이 자사 상품을 알리기 위한 가장 효과적인 수단으로 광고를 꼽기 때문이다. 따라서 기업들이 광고에 쏟아붓는 노력은 말 그대로 눈물겹다. 그 노력의 결과, 우리의 시선이 닿는 모든 곳에는 항상 광고가 버티고 서 있다. 눈을 뜨면 처음 마주하는 조간신문의 구석구석은 물론이고, 출근길 버스 외벽에는 소주 광고가 랩핑되어 있다. 또 인터넷에 접속하는 순간 팝업 광고가 뜨며 지하철을 기다리거나 편의점에서 물건을 살 때도 그 주위에는 분명 광고 이미지가 돌아가고 있다. 은행에서 업무를 볼 때, 길거리 바닥, 엘리베이터, 은행 ATM에도 광

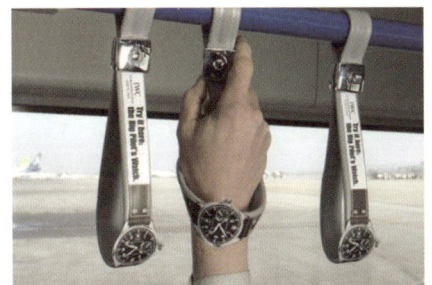

우리의 시선이 닿는 모든 곳에는 광고가 있다.

고가 있으며 버스 손잡이에도 광고가 실릴 만큼 우리는 광고의 홍수 속에서 산다.

〉 〉 〉

하루 2000개의 광고를 보는 소비자

특히 광고의 꽃인 TV 광고는 기업들의 경쟁이 치열하다. 공중파, 케이블 TV, IPTV, 극장 등을 통해 방영되는 광고가 하루 5000개에 이른다고 하며 특히 케이블 TV 인기 프로그램의 광고 시간은 20분에 이를 정도다. 이렇게 광고의 홍수 속에 사는 우리는 매일 2000개에 가까운 광고를 보며, 특히 서울과 같은 대도시에 사는 소비자는 매일 5000개에 가까운 광고를 본다고 한다.

최근 IT 기술의 발전에 의한 디지털 전광판 광고는 이러한 광고 홍수를 증폭시켰다. 지금 이 순간에도 우리 주위에는 디지털 전광판 광고가 돌아간다. 엘리베이터 안에서부터 시작해서 버스정류장, 지하철 출입문, 편의점 입구, 빵집, 지하보도, 은행 매장 안에도 디지털 광고판이 있으며 심지어 돈을 찾는 그 짧은 순간을 위해 ATM 화면용 광고도 생겼다. 커피전문점 엔제리너스에는 진동벨에도 광고를 내보내고 있으며, 거울 아래 광고용 모니터를 설치한 미용실도 있다. 일부 식당에서는 아이패드형 메뉴판을 만들어 주문 후 음식이 나올 때까지 광고를 보여주기도 하고, 일부 주유소에서는 기름 넣는 시간 동안 소비자들이 볼 수 있게 주유기 옆에 전광판을 설치한 곳도 있다. 이렇게 디지털 광고판이 많은 것은 멍하니 무언가를 기다리는 몇 분, 몇 초 사이에 광고를 보여주면 더 많이 기억할 것이라는 기업들의 생각 때문이다.

〉 〉 〉

우리는 하루 6개 광고만 기억한다

우리는 이렇게 많은 광고를 보지만 대부분을 기억하지 못한다. 바로 조금 전에 본 갤럭시S4 광고를 우리는 기억하지 않는다. 이는 모든 소비자가 비슷하다. 기업들이 치열하게 고민하고 공을 들여 만든 많은 광고는 이렇게 공중으로 흩어져 사라진다. 사람들은 자신에게 필요했던 정보에 관련된 내용, 색다른 아이디어로 시선을 확 끄는 광고, 가슴이 뭉클할 정도로 감동을 주는 광고 등 단 몇 개만 기억에 새길 뿐이다.

이 많은 광고 중에서 우리에게 기억되는 광고는 하루에 몇 개나 될까? 2006년 대한상공회의소가 서울지역 성인남녀 소비자 500명을 대상으로 실시한 '광고가 소비자 구매결정에 미치는 영향 조사'에 따르면, 우리나라 소비자들은 하루 평균 여섯 개의 광고만 기억한다고 한다. 또 다른 광고 연구원의 조사에 따르면 도시에서 생활하는 사람은 하루 평균 1600개의 광고에 노출되는데, 이 중 소비자의 기억에 남는 광고는 불과 1.3개에 지나지 않는다고 한다. 암스트롱과 코틀러는 하루 수천 개의 광고 중에서 70개 정도만 인지되며, 그나마 인지된 것들 중에서도 12개 정도만 기억된다고 말한다. 이렇게 우리는 그 수많은 광고를 보긴 봤지만, 실제로는 몇 개의 광고만 기억할 뿐이다. 전부 봤는데도 말이다.

> Episode 02

잠재의식에 바로
버려지는 수많은 광고들

우리 모두 분명 봤지만 전혀 기억하지 못하는 광고들에 대한 경험이 있다. 편의점에서 물건을 살 때, 계산대 앞 광고판에서 끊임없이 나오는 광고를 봤지만 기억하지 않는다. 또, 은행에서 업무처리를 할 때 벽면에 걸려 있는 디스플레이에서 쉼 없이 돌아가던 광고 또한 기억나지 않는다. 하물며 우리는 어제 먹은 점심이 무엇인지도 정확하게 기억하지 못한다.

기억되지 않는 많은 정보와 광고는 어떻게 될까? 우리는 노출된 그 수많은 환경정보에 대해 인지할 수 있는 수준인 절대역(absolute threshold) 수준의 정보만 지각하며, 그 이하 수준의 정보는 지각하지 않고 잠재의식 속에서 인지한다고 한다. 이를 역하지각(subliminal perception)*이라고 한다. 즉, 극히 일부분의 정보만 지각하고 나머지는 잠재의식에 버려진다는 것이다. 그리고 이 잠재의식 속에서의 지각이 인간 행동에 영향을 미치는가에 대한 논란이 오랫동안 있었다.

> > >

역하지각 광고에 대한 논란

1956년, 미국 뉴저지 주 포트리(Fort Lee)의 한 극장에서 윌리엄 홀든

(William Holden) 주연의 영화 〈피크닉(Picnic)〉 상영 중에 역하지각 광고에 대한 유명한 실험이 이루어졌다. 심리학자이자 유능한 광고업자인 제임스 비커리(James Vicary)는 영화 상영 도중 '팝콘을 먹어라', '코카콜라를 마셔라'라는 메시지가 담긴 3000분의 1초 장면을 5초 단위로 영화에 삽입해서 관객들에게 보여주었다. 6주 동안 진행된 이 실험에서 총 4만 5699명이 영화를 보았는데, 관객들은 이런 장면이 영화에 삽입되어 있다는 것을 전혀 알아차리지 못했다. 하지만 매점의 팝콘 판매액이 57.5%가 증가했고, 코카콜라 판매액은 18.1% 증가했다.

이 실험 결과가 발표되면서 역하지각 효과(Subliminal Effect)가 전 세계적인 유명세를 타게 됐다. 역하지각 현상과 그것이 구매태도에 미치는 영향은 이후 심리학자들과 뇌 과학자들 사이에 많은 논쟁을 불러왔으며, 일부는 사실로 증명되었고 부분적으로는 반박을 당했다. 즉, 역하지각 자체가 존재한다는 것은 사실로 증명되었으나 비커리가 주장한 대로 현저한 매출 증가는 발생하지 않았다.

최근 종종 특정 가수의 노래를 거꾸로 틀었더니 '악마의 주문'이 들어가 있다는 내용이나, 미국의 유명 정치인이 정치 광고에 이를 사용한다는 등 역하지각에 대한 이야기가 지속적으로 이슈가 되고 있다. 또, 2000년 미국 대통령 선거에서 부시 대통령이 역하지각 광고를 사용해 많은 입방

역하지각 광고 논란이 되었던 2000년 부시 대통령 선거 캠페인

아에 올랐다[이는 유튜브를 통해서 바로 확인해 볼 수 있다. 정말 짧은 시간에 '쥐새끼(Rats)'라는 단어가 나온다].

하지만 이러한 역하지각 광고가 효과가 있는지에 대한 검증은 불가능하며, 잠재의식에 영향을 주는 광고가 소비자의 실제 행동에 영향을 미친다는 명확한 증거는 현재 없다.

* 역하지각(subliminal perception): 사람들이 모든 자극을 알아차릴 수 있는 것은 아니다. 즉, 아주 미세한 자극은 의식하지 못하고 처리되지 못한다. 사람들이 감지할 수 있는 최소한의 자극을 '역치(threshold value, 閾値)'라고 한다. 역치는 의식과 잠재의식의 경계선으로 볼 수 있으며, 이 역치 아래에 있는 자극들을 감지하는 것을 역하지각이라고 한다.

CHAPTER 03

비싼데도
더 싸다고 한다

케이블 TV가 일상화되면서 홈쇼핑은 이제 광고만큼 익숙한 프로그램이 되었다. 이러한 홈쇼핑 프로그램은 순간적으로 소비자의 마음을 낚는 데 '선수'들이다. 예를 들면, 명절 전후(前後) 특집 방송은 명절 스트레스를 쇼핑으로 해소하려는 주부들을 위해 의류잡화와 화장품, 향수 등 여성 뷰티 제품으로 집중 공략한다.

또 조금이라도 더 소비자의 시선을 잡기 위해서 지상파 방송의 드라마나 예능 프로그램이 시작하는 시간을 피해 정시가 아닌 20분, 40분 등에 프로그램을 시작한다. 특히 '오늘의 상품'은 공중파 드라마가 시작하기 전인 9시 40분에 시작한다. '주문 전화가 폭주합니다', '단독 진행 한정판!'과 같은 자극적인 멘트는 물론, 화면 가득 채우는 속옷 모델 등 판매를 극대화하기 위한 모든 방법을 총동원한다.

더 비싼 것을 더 싸다고 생각한다

'순간유혹'의 달인, 홈쇼핑

이렇게 순간유혹의 달인인 홈쇼핑 채널이 사용하는 가격전략이 있다. 일반적으로 잘 알려진 끝자리 900원 전략이 바로 그것이다. 지금 바로 홈쇼핑 채널로 돌려보라. 등산화 5만 9900원, 여성 내의 4만 9000원, 남성 아웃도어 7만 9000원 등 그 가격전략을 바로 확인할 수 있다.

2012~2013년 홈쇼핑에서 가장 많이 팔렸던 청호나이스 쁘띠, 육미본가 알뜰정육세트, 개성왕만두, 두리반김치 등 전체 상품의 90% 이상이 900원으로 끝나는 판매 가격이었다. 홈쇼핑에서 특히 많이 책정되는 가격은 5만 9900원인데, 이는 물건을 보지 않고 구매해야 하는 위험을 최소화시켜주는 가격이라 한다. 소비자 입장에서 홈쇼핑은 물건을 직접 보지 못하고 구매해야 하는데, 이러한 위험을 감수하고 기꺼이 지급할 수 있는 금액이 바로 5만 원대다. 5만 원짜리 지폐가 생기고 1인당 GDP가 2만 2000불을 넘어서면서 소비자들은 5만 원 가격대라면 이제 부담 없이 지갑을 열기 때문이다.

이렇게 굳이 900원으로 맞추는 이유는 거의 같은 금액이라도 5만 9900원과 6만 원은 소비자가 느끼기에는 하늘과 땅 차이기 때문이다. 하나는 5만 원대이고, 하나는 6만 원대이다. 불과 100원으로 1만 원의 차이를 내는 이러한 기법은 소비자에게도 이미 익숙한 마케팅이다. 끝자리 900원은 거의 모든 상품 카테고리에서 사용된다. 마트에 가면 990원이 즐비하며 가전 매장에서는 99만 원, 메뉴판에도 2900원짜리 가격이 흔히 등장한다.

59,900원 vs 60,000원

이러한 '끝자리 9자 마케팅'의 효과는 강력하다.

미국의 한 통신 판매회사는 소비자가 어떤 가격일 때 가장 많이 구매하는지에 대한 재미있는 실험을 했다. 원가 39달러짜리 의류를 34달러, 39달러, 40달러로 표기해 판매했다. 어느 가격으로 표기된 옷이 가장 많이 팔렸을까? 일반 소비자라면 상식적으로 가장 낮은 가격을 매긴 34달러짜리 옷이 가장 잘 팔렸을 것으로 생각할 것이다. 하지만 가장 많이 팔린 옷은 의외로 39달러짜리 옷이었다. 상품 원가를 알지 못하는 소비자들은 39달러 옷은 40달러 이상 상품을 할인해서 판매한다고 생각한 반면, 34달러 옷은 40달러 제품보다 못한 제품이라 생각했던 것이다. 소비자는 같은 상품이었지만 39달러는 싸다고 생각한 반면, 34달러는 싸다고 생각하지 않았다.

비슷한 실험을 미국 노스웨스턴 대학교의 에릭 앤더슨(Eric Anderson) 교수와 MIT의 던컨 시메스터(Duncan Simester) 교수가 진행했다. 연구팀은 카탈로그를 활용한 실험을 통해 34달러짜리 여성의류 가격을 39달러로 인상했더니 판매량이 33% 증가했고, 34달러에서 44달러로 가격을 인상했을 때는 판매량이 같았다고 한다. 즉, 34달러와 44달러는 가격 차이가 없다고 판단한 것이다. 우리는 이렇게 가격에 대해 착각하고 있다.

> > >

가격에 대한 착각

모든 사람이 좋아하는 커피를 예로 들어보자. 브랜드 커피 전문점의 아메리카노는 보통 4000원 내외이며, 가장 저렴한 가격은 엔제리너스의 3600원이다. 그러나 동네 테이크아웃 커피전문점에서는 아메리카노를 1900원, 심지어 1000원에 파는 곳도 있다. 하지만 소비자들은 1000원짜리 커피를 싸다고 생각하지 않으며, 4300원 커피빈 커피를 비싸다고 생각하지 않는다. 반대로 멤버십 할인카드로 커피빈 커피를 10% 할인받으면, 커피빈 커피를 싸다고 생각한다.

스타벅스 3900원

커피빈 4300원

엔제리너스 3600원

카페 1900원

또, 여성 백(bag)을 예로 생각해보자. 동일한 여성 백이 다음과 같은 네 가지 상품 코드로 백화점, 면세점, 홈쇼핑, 인터넷에서 팔린다고 가정해보자. 여러분은 어떤 것이 가장 싸다는 판단이 드는가?

가격 자체만으로 비교하면 홈쇼핑 가격 25만 원이 싸다고 할 수 있다. 하지만 소비자는 이 상품들이 같은 상품이라고 판단하지 않으며, 상품의

백화점
30% 특별할인 39만 원

면세점
10% 면세 32만 원

홈쇼핑
20% 할인특가 25만 원

인터넷
15% VIP할인 22만 원

원가가 얼마인지도 모른다. 다만, 기업들은 손해를 보고 팔지 않는다는 것과 백화점, 면세점, 홈쇼핑 등의 판매수수료가 높기에 원래 가격은 50% 이하일 것이라고 추정할 수 있을 따름이다. 따라서 원가를 모르는 소비자는 상품에 대한 가격을 판단하는 기준이 필요한데, 그것은 가격 할인 폭이 된다. 할인 폭이 높은 상품일수록 좋은 상품을 저렴하게 잘 구매했다고 생각한다. 따라서 할인 폭이 30%인 백화점 여성 백이 가장 좋은 상품이라고 판단한다. 가격이 가장 비싼데도 말이다. 반대로 가격은 낮지만 가격 할인 폭이 적은 상품은 질이 떨어진다고 판단하며, 좋은 가격으로 구매했다고 판단하지 않는다.

　이렇듯 우리는 좋은 상품을 싸게 구입하는 것을 좋아하며, 이런 관점에서 가격을 본다. 따라서 우리가 보는 가격에 관한 판단은 정확하지 않으며, 비싸도 더 싸다고 인식할 수 있다. 소비자는 지금 가격에 대해 착각하고 있는 것이다.

CHAPTER 04

맛을 모르면서
맛집이 맛있다고 한다

입이 즐거워야 인생이 즐겁다! 우리 주위에는 맛있는 음식을 찾아다니는 사람들이 많다. 시간 날 때마다 인터넷을 검색하고, 스마트폰 앱을 통해 주변 맛집을 검색한다. 우리에게는 맛집 공간에 대한 공통적인 기억들이 있다. 대부분 비좁고 종업원은 불친절하며, 항상 줄을 서서 기다려야 하고 기다리는 사람들을 위해 빨리 먹고 나와야 한다. 하지만 이렇게 맛도 제대로 느끼지 못할 정도로 정신없이 먹고 나와도 왠지 오늘 해야 할 일을 다한 듯한 느낌이 들어 뿌듯하다. 그리고 '역시 맛집이 맛있어'라고 감탄하며 뒤돌아 선다. 하지만 우리가 이렇게 먹었

11시 30분부터 줄을 서야 하는 맛집들

던 맛집은 정말 맛있었을까?

 이 궁금증에 용감히 도전장을 낸 사람이 있었다. 2011년 〈트루맛 쇼〉라는 다큐멘터리 영화를 만들었던 김재환 감독이다. 그는 우리가 알고 있는 맛집에 대한 평가가 사실과 다르다는 것을 보여주었다. 그는 맛집이 맛과는 상관없이 인위적으로 만들어진다는 것을 보여주기 위해 일산에 식당을 차려 미디어 실험을 했다. 그는 2009년 7월부터 월세 400만 원을 내고 '맛'이라는 음식점을 차렸고, '뒷돈'을 통해 TV 맛집으로 방송에 소개되는 과정을 보여주었다. 놀라운 사실은 몰래카메라 기법의 미디어 실험에서 음식을 먹었던 고객들이 정말 맛있다며 감탄하는 것이었다. 사실 실험에 쓰인 음식은 특별하지 않았다.

〉 〉 〉
우리는 맛을 정확하게 구별하지 못한다

김재환 감독 말대로 우리는 맛에 대해 잘 모르고 있는 것일까?

 2009년 샘표 간장의 '맛은 향으로 온다'라는 TV 광고는 우리에게 맛에 대한 사실을 이야기해주고 있다. 이 광고에서 배우 이선균은 친구의 코를

코를 막으면 양파에서 사과 맛이 난다는 샘표 간장의 TV 광고 한 장면

집게로 막고 양파를 먹인다. 코를 막고 양파를 먹은 친구가 지금 먹은 것이 맵지 않고 사과 맛과 비슷하다고 이야기할 때 이선균이 집게를 푼다. 그러자 갑자기 매운 양파 맛이 느껴져 친구가 질책하는 내용이었다. 이 광고와 같이 코를 막고 양파를 먹으면 진짜 사과 맛이 난다. 여러분도 한 번 실험해보라.

KBS '스펀지'에서는 비슷한 실험으로 눈을 가리고 콜라와 사이다를 마시는 실험을 했다. 이 실험에서 대부분의 스펀지맨은 콜라와 사이다 맛을 구별하지 못했다. 사실 우리는 맛을 잘 모른다. 심지어 맛에 대한 전문가들도 정확하게 맛을 구별하지 못한다는 여러 실험 결과들이 있다.

> > >

심지어 와인 전문가 소믈리에도 구별하지 못한다

프랑스에서 있었던 브로쉐(Brochet)의 실험을 소개해보겠다. 브로쉐는 2001년 10만 건 이상의 와인 전문가들의 와인 평을 수집해, 컴퓨터로 내용을 분석한 후 소믈리에들을 대상으로 와인 맛 테스트를 실시했다. 그는 이 실험을 통해 소믈리에들의 평가가 전혀 일관성 없으며 매우 자의적이라는 것을 밝혀냈다. 그는 화이트와인과 화이트와인에 빨간 식용색소를 섞은 레드와인을 소믈리에들에게 제공했다. 소믈리에들은 화이트와인을 'fresh', 'dry', 'honeyed', 레드와인을 'deep',

우리는 와인 맛을 구분할 수 있을까?

'intense', 'spicy'라고 평가했다. 같은 화이트와인이었는데 말이다.

다른 실험은 더욱 황당하다. 그는 중급 보르도 와인을 하나는 최고급인 그랑크뤼(Grand Curu) 병에, 또 다른 하나는 싸구려 와인 병에 담아 52인의 소믈리에들에게 맛 테스트를 요청했다. 소믈리에들의 평가는 극단적으로 달랐는데, 그랑크뤼 병에 담긴 와인은 'agreeable', 'woody', 'complex', 'balanced and rounded'라는 최고의 평가를 내린 반면, 싸구려 와인 병에 담긴 와인은 'weak', 'short', 'light', 'faulty'라는 혹평을 내렸다.

또 다른 실험이 있다. 1985년 영국의 소비자 저널인 〈휘치(which)〉는 코냑 전문 감정가들을 대상으로 술을 구별하는 테스트를 실시했다. 테스트는 블렌드 위스키, 몰트 위스키, 코냑 등의 세 부문에서 이루어졌다. 브랜드가 가려진 채로 이루어진 테스트에서 감정가들은 맛에 따라 고급 브랜드에서 저급 브랜드 순으로 순위를 매기는 과제를 부여받았다. 블렌드 위스키 부분에서는 코옵(Co-op)이라는 생활협동조합에서 팔고 있는 싸구려 위스키가 쟁쟁한 브랜드를 누르고 1등을 차지했다. 몰트 위스키 부문에서는 체인스토어용 저가 제품인 센즈베리가 1등을 차지했고, 고급 브랜드 글렌피디히의 킹이 최하위를 기록했다. 코냑 부문에서도 체인스토어용 센즈베리가 고급 코냑의 대명사인 헤네시와 동점을 기록했다. 브로쉐의 실험 이후에도 비슷한 실험이 계속되었는데, 결과의 대부분은 절대 미각을 가지고 있다는 전문가들도 사실 맛을 정확히 구분하지 못한다는 것이었다.

> > >

맛을 구별하지 못하는데 맛집이 맛있다고 한다

전문가들도 맛을 정확하게 구별하지 못하듯이 사실 우리도 맛을 정확히 구별하지 못한다. 그런데 우리는 오늘도 맛집을 찾아다니며 정말 맛있다고 한다. 왜 우리는 맛을 정확하게 구분하지 못하면서 맛을 아는 것처럼 행동하는 것일까? 그 비밀 또한 맛에 있다.

맛은 우리가 단순히 혀로 느끼는 것이 아니라 음식을 입안에 넣어 식도로 넘기는 과정에서 느끼는 종합 감각이기 때문이다. 이는 우리가 감기에 걸려 코가 막혔을 때나 혹은 코를 막고 맛을 보면 그 맛을 잘 못 느끼는 것을 통해서 알 수 있다. 맛은 혀로 느끼는 것(단맛, 신맛, 쓴맛, 매운맛, 짠맛)이 아니라 오감(시각, 청각, 후각, 촉각, 미각)으로 느끼는 종합 감각이어서 우리는 입에 씹히는 촉감, 보글보글 찌개 끓는 소리 등과 함께 맛을 인식한다.

그리고 중요한 것은 맛을 정확하게 구분하지 못하는 우리가 맛을 기억한다는 것이다. 즉, 우리가 맛을 느낀다고 하는 많은 부분은 사실 맛에 대한 우리들의 기억이다. 우리는 바나나는 달고, 고추는 맵고, 레몬은 시다는 기억이 있다. 이러한 기억 덕분에 음식을 먹기 전에 이미 뇌는 맛에 관한 평가를 내리는 것이다. 이렇게 맛을 구별하지 못하면서 맛집의 음식이 맛있다고 하는 이유도 우리가 맛을 뇌로 판단하기 때문이다. 혀만으로 구별하는 맛이 얼마나 정확하지 않은지 '스펀지'에서 했던 아래 실험을 통해 확인해보기 바란다.

- 오렌지 주스와 이온음료를 혼합하면 망고 주스 맛이 난다.
- 망고 주스와 흰 우유를 혼합하면 바나나 맛이 난다.
- 설렁탕 국물 한 스푼과 냉면 국물 세 스푼을 혼합하면 요구르트 맛이 난다.

> Episode 03

단 3%의 사람만이
맛을 구별한다

허영만의 《식객》을 비롯해 일본 만화인 《미스터 초밥왕》, 《절대미각 식탐정》, 한국 드라마 '대장금' 등과 같은 최고 요리사들에 관한 이야기들이 있다. 최근에는 방랑식객 임지호 선생과 같은 요리 고수들이 절대 미각을 보여주고 있으며, '화성인 바이러스'라는 TV 프로그램에는 눈을 가리고 냄새만으로 맛을 구분하는 사람들이 종종 소개된다. 또, 우리 주위에는 골목 맛집을 찾아다니는 미식가로 소문난 사람들도 매우 많다.

> > >
2~3%의 사람만이 절대 미각

음악가들이 절대 음감을 가지고 있다고 하듯이, 맛을 정확하고 민감하게 느낄 수 있는 절대 미각을 가진 사람들이 있다. 하지만 이렇게 절대 미각을 가진 사람은 전체 인구의 2~3%에 불과하다. 반대로 대부분의 사람은 맛을 정확하게 구분하지 못하며, 최근 중년 주부들 중에는 맛을 느끼지 못하는 미각장애로 고생하는 이들도 많다. 또 미각 세포의 노화, 가공식품, 과다한 조미료 때문에 맛을 느끼지 못하는 사람들이 전 세계적으로 급증하고 있다는 뉴스도 있다. 혀로 맛을 느끼는 정도를 측정하는 PCT 검사에서 맛을 전혀 느끼지 못하는 미맹인(味盲人)이 백인은 30%, 동양인은 15%에 이른다고 한다. 또 미각은 나이가 들면서 떨어지기도 하는데, 어머니들이 나이가 들면서 '손맛'을 잃어버린다고 하는 이유가 여기에 있다.

혀로는 맛을 정확하게 느끼지 못하지만 기억을 통해서는 맛을 느낀다. 맛에 대한 기억을 형성하는 데 중요한 역할을 하는 것은 음식의 식감이다. 우리는 이 식감을 통해 '맛이 있다, 없다'를 느낀다. 얼마 전 팔도라면의 팔도중앙연구소에서 라면업체 4사의 대표 봉지면인 팔도 '남자라면', 농심 '신라면', 삼양 '삼양라면', 오뚜기 '진라면 매운맛' 면발의 비밀을 분석했다. 분석 자료에 따르면 신라면은 2.12mm, 삼양라면은 2.04mm, 진라면 매운맛은 2.18mm, 남자라면은 2.26mm였다. 그리고 이 약간의 두께 차이가 식감에 큰 차이를 내며, 라면 맛을 결정하는 데 큰 역할을 한다는 것이 밝혀졌다. 사실 우리는 맛 자체보다는 식감에 더 민감했던 것이다.

CHAPTER 05

브랜드가 곧
차이라고 믿는다

> > >

차이를 구분하지 못하는 소비자

명품 가방이나 시계 등은 우리가 꼭 하나쯤은 갖고 싶어 하는 '머스트 아이템(Must Item)'이다. 하지만 진품은 워낙 비싸고 지니고 다니기에도 부담스럽다. 이럴 때 유용한 것이 진품과 비교해 거의 티가 안 나는 '짝퉁'이다. 전문가가 봐도 모를 정도의 '특 A급 짝퉁'은 많은 사람이 하나쯤은 가지고 싶어 하는 것이 사실이며, 친구들에게 어느 백화점에서 샀느냐는 등의 '칭찬'을 들으면 더욱 으쓱해진다.

사실 일반인들이 진품과 같은 짝퉁을 구분하기는 쉽지 않다. 물론 인터넷 사이트를 검색해보면 '태(態) 보기를 하라', '진품은 박음질이 겉에서 보이지 않는다', '가죽이 서 있는지 확인하라' 등과 같은 '짝퉁 구별법'들이 있긴 하다.

2000억 원대의 숙취해소 음료 시장에서 치열하게 경쟁하고 있는 제품들

짝퉁에 대한 판별만이 아니라 사실 우리는 상품 간의 차이를 잘 모른다. 음주 기회가 많은 비즈니스맨의 필수품이 된 숙취해소 음료를 예로 들어보자. 1992년 처음 시장에 나온 컨디션, 여명808, 모닝파워 등이 연 2000억 원의 시장을 놓고 각축을 벌이면서 서로 자신들의 숙취 개선 효과가 가장 뛰어나다고 강조하고 있다. 여러분은 이 음료들의 효과 차이를 알겠는가? 대부분 그냥 다 비슷한 것 같으며, 그때그때 몸 상태에 따라 효능이 다른 것 같다고 느낄 것이다.

또 우리 밥상에 매일 오르는 달걀도 비슷하다. 달걀에도 한우와 같이 등급이 있는데, 1^+등급, 1등급, 2등급, 3등급으로 나뉜다. 가장 좋은 1^+등급은 A급이 70% 이상이고, B급 이상이 90% 이상이며, D급이 3% 이하여야 한다고 한다. 하지만 우리는 달걀의 외관만으로는 좋고 나쁨을 구분할 수 없으며, 포장지에 붙어 있는 표시를 통해서야 알 수 있다.

최근 직장인들에게 크게 인기를 끌고 있는 스크린 골프도 유사하다. 국내 최대 스크린 골프 업체인 골프존과 X-골프 프로는 자사 스크린 골프 시스템이 네 개 이상의 센서, 좌측과 후면의 카메라를 통해 정확한 피칭 및 자세교정이 가능하다고 자랑한다. 또 자사 제품이 세계 최초로 백스

핀을 정확하게 구현하는 등 실제 필드와 가장 비슷한 효과를 느끼게 해주는 기술력을 확보하고 있다며 고객들을 설득한다. 하지만 우리는 이러한 기술력 차이를 잘 알지 못한다. 왜냐하면 비교해서 쳐보지 않았기 때문이다. 또 차이가 개인 실력의 차이인지 기술력의 차이인지 구분이 안 된다. 그날 스코어가 좋으면 시스템이 좋다고 하고, 스코어가 좋지 않으면 기계가 나쁘다고 느끼는 게 일반적이다.

> > >

누구나 비슷한 상품을 만들 수 있는 세상

이렇게 기업들은 자사 상품이 경쟁사 상품보다 좋다고 주장하지만, 실제 소비자들은 그 차이를 잘 알지 못한다. 이렇게 소비자가 차이를 못 느끼는 가장 큰 원인은 21세기에 들어서면서 생산 기술이 전 세계적으로 평준화되었기 때문이다. 이제는 거의 모든 기업이 비슷한 제품을 만들 수 있는 세상이 되었다. 전 세계인들이 열광하는 아이폰을 중국 업체가 생산한다는 것을 통해서 우리는 생산 기술의 평준화를 알 수 있다. 또, 최근 3D 프린터라는 것이 이슈가 되고 있듯이 이제는 누구나 원하는 상품을 만들 수 있는 세상이 되었다.

이렇게 상품 간의 기술력 차이가 크지 않다는 것을 우리는 실제 구매 과정에서 경험한다. 3D TV가 처음 세상에 나왔던 2011년, 삼성과 LG는 자사 3D TV가 더 좋다며 끝없는 공방전을 펼쳤다. 이들의 기술 논쟁은 셔터 글래스 방식이냐 편광 방식이냐였다. 셔터 글래스 방식은 1초에 240~480번 정도의 속도로 양쪽 안경을 켜고 끄는 동작을 반복해서 입체감을 느끼게 하는 방식이고, 편광 방식은 TV 화면에 편광 필름을 붙여서 가로줄마다 다른 편광을 내서 입체감을 느끼게 하는 방식이다. 하지만 소비자 입장에서 두 방식은 거의 같다. 기술에 대한 지식이 부족한 것도 있지만 눈에 보이는 3D 화면에 큰 차이를 못 느끼기 때문이다.

　이러한 예는 IT 제품에서 특히 많다. 삼성과 LG는 갤럭시S3와 옵티머스G 배터리 용량으로 공방을 펼쳤는데, LG전자에서 갤럭시S3는 완전히 충전된 상태에서 7시간 15분 영상을 재생한 후 배터리를 모두 소모하고 재생이 종료됐으나, 옵티머스G는 7시간 52분이 지나고 배터리가 5%가 남은 상태에서 영상 재생을 자동 종료했다며 자사 배터리 우위를 강조했다. 하지만 소비자 입장에서 두 배터리는 거의 같다. 배터리 재생시간이 7시간 15분이냐 7시간 52분이냐는 큰 차이가 없기 때문이다.

〉 〉 〉

하지만 차이가 있다고 믿는 소비자

하지만 기술력의 차이를 구분하지 못하는 소비자들이 상품에는 차이가 있다고 말한다. 성분 차이가 크지 않은 화장품의 경우, 기능성 성분이 강한 외국산 제품이 국산보다 더 좋다고 이야기한다. 안전이 중요한 자동차는 외국산 자동차가 국산보다 절대적으로 안전하다고 말하며, 사고가 나도 다치지 않았다는 외국산 승용차 소유자들의 경험담들이 넘친다. 베테랑 가정주부들은 냉장고와 TV는 역시 LG가 가장 좋다며 성능 차이를 자세히 이야기한다. 또, 아이폰 마니아들은 갤럭시S는 초등학생용이라고 폄하하며 아이폰의 사용자 친화적 인터페이스를 극찬한다. 특히 구매의사 결정과정에 많은 노력을 기울인 상품, 즉 자동차나 집과 같이 사전 정보탐색이 많았던 제품들은 이러한 현상이 특히 강하다. 모든 사람은 자신들이 사는 동네가 가장 좋다며, 여러 가지 이유를 이야기한다. 지금 타고 있는 자동차에 대해서도 나쁘다고 이야기하는 소비자는 거의 없다. 설사 좋지 않은 면이 있어도 나쁘다고 이야기하지 않는다.

그러면 상품 차이를 잘 구분하지 못하는 소비자들이 어떻게 상품에 대한 차이를 아는(혹은 만드는) 것일까? 모든 상품을 비교해서 사용해보지 않은 소비자들의 이러한 차이에 대한 인식은 인위적인 판단일 뿐이다. 즉, 이러한 인식은 상품들을 전부 사용해보고 객관적으로 비교해 내리는 판단이 아니라 대부분 상품에 대한 과거 경험이나 주변 사람들의 이야기에 의해 만들어진 것이다.

〉〉〉

브랜드를 믿는다

이렇게 상품 차이를 모르는 소비자가 상품에 차이가 있다고 믿는 데 큰 역할을 하는 것이 바로 브랜드다. 브랜드가 상품 인식 차이 자체를 만든다고 할 정도로 소비자의 브랜드에 대한 의존도는 매우 높다. 브랜드의 이러한 파워를 잘 알 수 있는 것은 글로벌소싱을 하는 회사들의 제품이다. 즉, 나이키 같은 유명 브랜드들은 중국, 베트남, 인도네시아 등에서 제품을 생산한다. 이들 상품은 엄밀히 말하면 메이드 인 인도네시아, 베트남, 차이나다. 같은 공장, 원재료를 가지고 같은 사람들이 만든 제품이지만 브랜드를 붙이지 않는 일반 수입품들은 가격도 싸고 왠지 품질이 떨어진다는 평가를 받는다. 반대로 정식 수입된 브랜드 제품은 높은 가격에 좋은 품질이라는 평가를 받는다.

또 다른 좋은 사례는 수입 맥주다. 한국에 수입되는 맥주가 230여 가지에 이를 정도로 수입 맥주는 우리에게 이미 대중화되었다. 이중 가장 많이 팔리는 맥주는 버드와이저고 그다음이 아사히라고 한다. 그런데 버드와이저는 한국에서 오비맥주가 생산하고 있으며, 아사히는 중국에서 만든 것을 수입해 판매하고 있다. 물과 호프가 술맛을 결정하는 가장 중요한 요소인데 어떻게 보면 우리는 한국 맥주, 중국 맥주를 먹고 있었던 것이다. 하지만 우리는 버드와이저, 아사히라는 브랜드를 보고 이 둘을 미국과 일본의 맥주라고 생각하고 있다.

상품 간에 큰 차이가 없는데 브랜드가 차이를 만드는 현상은 거의 모든 상품 카테고리에서 발생한다. 아웃도어 의류를 예로 들면, 저가형 상품으로 등산용품 세트를 맞추면 30만 원 내외에 불과한 것을 브랜드로 세팅하면 500만 원이나 든다. 그러나 이 제품 간의 성능 차이는 크지 않다고 한다. 실제 2011년 시행된 바람막이 성능 비교 실험에서는 에코로바가 노스페이스, 네파, 코오롱보다 더 성능이 좋았다. 하지만 우리는 여전히 콜롬비아, 밀레, 센터폴 등의 브랜드 상품이 훨씬 더 성능이 좋다고 믿는다.

최근 차량 필수품이 되고 있는 블랙박스도 비슷하다. 2012년 자동차부품연구원은 시중에 유통되고 있는 차량용 블랙박스 11개 제조사의 제품 품질을 비교했다. 총 11개 제조사 제품 중에서 브랜드가 없는 중소기업인 팅크웨어, 피타소프트, 디젠이 만든 블랙박스가 카메라와 전자파 성능 등에서 가장 좋은 점수를 받았다고 한다. 하지만 소비자는 여전히 브랜드 제품이 더 좋다고 믿으며, 가장 많이 선택하고 있다. 이러한 현상은 소비자가 선택하는 상품 대부분에서 발생하고 있는데, 소비자는 브랜드가 만드는 차이를 '믿는' 것이다.

CHAPTER 06

수백 번 카드를 잘라도
지름신의 강림은 막지 못한다

여러분 중에 오늘도 '그분'과 만난 사람이 있을 것이다. 그분을 만나면 자신도 모르게 짜릿한 긴장감이 들며, 아드레날린이 높아지는 등 막 사랑을 시작할 때의 감정이 들기까지 한다. 그렇다, 그분은 바로 '지름신'이다. 이 분과 함께 있으면 옆에 누가 있어도 알아차리지 못하고, 무슨 말을 걸어도 들리지 않는다. 웬만한 사람들은 이 지름신을 피해 갈 수 없다. 행복감을 주는 지름신에 이끌리면 백화점 외출 후 어김없이 손에 쇼핑백이 들려 있고, '한정판 마감 5분 전'이라는 홈쇼핑 호스트의 말에 주문전화를 하며, 하루가 멀다고 택배기사와 눈인사를 나누게 된다.

> > >

카드는 자를 수 있어도 지름신은 못 막는 소비자

하지만 이 '순간 행복감'을 가져다주는 지름신 효과는 오래가지 못한다.

쇼핑 중독을 잘 보여준 영화 〈쇼퍼홀릭〉(2009년 작)

한 달 뒤에 날아오는 청구서와 가득 쌓이는 물건들을 보면서 말이다. 그래서 많은 소비자, 특히 여성들은 지름신 방지를 위해 다양한 노력을 한다. 2009년 영화 〈쇼퍼홀릭(Confessions Of A Shopaholic)〉에서 신상 명품녀 레베카가 지름신 방지를 위해 신용카드를 자르고, 홈쇼핑 TV를 켜지 않는 모습은 많은 공감을 받았다. 또 누리꾼들 사이에서는 지름신 방지를 위해 백화점에 갈 때는 지갑 없이 가기, 가지고 싶은 상품 중에서 보류 리스트 만들기, 이번이 아닌 다음에 구매하기, 특정 카페에서 탈퇴하기 등 여러 방법이 공유되고 있으며, 30초만 보고 있으면 지름신 방지 효과가 있다는 부적도 떠돌고 있다.

하지만 이러한 노력은 순간 헛수고가 된다. 나도 모르게 또 쇼핑을 하고 있기 때문이다. 우리 주위에는 애써 억눌렀던 지름신을 깨우는 '순간 유혹'이 너무 많다. 오랫동안 가지고 싶었던 쇼핑 리스트가 홈쇼핑에서 '오늘만 특가 50% 할인'에 사은품까지 준다면 안 살 수가 없다. 출출한 밤, 뜬금없이 뻥튀기 생각이 나 인터넷에 '뻥튀기'를 검색하면 '하루 만에 배송'을 약속하는 업체들이 주르륵 뜬다. 그리고 다음 날, 어린아이 몸집만 한 뻥튀기 꾸러미가 집으로 배송된다. 단돈 5000원에 말이다. 대한민국은 정말 지름신을 위한 쇼핑의 천국이다. 우리는 지름신 퇴치를 위해 신용카드를 잘랐지만, 어느 순간 지름신이 다시 깨어나 쇼핑하고 후회하는 과정을 반복한다.

TV 프로 '화성인 바이러스'에는 8년간 매년 1억 원씩 벌어 이 중 9000만 원을 쇼핑에 쓴 '쇼핑 중독 무일푼 화성인녀들'이 소개된 바 있다. 또 월 200만 원 월급 전체를 인터넷 쇼핑을 하는 데 투자(?)한다는 인터넷 쇼핑 중독녀도 있었다. '사랑과 전쟁' 같은 TV 프로에서는 쇼핑 중독으로 인한 가정불화로 이혼한다는 이야기도 심심치 않게 나온다. 우리 마음속에 있는 지름신은 이렇게 억제하기가 쉽지 않다. 오죽하면 2012년 미국 미네소타 주립대학교의 정신의학연구팀이 지름신 방지를 위한 알약 '메마타인'을 개발해서 실험까지 했을까.

〉〉〉
내 안의 또 다른 나

지름신을 막지 못하는 것과 같이 우리 대부분은 생각이 행동을 통제하지 못한 경험이 있다. 패스트푸드에 대한 우리들의 이중적 태도가 대표적이다. 보건소, 학교, TV 건강프로그램 등에서는 패스트푸드가 건강에 나쁘다는 이야기를 수도 없이 해왔다. 한마디로 백해무익한 음식이라고 주위에서 떠든 결과 우리는 패스트푸드가 건강에 좋지 않다는 생각을 하고 있으며 채소, 과일 중심의 웰빙 음식을 먹어야 한다고 생각한다.

하지만 오늘도 우리는 건강에 좋지 않다는 햄버거를 즐겁게 먹으며, 피자를 배달시킨다. 머리로는 하지 말아야지 하지만 몸은 나도 모르게 행동하는 것이다. 이러한 현상은 술, 담배와 같은 기호식품에서 대표적으로 나타난다.

차기 프랑스 대통령으로 유력한 후보였던 스트로스 칸(Dominique Strauss Kahn) 국제통화기금(IMF) 총재는 뉴욕의 한 호텔에서 여종업원을 성폭행하려던 혐의로 기소돼 재판을 받았다. 골프 황제 타이거 우즈는 부인 몰래 바람을 피웠다가 결국 이혼당했고, 심각한 섹스중독증으로 드러나 입원치료를 받았다. 참 이해하기 어려운 일들이었다. 평소엔 더없이 순한 양처럼 살던 사람이 한 번씩 '욱'해서 사고를 치기도 하고 매년 새해마다 금연과 금주, 다이어트 등을 굳게 결심하지만 번번이 실패한다. 홈쇼핑을 보다가 자기도 모르게 주문 버튼을 누르고, TV를 사러 매장에 갔다가 원래 사려던 것보다 훨씬 더 큰 대형 TV를 들고 나온다. 이렇게 우리는 내 안의 다른 사람이 나를 움직이는 것과 같은 경험들을 한다. 사실 우리 안에는 나를 움직이는 '진짜 나'가 있다.

> Episode 04

나쁜 걸 알면서도
패스트푸드에 계속 끌리는 이유

2004년 다큐멘터리 감독인 모건 스플럭은 한 달 동안 맥도널드 패스트푸드만 먹는 다큐멘터리 영화로 세상을 놀라게 했다. 그는 한 달 동안 직원이 권하는 '슈퍼사이즈'의 맥도널드 메뉴만 먹는 실험을 자신에게 했다. 그 결과 의사들이 '이 정도로 위험한 실험인 줄 몰랐어요'라며 고개를 내저을 정도로 몸무게가 늘어났다. 84kg에서 95kg이 된 것이다. 간에는 이상이 생겼으며 체지방은 7%나 증가했다.

이 다큐멘터리가 아니더라도 우리 대부분은 패스트푸드가 몸에 좋지 않다는 것을 알고 있으며, 먹지 말아야 한다고 생각한다. 하지만 지금 이 순간도 우리는 패스트푸드를 그리워하며, 때때로 즐겁게 먹고 있다. 머리는 먹지 말라고 하는데 몸은 패스트푸드를 그리워하는 이런 현상은 왜 발생하는 것일까?

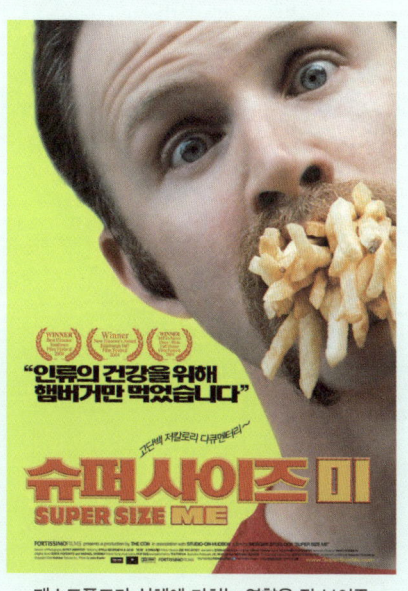

패스트푸드가 신체에 미치는 영향을 잘 보여준 다큐멘터리 영화 〈슈퍼사이즈 미〉(2004년 작)

〉〉〉
비밀은 단맛

그 비밀은 단맛에 있다. 모든 동물은 단맛에 본능적으로 끌리도록 진화해왔다. 이러한 현상은 개미, 파리와 같은 곤충에서부터 개, 원숭이 등 대부분의 고등동물에게까지 나타난다. 단맛에 이렇게 본능적으로 끌리는 이유는 우리가 단 것을 먹으면 뇌에서 강력한 행복 호르몬인 도파민이 나오기 때문이다. 이 도파민은 마약 성분과 유사하다고 할 정도로 강력한 행복감을 주는 효과가 있어 중독을 부른다. 사탕, 초콜릿, 케이크, 아이스크림 등과 같은 단 음식을 먹으면 기분이 좋아지는 이유가 여기에 있다. 단맛을 먹으면 도파민이 나오는 유전자 프로그래밍은 단맛은 즉시 에너지로 변하는 강력한 에너지원이어서 단맛을 많이 섭취할수록 생존에 유리했기 때문이다.

철인 3종 경기, 마라톤 같은 격렬한 운동을 할 때 많이 나오는 도파민은 중독성이 매우 강한 것이 특징이며 뇌 과학자들은 도파민이 단 음식과 탄수화물을 섭취할 때도 많이 나온다고 밝히고 있다. 최근 사회적 이슈가 되고 있는 탄수화물 중독도 도파민 호르몬 때문이다. 식음료를 만드는 대부분의 기업과 음식점들은 이러한 단맛의 도파민 효과를 오래전부터 경험적으로 알고 있었다. 대박집이라고 하는 곳의 음식은 일반 음식점보다 맛이 훨씬 달며 캔커피, 주스, 케첩, 콜라, 햄버거, 떡, 빵 등 거의 모든 외식 음식은 단맛을 내는 설탕이 주성분이다. 모건 스플럭이 다큐멘터리 영화를 찍었던 한 달 동안 먹은 설탕은 무려 14kg에 이르며, 당시 메뉴 중 설탕이 들어가 있지 않은 것은 일곱 개에 불과했다고 한다. 이렇게 단맛이 주는 도파민 호르몬은 뇌의 경고를 잊게 한다.

CHAPTER 07

체리피커, 프로모션을
지능적으로 즐기는 자들

2012년 우리는 모두 어려운 한 해를 보냈다. 특히, 소비자와 직접 만나는 유통업계는 추운 겨울을 보냈으며, 많은 기업과 상인들이 소비 위축으로 인한 매출 감소에 힘들었다. 실제 2013년 1월 대형 할인점의 매출은 전년 동월 대비 무려 24.6% 감소했는데, 이는 유통업체 매출 동향 조사를 시작한 2005년 이후 가장 큰 폭의 하락이었다. 불황에 강한 백화점 역시 매출이 전년 동기 대비 8.2% 줄었다고 한다. 이렇게 매출 감소가 이어지면 기업은 온갖 프로모션, 경품 행사를 통해 매출 증대를 위한 노력을 하게 된다.

> > >
프로모션에 즐거워하는 소비자

특히 경기불황에 민감한 백화점 업계는 불황 타개를 위해 여러 프로모션을 진행하는데, 대표적인 것이 해외 명품 대전이다. 평소 할인이 없는 명

① 소비자의 사랑을 받았던 이마트의 반값 행사
② 롯데마트의 통큰 행사
③ 홈플러스 '10년 전 가격' 행사

품의 할인행사를 통해 매출 증대와 고객 집객이라는 두 마리 토끼를 잡으려는 것이다. 또 파격적인 할인가격이라는 콘셉트를 앞세운 '반값', '통큰' 행사가 2012년에 빅히트를 쳤다. 40만 원대 32인치 LED TV를 앞세운 이마트의 반값 행사는 소비자들의 뜨거운 호응을 받았고, 통큰치킨을 앞세운 롯데마트는 돈가스, 핫도그, 요구르트, 자전거 등 거의 모든 상품 영역에서의 통큰 행사로 큰 효과를 보았다. 홈플러스는 '10년 전 전단가격 그대로 드립니다'라는 파격적인 가격행사로 인기를 끌기도 했다.

매일 수십 개의 새로운 프로모션이 나오는 것을 보면 알 수 있듯이 모든 기업이 매출 증대를 위해 기발한 프로모션을 끊임없이 계획해 내놓는다. 프로모션과 거리가 멀어 보이는 식품 업체들도 예외는 아니다. 풀무원은 '신선한 달걀을 찍어라'라는 프로모션을 통해 순금 열 돈의 황금알 등을 경품으로 제공했다. 자사 제품이 목초를 먹여 키운 건강한 닭이 낳은 달걀이라는 것을 알리기 위해, 달걀을 사면 황금 달걀을 주는 프로모션을 진행한 것이다. 버거킹은 20대 청춘을 위로하는 프로모션인 '고프니까 청춘이다'라는 슬로건 아래 젊은 세대들에게 와퍼 세트, 불고기와퍼 세트, 치즈와퍼 세트, BLT와퍼 세트를 구입하면 와퍼 단품 하나를 추가로 증정하는 행사를 진행했다.

또 최근에는 사회기부와 연결된 프로모션도 많은데, 배스킨라빈스는 3월 1일에 아이스크림을 구매하는 고객을 대상으로 사이즈 업그레이드와 수익금 일부를 기부하는 '특별한 31Day'를 진행했으며, 빈스빈스는 구세군 자선냄비에 1000원을 기부하면 아메리카노를 무료로 증정하는 행사를 하기도 했다. 이러한 프로모션은 게임, 콘텐츠, 음원 등 디지털 상품에도 지속적으로 진행되는데, 2012년 싸이로 소위 '대박'을 친 YG엔터테인먼트는 가요계에선 이례적으로 지드래곤의 '원 오브 어 카인드'와 이하이의 신곡 '턴 잇 업'을 무료로 스트리밍하게 해주는 프로모션을 진행해서 이슈가 되기도 했다.

> > >

혜택만 빼먹는 체리피커 35만 명

이러한 프로모션은 확실히 효과가 있다. 단기적으로 많은 고객이 몰리며, 매출 증대 효과도 있다. 반값과 재미 요소를 모두 갖춘 소셜커머스의 경우 소위 '딜'에 올리면 평소 매출보다 서너 배 상승하는 것이 사실이고, 반값 행사에는 상품이 30분 만에 동나기도 한다. 백화점 명품 할인 행사에는 주변 도로가 마비될 정도로 많은 고객이 몰린다. 하지만 프로모션을 하는 기업들의 고민은 이러한 프로모션에도 불구하고 전체 매출이 오르지 않는 데 있다. 반대로 프로모션을 할수록 그 효과가 더 떨어지기도 한다. 예전에 효과가 있었던 콘서트, 영화제 등과 같은 컬처 프로모션이 지금은 거의 없어지고, 가격할인 프로모션만이 유지되고 있다.

이렇게 기존 프로모션에 의한 매출 증대 효과가 떨어진 데는 '체리피킹(cherry picking, 맛있는 체리만 골라 먹는 것)' 하는 소비자의 역할이 크다. 한 마디로 프로모션을 예측하고, 거기에 익숙해진 소비자가 프로모션의 단맛만 빼먹는 것이다.

체리피킹 하는 소비자 행동의 대표적인 예는 신용카드다. 신용카드는 카드마다 주유, 외식 할인, 쇼핑 등 할인 혜택이 다양하게 만들어져 있고, 혜택을 받기 위해서는 월 20만 원 이상 사용해야 하는 등의 조건이 있다. 체리피커(cherry picker)는 이를 적절히 사용해 카드사가 제공하는 혜택을 최대한 받아내는데, 소비자 입장에서는 합리적인 카드 사용의 예라고도 할 수 있다. 하지만 맛있는 체리만 쏙 빼먹는 것과 같이 혜택만 쏙 빼먹는 체리피커들은 카드사 입장에서 반갑지 않은 손님들이다.

몇 년 전부터는 경품에 전문적으로 응모하는 경품족들도 유행하고 있는데, 소위 '경품으로 살림을 장만하는 사람들'이다. 다음 카페 '경품으로 살림 장만하는 사람들'은 2013년 5월 현재 회원이 약 22만 명에 이르며 하루 방문자가 약 5000여 명에 달한다. 네이버 '경품 전문가 카페' 회원도 13만 명에 이른다. 이곳에는 홈시어터, 카메라, 휴대전화, 전자레인지, 게임기, DVD플레이어, 복합기에 컴퓨터 본체와 모니터까지 받았다는 성공담이 줄을 잇는다. 또 '자정 직후와 이른 아침에 응모해야 당첨 확률이 높다'거나 '이벤트 첫날과 마지막 날에 응모하면 잘 뽑힌다'는 식의 비법들도 전수하고 있다. 두 카페 회원만 35만 명에 이르니, 대한민국 기업들이 시행하는 거의 모든 프로모션과 행사는 이들 손안에 있다고 해도 과언이 아니다.

〉 〉 〉

체리피커와 무관심한 소비자

이렇다 보니 기업들의 프로모션은 계획한 만큼 매출 증대와 연결되지 않는다. 일부 소비자들은 체리피커가 되어 혜택을 누리지만 대부분의 소비자는 이에 무관심하기 때문이다. 체리피커와 같이 혜택에 민감한 소비자들은 요구사항이 많고 까다로워 시장을 주도하는 반면에 대부분 고객은 요구나 반응이 뚜렷하지 않다. 이렇다 보니 기업들은 어느 장단에 맞춰 마케팅을 해야 할지 헷갈리며, 마케팅의 기본인 '소비자의 니즈를 파악하라'는 대명제에도 혼란이 온다. 까다로운 일부 고객과 명확한 요구가 없는 대부분의 고객은 니즈가 확연히 다르기 때문이다.

까다로운 고객들은 상품에 대해 전문가 수준의 요구를 한다. 화장품에 들어가는 글리세린을 천연성분으로 해주기를 요구하며, 지성피부와 중성피부의 중간 상태에 맞는 제품을 요구한다. 이러한 요구는 대다수 고객에게는 필요 없는 것들이어서, 기업 입장에서 이런 까다로운 고객의 요구는 불필요한 원가 상승의 요인이다. 반대로 마케팅에 무관심한 대다수 고객은 요구를 드러내지 않는다. 시장조사는 물론 마케팅에도 반응하지 않으니 마케터로서는 답답할 따름이다. 이렇다 보니 마케팅 현장에서는 극단적으로 '소비자의 니즈 같은 건 없다'고 이야기하는 사람들도 많다. 이렇게 무관심한 대부분의 고객은 기존 마케팅으로는 더 이상 지갑을 열지 않는다.

CHAPTER 08

21세기 과학이 들려주는
소비자 행동의 불편한 진실

'말씀 진짜 잘 하신다'라는 그 말은 '그만 좀 떠들어라 더럽게 재미없다.' (아, 그러면 재미없다면서 술은 왜 먹자고 그래요?)

'저 술 한 잔 시켜도 돼요?'라는 그 말은 '맨정신엔 못 보겠다. 나 지금 멘붕이다.' (그래서 화장실 간다고 그런 거예요?)

'저 화장실 좀 다녀올게요'라는 그 말은 '미숙이 너 장난하냐? 꼴뚜기가 말을 한다.' (여자들의 속마음~~속마음~~)

KBS2 인기 프로그램인 '개그콘서트'의 코너 '용감한 녀석들'에 나왔던 이야기다. 당시 많은 대중의 공감을 끌어냈던 내용이다. 속담에 '열 길 물속은 알아도 한 길 사람 속은 모른다'고 했듯이, 사람들의 진짜 속마음을 알기란 쉽지 않다. 대통령 선거에서 꼭 투표하겠다고 한 유권자 중 30% 이상이 실제 투표를 하지 않는다. 괜찮다고 말씀은 하지만 자식들이 선물을 사 드리면 부모님은 좋아하신다. 결혼 생각이 없다는 노총각, 노처녀들에게 멋진 이성을 소개해주면 언제 그랬냐는 듯이 좋아하고, 괜찮다고 괜찮다고 하지만 어르신들께 건강상품을 드리면 정말 좋아하신다. 유통업체 사장은 베스트셀러보다 그동안 팔리지 않았던 상품을 구매해주는 고객을 더 좋아한다. 어떤 게 진짜 마음인지 헷갈린다.

〉 〉 〉
두 얼굴을 가진 소비자, 과학이 그 속마음을 밝히다

니컬러스 케이지와 존 트라볼타가 주연한 〈페이스 오프(Face Off)〉라는 영화가 있었다. 얼굴이 뒤바뀐 두 사람이 내면의 진짜와 다른 내가 되어 살아간다는 스토리를 대부분 기억할 것이다. 진짜 나와 다른 얼굴의 나. 어쩌면 우리 소비자의 두 얼굴을 가장 정확하게 대변하는 표현이 아닐까 한다.

정말 좋다고 대답해놓고 사지는 않으며, 좋지 않다고 해놓고 구매한다. 방금 본 광고를 기억하지 못하며 더 비싼 것을 싸다고 생각하고, 맛도 구분하지 못하면서 맛있다고 한다. 가격 할인 프로모션에 열광하지만 체리피킹만 하고 낚이지 않는다. 이렇듯 알 듯 모를 듯한 소비자의 두 얼굴은 기

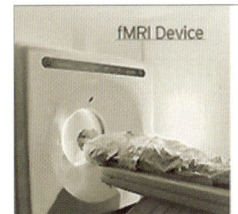 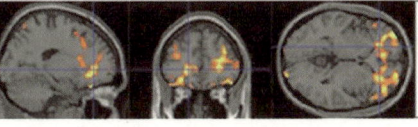 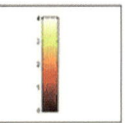

모 잡지의 구매를 판단하는 고객의 뇌 활성사진. 활성화된 전두엽은 고민이 많은 것을 시사하며, 이는 감성적이며 즉흥적으로 선택해야 할 잡지구매에 적절하지 않은 반응이다. 결국 이 잡지는 폐간되었다.

인간 행동의 비밀을 푸는 기능성자기공명영상장치

업 입장에서 난감한 과제다. 우리는 어느 얼굴에 마케팅을 해야 할까.

21세기 인류는 눈부신 과학 기술의 발전을 경험하고 있다. 물리학의 초끈 이론은 모든 물질의 존재를 설명하기 시작했으며, 인간 유전자를 해석하는 생명과학은 생로병사의 비밀을 규명하는 단계까지 발전했다. 이러한 과학 기술의 발전은 뇌 혈류의 변화를 직접 볼 수 있는 기능성자기공명영상장치라는 새로운 기계 장치도 탄생시켰다. 원래 의료장비였던 기능성자기공명영상장치는 과학자들이 인간 행동에 따른 뇌의 변화를 직접 관찰할 수 있게 해줌으로써 인간 행동의 비밀을 직접적으로 푸는 계기가 되었으며, 뇌과학이라는 새로운 학문을 탄생시켰다. 또한 이를 포함해, 뇌파측정기(EEG), 안구추적 시스템 등의 최신 장치들은 뉴로마케팅이라는 새로운 영역을 탄생시켰다.

뉴로마케팅은 미래 잠재성 때문에 최근 큰 주목을 받고 있으며 코카콜라, P&G, 유니레버, 켈로그, 나이키 등 세계적 기업들은 이미 뉴로마케팅을 제품개발, 광고분석, 브랜드전략 결정에 적극 활용하고 있다.

또 최근 발전하고 있는 신경경제학, 행동경제학, 진화심리학 등은 뇌과학과 함께 소비자 행동, 나아가 인간 행동에 대한 진지한 대답들을 내놓고 있다. 1990년대 중반 대니얼 카너먼(Daniel Kahneman) 박사는 여러 실험을 바탕으로 인간의 실제 행동이 편향과 오류, 비합리성을 띤다는 것을 밝혀 '행동경제학' 분야의 개척자가 되었다. 그는 경제학자가 아닌 심리학자로서 2002년 노벨 경제학상 수상자로 선정되는 영광을 안았다. 또 1992년 이후 대중화되고 있는 진화심리학 분야도 인간 행동에 대한 보다 진보된 설명들을 내놓고 있다. 진화심리학은 인간의 심리를 진화론적 관점에서 이해하려는 학문으로, 많은 기능적 메커니즘으로 움직이는 인간의 뇌는 진화 과정에서 만들어진 생존을 위한 결과물이라고 설명한다.

뇌과학, 행동경제학, 진화심리학 등에서 공통적으로 이야기하는 부분은 우리가 매우 불완전한 존재라는 것이다. 우리는 매우 제한적인 인지능력을 가지고 있으며 불완전한 '판단의 지름길'을 사용하는데, 이는 언제나 비합리적이고 착각을 일으킨다는 것이다. 21세기 과학은 인간이 착각하고 비합리적인 행동을 하는 존재라고 말하고 있다.

> Episode 05

우리는 뇌가 인지하는 세상을 본다

1999년에 개봉된 영화 〈매트릭스(Matrix)〉는 최고의 SF 영화라는 평가를 받고 있다. 〈매트릭스〉는 키아누 리브스의 액션도 멋있지만, 무엇보다 존재에 대한 진지한 질문을 던졌던 영화다. 영화는 인공두뇌를 가진 컴퓨터(AI)가 지배하는 2199년을 배경으로 한다. 컴퓨터는 인간을 가축처럼 인공 자궁(인큐베이터)에서 '재배'해 에너지원으로 활용하는데, 인간은 컴퓨터에 의해 뇌에 입력된 매트릭스라는 프로그램(내용은 1999년의 가상현실)에 따라 평생 1999년의 가상현실을 살아간다. 인간이 보고 느끼는 것은 모두 컴퓨터에 노출되며, 인간의 기억 또한 입력되고 삭제되는 등 가상현실 속에서 사는 인간은 진정한 현실을 인식할 수 없다는 것을 강조했다.

뇌 과학자들은 우리가 느끼는 실체(Reality)도 매트릭스의 가상현실과 같

가상현실을 영화화한 〈매트릭스〉(1999년 작)

이 일정 부분 뇌가 만드는 것이라고 한다. 즉, 우리가 느끼는 실체는 100% 사실이 아니며, 뇌가 인지하는 가상현실 같은 것이다.

> > >

가상현실 같은 현실

미국 피츠버그 의대 매튜 보트비니크(Matthew Botvinick) 박사는 1998년 〈네이처(Nature)〉지에 발표한 '고무손 착각 현상'을 통해 우리가 느끼는 실체는 실제가 아닐 수 있으며, 얼마든지 조작될 수 있다는 것을 보여주었다. 연구팀은 실험 참가자의 왼손을 숨기고 가짜 고무손을 눈앞에 놓은 뒤 붓으로 동시에 자극했다. 30~40초간 계속한 결과 실험 참가자는 고무손에서 촉감이 느껴지는 착각을 경험했다. 우리 뇌가 시각과 촉감을 합쳐 감각을 재구성했기 때문이다[유투브(http://youtu.be/sxwn1w7MJvk)에서 확인해보기 바란다].

2004년 영국 런던 대학교 헨릭 어슨(Henrik Ehrsson) 박사 팀은 고무손 실험을 기능성자기공명영상장치 실험을 통해 증명했다. 고무손을 진짜 손으로 착각하는 피실험자의 뇌를 촬영한 결과, 착각을 경험하는 참가자

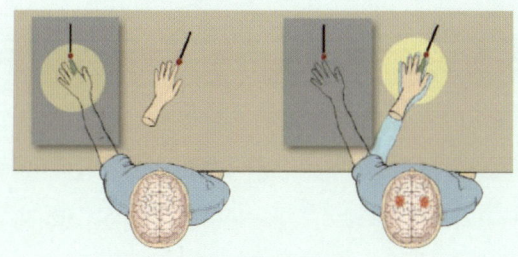

고무손 착각 현상(출처: www.gold.ac.uk)

들의 뇌는 그렇지 않은 때에 비해 감각을 인지하는 전운동피질(Pre-motor Cortex)이 활성화됐다.

이와 비슷한 실험이 2008년 12월 2일 자 〈플로스 원(PLoS ONE)〉에 실린 '신체 만들기(Body Shaping)'란 유체이탈 실험이다. 어슨 박사는 스웨덴 스톡홀름의 카롤린스카연구소의 발레리아 페트코바와 함께 진행한 실험에서 폐쇄회로 TV를 이용해 실험 대상자가 마네킹을 자신의 몸처럼 느끼게 하는 데 성공했다. 연구팀은 마네킹의 얼굴에 폐쇄회로 카메라 두 대를 장착해 실시간으로 마네킹의 배를 위에서 내려다보는 영상을 만들었다. 그러고는 실험 참가자에게 배를 내려다보는 것처럼 고개를 숙이게 한 뒤 준비한 영상을 보여줬다. 연구팀이 실험참가자의 전기피부반응(GSR)을 측정하면서 마네킹의 배를 칼로 찌르는 듯 위협하자 참가자는 마치 실제로 위협을 느끼는 것처럼 피부에 땀이 증가했다.

인도 빌라야누르 라마찬드란(Vilayanur Ramachandran) 박사는 이런 현상이 발생하는 것은 뇌의 독특한 인지 특성 때문이라고 설명한다. 뇌는 입력되는 여러 감각 정보들을 종합해 일관된 이야기를 만들어내는데, 고무손이 자극받는 모습을 보면서 그에 상응하는 촉감을 실제 손으로 느끼면 뇌는 모순되는 두 감각을 합친다. 그리고 '고무손에서 촉감이 느껴진다'는 판단을 내리는데, 이때 실체를 느낀다는 것이다.

연세대 이도준 교수는 우리가 인지하는 현실은 100% 완벽한 사실이 아니며 '현실에서 추출한 80~90%의 정보에 이미 머릿속에 들어 있는 지식을 추가해 그럴듯하게 재구성한 것'이라고 이야기한다. 이렇게 뇌가 실체 그 자체를 인지하는 것이 아니라, 입력된 정보와 경험에 의한 지식을 통해 인지한다는 것은 판단에도 큰 영향을 미친다. 이렇게 실체가 아닌 인지한 정보를 경험에 의한 지식을 바탕으로 판단하므로, 뇌가 인지하는 현실은 결국 불완전한 것이다.

> > >
우리는 뇌가 재구성한 실체를 인지한다
뇌가 만든 현실을 직접 체험해볼 수 있는 재미있는 실험 하나를 소개하겠다. 의자 두 개를 앞뒤로 나란히 놓고, 뒤에 있는 의자에 앉아 눈을 가리고 도우미 A를 앞 의자에 앉힌다. 도우미 B에게 한 손으로는 내 손을 가져가 앞에 앉은 도우미 A의 코를 건드리고 다른 손으로는 내 코를 건드리게 한다. 이때 코를 건드리는 두 자극은 정확히 일치해야 하고, 자극이 규칙적일수록 효과가 좋다. 30~40초간 지속한다. 30~40초가 지나면 내 코가 도우미 A의 코가 있는 위치까지 길어지고 손은 그것을 만지고 있는 것 같은 착각을 느낀다.

02

소비자는 항상 판단의 지름길을 사용한다

1. 착각을 부르는 판단의 지름길
2. 앵커링, 마음속에 내려져 있는 판단의 닻
3. 직관, 믿을 것인가 말 것인가
4. 고정관념은 아주 힘이 세다
5. 프레이밍, 딱 그만큼만 세상이 보인다
6. 자기중심성, 세상의 중심에는 늘 내가 있다

CHAPTER 01

착각을 부르는
판단의 지름길

2003년 2월 18일 오전 10시, 대구 중앙로역에서 지하철이 갑자기 멈췄다. 안내방송은 나오지 않고 있었고, 지하철 객차에는 연기가 조금씩 스며들고 있었다. 만약, 여러분이 그 순간 객차 안에 타고 있었다면 어떤 행동을 선택했겠는가? 선택은 두 가지다. 수동으로 문을 열고 나오든가, 아니면 그냥 앉아서 기다리는 것이다. 연기가 들어오는 비상상황이었다면 당연히 문을 열고 나와야 했을 승객들은 대부분 이날 그냥 앉아서 기다리는 선택을 했다. 왜 그들은 서로의 얼굴을 바라보며 그냥 기다리고만 있었을까? 그리고 이날은 대한민국 역사상 가장 슬픈 날이 되었다.

> > >

우리는 착각하는 존재

최근 휴대전화로 소액결제 사기를 치는 '보이스피싱(Voice Phishing)'이 사회문제가 되고 있다. '25만 원 결제를 취소하려면 070-4878-5845'라고 적힌 문자메시지를 받으면 많은 사람들은 깜짝 놀라 취소 전화를 걸게 된다. 이들은 이런 것이 피싱이라는 것을 알고 있음에도 불구하고 순간적으로 25만 원 결제에 낚인다.

2008년 미국에서는 당시 75조 원(500억 달러) 규모의 월가 역사상 최대 금융사기라는 '메이도프(Madoff) 사건'이 발생했다. 영화감독 스티븐 스필버그를 포함해서 노벨상 수상자, 메츠 구단주, 상원의원 및 HSBC, 노무라, BNP 파리바 등 저명인사와 유명 금융사들이 그 피해자였다. 가장 똑똑하다는 월가의 사람들도 높고 안정적인 수익을 준다는 달콤한 말에 넘어갔던 것이다. 그들도 그렇게 높은 수익을 주는 투자는 없다는 것을 잘 알고 있었는데 말이다.

비슷한 사건이 대한민국에서도 일어났다. 희대의 사기꾼 조희팔은 2004~2008년까지 전국에 10여 개의 피라미드 업체를 차리고 의료기기 대여업으로 30~40%의 고수익을 보장한다고 속여, 투자자 3만여 명으로부터 4조 원을 가로챘다. 많은 피해자들은 안정적 사업에 매월 이자를 꼬박꼬박 준다는 감언이설에 빠졌다.

이런 사건은 지금도 주변에서 계속되고 있다. 작전이 들어간 특정 주식이 폭등할 것이라는 루머에 많은 투자자가 혹해서 '올인'을 하고, 개발계획이 확정되었다는 부동산 기획투자 업체의 전화에 많은 사람이 혹한다. 중요한 점은 우리는 '그렇게 좋은 기회면 본인들이 투자하지 왜 나한테까지 이야기하겠어'라는 사실을 잘 알고 있다는 것이다. 하지만 계속해서 우리는 속아 넘어가고 있다. 우리가 착각했던 것이다.

> > >

착각하는 소비자

이러한 착각은 소비자 행동에도 그대로 적용된다. 자동차 영업소에서 5000만 원짜리 제네시스를 구매할 때는 옵션으로 제시되는 300만 원짜리 가죽 시트를 쉽게 구매한다. 하지만 자동차 구매 이후 주변 카센터에서 가죽 시트를 200만 원에 구매할 수 있어도 우리는 쉽게 선택하지 못한다. 비싸다고 생각하기 때문이다.

마트에서 수박 한 통이 1만 원이고 반 통은 7000원이라고 하면, 대부분의 사람은 수박 한 통 1만 원짜리가 4000원 싸다고 생각한다. 하지만 이러한 판단은 상황에 따라서 다를 수 있다. 만약 가족이 세 명 이하면 수박 한 통을 한 번에 먹을 수 없어 보관을 위한 냉장고 전기요금이 발생할 수 있으며, 혹시 다 먹지 못하고 버리는 위험 비용도 발생하므로 꼭 싸다고 할 수는 없다. 또 1+1 시식행사를 하면, 대부분의 남성은 그냥 지나치지 못하고 구매한다. 이는 1+1이 더 저렴해 보이기 때문인데, 실제로는 더 저렴한 상품이 있는 경우도 많으며 입맛에 맞지 않는 위험 비용도 발생한다. 실제 전국주부교실중앙회가 2012년 12월 전국 171개 대형 할인점의 묶음상품 가격을 비교해보았더니, 1g당 가격이 단품보다 비싼 묶음상품이 185개 중 72개(38.9%)나 되었다. 즉, 대형 할인점의 묶음상품 열 개 가운데 네 개는 단품보다 더 비싼 것이다.

> > >

행동경제학의 새로운 해석

이러한 사람들의 착각에 따른 비합리적 판단은 경제학 분야에서 오랜 논란거리였다. 왜냐하면 경제학은 '최대 효용을 추구하는 합리적 인간'이라는 가설을 기반으로 하기 때문이다. 이런 논란에 1990년대 중반 대니얼 카너먼 박사는 새로운 해석을 내놓았다. 그는 여러 실험결과를 바탕으로 인간이 비합리적 행동을 한다는 것을 증명했다. 즉, 우리의 인지와 선택에 많은 오류가 있으며 인간의 행동은 비합리적, 편향적이라는 것이다. 이후 댄 애리얼리, 리처드 탈러(R. Thaler), 하워드 댄포드 등 여러 행동경제학자는 인간 행동의 비합리성, 편향, 오류를 다양한 사례를 통해 보여주고 있다. 대표적인 몇 가지 사례들을 살펴보자.

A. 30일 동안 매일 100만 원씩 선물을 받는다.
B. 30일 동안 1일 100원, 2일 200원, 3일 400원, 4일 800원······.
이런 방식으로 30일간 받는다.

여러분은 어떤 것을 선택하겠는가? 이 질문을 받은 대부분의 사람은 매일 100만 원씩을 받는 A를 선택했다. 그러나 A를 선택하는 경우 받는 금액은 3000만 원에 불과하지만, B를 선택하면 총 1073억 원을 받게 된다. 사람들은 B안의 곱하기 효과를 직관적으로 이해는 하지만, 언제나 1073억 대신 3000만 원을 선택하는 이상한 결정을 내린다.

A. 식료품값 1만 원을 절약할 수 있다면 20분을 걸어 다른 대형 할인점에 가겠는가?
B. 145만 원짜리 LED TV를 144만 원에 살 수 있다면 20분을 걸어 하이마트에 가겠는가?

여러분은 어떤 선택을 하겠는가? 이 질문을 받은 대부분 사람은 식료품을 살 때는 20분을 걸어가겠지만, LED TV를 살 때는 걸어가지 않는다고 했다. 같은 20분이고, 같은 1만 원인데도 말이다.

〉 〉 〉
판단의 지름길을 사용하는 소비자

대니얼 카너먼 박사는 이렇게 불완전하고 비합리적인 판단은 우리가 가진 태생적으로 불완전한 정보처리 능력 때문이라고 한다. 즉, 올바른 의사결정을 내리기 위해서는 처리해야 할 정보량이 방대한데, 우리는 신속하게 의사결정을 해야 하므로 이른바 '휴리스틱(heuristic)'이라는 판단의 지름길을 사용하게 된다. 이때 이 판단의 지름길이 오류를 부른다는 것이다. '찾아내다', '발견하다'라는 뜻의 그리스 말이 어원인 휴리스틱은 불확실하고 복잡한 상황에서 문제를 가능한 한 빨리 풀기 위해 쓰는 인간의 판단체계로, 소위 '통밥'에 의한 판단 정도로 이해할 수 있다.

우리는 일상생활에서부터 조직의 중요한 의사결정에 이르기까지 광범위하게 이 '통밥'을 사용한다. 이러한 휴리스틱 판단은 복잡한 문제를 단순화시켜 생각에 대한 부담을 줄여주고, 제한된 시간 안에 신속한 판단을 할 수 있게 해주는 장점이 있는 반면, 빠른 판단과 경험에 의존하기 때문에 여러 잘못된 판단의 오류를 부른다. 그래서 불완전하고 비합리적이며 착각하게 하는 판단의 중요 원인이 되기도 한다.

이용가능성, 대표성, 감정, 재인(recognition) 등 행동경제학자들이 밝히고 있는 휴리스틱은 매우 많지만 이 중 앵커링, 직관, 고정관념, 프레이밍, 자기중심성 등 크게 다섯 가지가 인간 행동에 큰 영향을 미친다.

중요한 점은 휴리스틱 판단이 우리가 모르는 사이에 이루어진다는 것이다. 우리가 자동차를 운전할 때 생각하며 운전하지 않는 것과 같이 그냥 자동적으로 이루어지는 판단이다.

CHAPTER 02

앵커링, 마음속에
내려져 있는 판단의 닻

> • UN에서 아프리카 국가들이 차지하는 비율은 65%보다 높을까, 낮을까?

여러분은 얼마라고 생각하는가? 이 질문은 대니얼 카너먼의 유명한 실험 중 하나이다. 질문을 받은 사람은 대답하기 전에 무작위로 65%와 10%라는 숫자를 받는다. 결과는 놀라웠다. 10%라는 숫자를 받은 사람은 UN에서 아프리카 국가가 차지하는 비율이 25%라고 응답했으며, 65%라는 숫자를 받은 사람은 45%라고 응답했다. 전혀 의미 없는 사전 제시 숫자에 의해 비율이 거의 두 배 정도의 차이가 난 것이다.

대니얼 카너먼은 수학 문제를 통해 앵커링에 대한 또 다른 예를 보여준다. 고등학생들에게 5초 동안 암산으로 같은 내용의 곱셈을 하라고 했다.

[첫 번째 그룹] 8 × 7 × 6 × 5 × 4 × 3 × 2 × 1 = ?
[두 번째 그룹] 1 × 2 × 3 × 4 × 5 × 6 × 7 × 8 = ?

첫 번째 그룹 학생들은 2250이라고 응답했고, 두 번째 그룹은 512라고 했다. 이 문제의 정답은 4만 320이다. 같은 문제인데 결과는 전혀 다르다.

> > >

마음속에 있는 판단의 닻

독일 심리학자 스트랙과 무스바일러는 판사들에 대한 재미있는 실험 이야기를 들려준다. 그들은 2006년 강간범 재판을 맡은 판사들에게 기자들을 시켜 쉬는 시간에 전화로 '형량이 3년 이하냐' 아니면 '형량이 1년 이하냐'라는 질문을 던지게 했다. 질문을 받은 판사들의 형량 선고는 전혀 달랐다. '형량이 3년 이하냐'라는 질문을 받았던 판사들은 평균 33개월의 징역형을 선고한 반면, '형량이 1년 이하냐'는 질문을 받은 판사들은 평균 25개월의 징역형을 선고한 것이다. 아무 의미 없는 사전질문 하나에 전혀 다른 판결이 내려진 것이다.

아프리카 국가에 대한 질문에서 사람들은 무의미한 10%, 65%에 큰 영향을 받았으며 수학 문제와 판사들의 사례도 마찬가지였다. 우리는 이렇게 판단을 하는 데 임의의 기준점을 사용하고 있으며, 이 기준점을 중심으로 올리거나 내려서 판단한다. 행동경제학에서는 이를 '앵커링(anchoring, 닻 내리기)'이라고 한다. 앵커링은 불확실한 상황에서 판단을 내려야 하는 경우, 임의값을 심리적인 기준으로 사용하는 것을 말한다. 항구에 정박한 배가

닻을 내리면 그 배는 닻과 배 사이의 거리만큼만 움직일 수 있듯이 소비자도 마음속 기준(닻)을 중심으로 판단한다는 것이다. 처음 내려진 닻이 특별한 의미가 없어도, 소비자는 그것을 기준으로 판단하기에 앵커링은 여러 착각을 부르는 원인이 된다. 그러면 앵커링은 왜 일어나는 것일까?

〉 〉 〉
소비자에게 존재하는 기러기 각인현상
오래전 안나 파킨이 주연을 했던 〈아름다운 비행(Fly Away Home)〉이라는 영화가 있었다. 숲에서 주워온 기러기 알을 부화시켜 기르던 13세 소녀 에이미가 동력 행글라이더를 타고 기러기와 함께 따뜻한 남쪽으로 날아가는 대장정을 그린 영화였다. 에이미가 조종하는 동력 행글라이더를 따라 열여섯 마리의 기러기들이 열을 지어 날아가는 모습은 아름답고 감동적이었다.

영화 내용을 보면 알을 깨고 나온 기러기 새끼들이 에이미의 사랑스러운 눈길과 마주치고 그 순간 열여섯 마리의 새끼 기러기들은 에이미를 어미로 인식한다. 이러한 현상을 '각인현상(imprinting)'이라고 한다. 이 각인현상은 오스트리아의 동물학자이자 비교행동학자인 콘라트 로렌츠

영화 〈아름다운 비행〉(1997년작)의 한 장면(왼쪽)과 '기러기의 아빠' 콘라트 로렌츠 박사(오른쪽)

(Konrad Lorenz)에 의해서 알려졌다. 오리나 거위, 백조, 기러기 같은 조류들은 부화한 뒤 어느 특정한 시점(보통 2일)에 가장 먼저 눈에 들어온 대상을 어미로 인식하고 애정을 쏟으며 쫓아다닌다는 것이다. 어미와 적을 구분해서 파악하는 게 새끼들에게는 생존을 위해 꼭 필요한데, 가장 먼저 본 대상을 어미로 인식하는 게 필수적인 선택이었기 때문이다.

이러한 각인현상은 사람에게도 남아 있다. 즉, 사람에게도 태어나서 처음으로 접하는 시각적 이미지가 중추신경계에 오랫동안 각인되는 결정적 시기가 있다. 이처럼 중추신경계는 결정적 시기에 처음 접한 시각적 이미지에 의해 시냅스가 구성되고, 그 이미지는 오랫동안 각인된다. 첫인상도 비슷한 예다. 우리가 경험으로 알 수 있듯이 사람에 대한 첫인상 또한 한번 형성되면 웬만해서는 바뀌지 않는다. 앵커링의 원리가 바로 이러한 각인현상과 유사하다. 즉, 소비자의 뇌 중추신경계 시냅스에 임의의 기준이 만들어지면 쉽게 지워지지 않고 계속해서 판단의 기준으로 남는다. 마치 기러기가 처음 본 13세 소녀를 어미로 생각하는 것과 같다. 진짜 어미가 아닌데도 말이다.

> > >

주관적 판단을 일으키는 앵커

우리에게는 이러한 임의의 판단 기준인 마음속 앵커가 수없이 많이 내려져 있다. 이는 개인의 과거 경험과 기업들의 마케팅 활동에 이미 많은 영향을 받았기 때문이다. 우리가 쉽게 자주 접하는 뉴스 중 하나는 산지 돼지값이 50% 폭락했는데, 마트 삼겹살 가격은 여전히 100g에 2000원이라는 것이다. 비록 산지 돼지값은 폭락했지만 이미 우리 마음속 앵커는

'삽겹살 100g은 2000원'으로 형성되어 있어 마트에서 가격을 내리지 않아도 비싸다 생각하지 않는 것이다.

휘발유 가격도 비슷하다. 20년 전 휘발유 가격은 1리터에 600원에 불과했고, IMF가 왔을 때 1300원까지 올랐다. 그 당시 1300원은 매우 비싸게 여겨졌지만 지금의 시점에서 1300원은 정말 싼 가격이다. 이미 휘발유는 1리터에 2000원이라고 앵커링이 되어 있기 때문이다. 또 대표적인 것이 '9'자 앵커링이다. 앞에서 언급했듯이 소비자들은 9자가 붙으면 싸다는 앵커를 가지고 있다.

앵커링은 가격이나 숫자에만 있는 것이 아니라 품질 인식에도 적용된다. 보통 비싼 제품은 명품이고 좋은 품질이라는 앵커링을 가지고 있다. 사실 동남아 국가에서 만들어지는 명품 브랜드 중 브랜드만 없앤 동일 상품이 한국에 수입되는 경우가 있다. 같은 상품인데도 불구하고 가격이 낮다는 이유 때문에 소비자들은 그 상품의 품질이 나쁠 것이라 생각한다.

> > >

앵커에 착각하는 소비자

이러한 앵커는 주관적이고 임의적인 판단의 기준으로, 사람들을 착각하게 하는 중요한 원인이다. 명품매장에 가면 누구도 사지 않을 것 같은 수천만 원에 달하는 시계와 가방들이 전시되어 있다. 이러한 가격을 보고 나면 30만 원짜리 지갑은 아주 싸 보인다. 또 높은 가격 앵커링은 사람들에게 그 제품이 명품이고 품질도 좋다는 생각을 하게 만드는 효과도 있다. 실제 명품을 구입한 소비자들은 그 제품에 대해 거의 불만을 품지 않는다.

또 우리는 높은 가격을 책정해놓고 할인을 많이 해주는 상품을 싸다고 인식한다. 예를 들어 1+1과 50% 할인은 같은 것인데 소비자들은 50% 할인이 더 싸다고 생각한다. 이때 앵커가 되는 것은 기존 가격인데, 이 가격 대비 할인 폭을 고객 혜택이라고 생각하기 때문이다. 따라서 우리가 인터넷이나 홈쇼핑에서 높은 가격을 제시하고 할인 폭을 크게 한 상품을 구매하는 이유가 여기에 있다.

자동차 가격 또한 이러한 앵커링 효과를 잘 보여준다. 처음에는 무옵션 기본형으로 가격 앵커링을 한 후 추가옵션을 제시해 판매 가격을 높이는데, 3500만 원짜리 자동차를 구매하려고 매장에 간 소비자가 옵션을 추가해 4000만 원짜리 계약서를 들고 나오게 되는 게 바로 이런 이유다.

기업들은 이러한 앵커링을 마케팅에 오래전부터 사용해왔다. 신차가 나올 때마다 올라가는 자동차 가격, 한번 올라가면 내려오지 않는 휘발유 가격, 높은 가격을 책정하고 반값 할인하는 TV, 같은 물인데 가격 차이가 나는 생수 등이 이러한 앵커링에 의한 착각이 일어나는 대표적인 사례들이다.

또, 앵커링 효과를 체계적으로 마케팅에 활용하는 기업도 있는데, P&G의 POME(Point of Market Entry, 시장진입 시점)가 대표적이다. P&G는 생애 첫 고객이 지속적인 고객이 된다는 것을 인식하고, 여성 생리대 시장의 경쟁사들이 10대 후반 여성들에게 집중할 때 P&G는 생애 첫 고객인 10대 초반 여자아이들에게 집중적으로 마케팅을 했다. POME 마케팅을 통해 P&G는 시장점유율을 높일 수 있었다. 이 전략은 이후 자동차, 주유소, 아파트, 휴대전화 등 다양한 상품에 확산되었다. POME 마케팅은 소비자는 기러기와 같이 첫 번째 경험한 상품에 대한 지속적인 선호를 가진다는 것을 활용한 대표적인 앵커링 마케팅 사례다.

CHAPTER 03

직관, 믿을 것인가 말 것인가

- **인구가 더 많은 도시는 용인일까, 창원일까?**

두 도시에 대한 정보가 충분하지 않지만, 여러분은 이 질문에 대답할 수 있다. 많은 이들이 조그만 지방 중소도시인 창원보다 신도시로 크게 성장한 용인에 인구가 더 많을 것이라고 대답할 것이다. 이렇게 우리는 잘 알지 못하는 것들에 대해 그냥 대답할 수 있다. 그냥 아는 것이다. 관상가들은 사람의 얼굴만 보고 어떤 성격을 가졌는지 알아맞힌다. 옷을 파는 점원들은 체형만 보고 어떤 사이즈인지 정확하게 알며, 상점 판매원은 저 손님이 물건을 살지 그냥 갈지도 금방 안다. 프로 주부들은 수박 꼬투리만 보고도 당도를 알며, 생선 비늘만 보고도 신선도를 정확하게 안다.

신기할 정도로 우리는 그냥 안다. 예를 들어 세 가지 딸기잼이 있다고 하자. 하나는 매우 붉은색, 하나는 보통 빨간색, 하나는 거의 흰색에 가깝다. 어떤 것이 가장 달까? 우리는 맛을 보지 않았고, 어떤 사전 데이터도 없지만 가장 빨간 것이 가장 달 것으로 판단한다. 이러한 것을 직관이라고 하는데 감각, 경험, 연상, 추리 등으로 생각하지 않고 대상을 직접적으로 파악하는 것이다.

이러한 직관은 복잡한 상황을 단순화시키고, 생각의 부담을 덜어주는 대표적인 판단의 지름길이다. 짧은 시간에 빠른 판단을 할 수 있게 해주는 직관은 생존을 위해 빠른 판단을 해야만 했던 진화의 결과다. 대니얼 카너먼은 이러한 직관을 '가용성 휴리스틱'으로 설명하는데, 어떤 것을 판단할 때 우리는 마음속에서 가장 쉽게 떠올릴 수 있는 경험과 과거 지식에 의해 판단을 내리며, 이 직관은 일상생활에서부터 조직의 중요한 의사결정에 이르기까지 광범위하게 사용되고 있다.

한국인의 사망원인 1위는 단연 암이다. 그렇다면 사망원인 2위는 무엇일까? 일반적으로 이 정보에 대한 통계가 없다. 하지만 우리는 교통사고가 2위일 것이라고 직관적으로 생각한다. 이는 하루도 빠지는 날 없이 보도되는 교통사고 뉴스를 보면 교통사고에 따른 사망자 수도 많을 것으로 생각하기 때문이다. 다른 예를 생각해보자.

> • 48세의 남성은 결혼한 지 20년이며, 사교적 성격에 미국에서 경영학석사(MBA)를 받았다. 이 남성은 대기업 임원일까, 농촌에 사는 농부일까?

여러분은 어떤 판단을 하겠는가? 대부분은 대기업 임원일 것으로 생각한다. 확률적으로 보면 대기업 임원일 가능성이 훨씬 높기 때문이다.

〉〉〉
직관의 35%는 정확하지 않다

하지만 판단의 지름길로 가장 많이 사용되는 직관은 때때로 정확하지 않다. 처음 질문으로 돌아가 보자. 인구가 더 많은 도시는 용인일까, 창원일까? 용인이라고 짐작했던 것과 다르게, 창원이 용인보다 인구가 더 많다. 마산, 진해, 창원이 통합되면서 창원은 인구가 109만 명에 이르는 반면 용인은 약 92만 명이다. 한국인의 사망원인 2위는 교통사고가 아니라 뇌혈관질환이다. 실제 2009년 통계를 보면 인구 10만 명당 사망원인 1위는 암이고, 2위는 뇌혈관질환(52명)이었다. 그리고 48세 남성은 확률적으로는 대기업 임원일 가능성이 높지만, 최근에는 귀농·귀촌을 하는 전문직 종사자가 많이 늘어 농촌에 사는 농부일 가능성도 있다.

이러한 직관적 판단의 정확성에 대해 오랫동안 논란이 있었는데, 최근 들어 재미있는 연구결과들이 나오고 있다. 2012년 11월 이스라엘 마리우스 어셔 교수는 인간의 직관이 얼마나 정확한 것인가에 관한 실험 결과를 발표했다. 실험은 컴퓨터 화면의 오른쪽과 왼쪽에 각각 두 개의 다른 숫자를 보여주고, 평균값이 높은 것을 선택하도록 하는 것이었다. 숫자가 보이는 시간이 매우 짧아 계산이 불가능하므로 응답자는 직관적으로 대답해야 하는 실험이었다. 여섯 번째까지 실험을 마쳤을 때의 결과는 정확도가 65%였지만, 24회까지 실험이 진행되자 90%까지 올라갔다고 한다. 이 실험은 일반적으로 우리가 하는 직관적 판단의 35%가 틀린 것이며, 직관적 판단을 고도로 훈련한 사람들은 90% 정도의 정확성을 갖는다는 것을 말해준다. 우리가 그냥 안다고 생각하는 판단의 3분의 1은 틀렸던 것이다.

›››

매일 직관적 판단을 하는 소비자

소비자도 이러한 부정확한 직관적 판단을 내리는 데 예외가 아닌데, 2009년 맥카페 광고는 이러한 오류를 잘 보여주는 사례다. 소비자에게 가장 맛있는 커피를 고르게 하는 실험을 광고화 한 것인데 내용은 이렇다. 두 잔의 커피가 있고 하나는 2000원 다른 하나는 4000원짜리다. 물론, 두 커피는 2000원짜리 동일한 맥카페 커피다. 이 실험에서 대부분의 소비자는 4000원짜리 커피가 더 맛있다고 했으며, 그중 몇몇은 맛의 차이가 얼마나 큰지 생생하게 이야기하고 있다. 실험 속 소비자들은 사실 가격이 더 비싼 커피가 더 맛있을 거라고 이미 직관적으로 판단을 내렸던 것이다.

다시 보면 PART 1에서 언급했던 내용도 대부분 직관에 따른 판단에 대한 것이었다. 제품을 객관적으로 비교하기 어려운 소비자들은 그냥 직관적으로 브랜드가 더 좋다고 생각하며, 더 높은 가격을 주고 브랜드 제품을 구매한다. 직관적 판단의 부정확성을 알 수 있는 또 다른 예를 보

소비자의 판단 오류를 광고로 만든 2009년 맥카페 광고 장면

어느 화장품이 가장 비싸 보이는가?

자, 위의 세 가지 화장품 중에서 어떤 것이 가장 고가(高價) 화장품일까? 왼쪽은 가장 기본적인 용기에 담은 화장품이며, 가운데는 일반적인 포장용기에 담은 화장품, 오른쪽은 데코레이션을 많이 한 포장용기에 담은 화장품이다.

이왕이면 다홍치마라고 대부분의 사람은 가장 화려한 용기에 담긴 오른쪽 화장품이 가장 비싸고 좋을 거라고 판단한다. 하지만 세 제품 모두 50mL짜리 동일성분의 화장품이며, 실제로 왼쪽과 가운데 제품은 비싼 수입 화장품이다. 가장 좋아 보이는 오른쪽 용기 제품은 일반 국산 화장품이다. 이렇게 우리의 직관은 때때로 부정확하다.

> Episode 06

양날의 칼 직관:
창조적 혁신자 vs 오판의 사도

2010년 이후부터 창조적 리더가 되기 위해서는 직관의 힘을 키워야 한다는 리더십 강의가 인기를 끌고 있다. 사실 전략적 직관은 창조적 혁신의 원동력이다. 고(故) 정주영·이병철 회장처럼 창조적 혁신을 이끌었던 이들은 모두 전략적 직관이 뛰어났던 사람들이다. 정주영 회장이 서산 간척사업 당시 유조선을 물로 채워 물막이 공사를 성공시켰다는 이야기나 한 겨울 부산 공동묘지에 보리를 심어 잔디밭처럼 푸르게 만들었다는 일화들은 전략적 직관의 대표적인 사례들이다. 10년 적자를 감수하며 삼성 반도체를 키워냈던 이병철 회장의 일화도 전략적 직관을 보여주는 사례다. 이처럼 시대를 개척했던 창조적 혁신가들은 대부분 전략적 직관의 달인들이었다.

> > >

직관의 두 얼굴: 혁신 창조자인가, 오판의 원인인가

애플의 스티브 잡스도 마찬가지다. 그는 직관을 신봉한 것으로 유명한데, 제품개발 시 시장조사를 믿지 않았고 직관에 의한 통찰을 가장 중요한 요소 가운데 하나로 여겼다.

"그레이엄 벨이 전화를 발명할 때 시장조사를 했을까요? 사람들은 우리가 그것을 그들 눈앞에 내놓기 전까지는 자신들이 무엇을 원하는지 모릅니다."

이 말에서 알 수 있듯이, 스티브 잡스는 소비자의 요구를 지나치게 참고하면 상상력이 제한되고 획기적인 제품을 내놓기 어렵다고 생각했다. 그는 컴퓨터가 큰 기업에서만 사용하는 무겁고 둔중한 기계였을 때 직관의 힘으로 애플 컴퓨터를 제작해 개인용 컴퓨터(PC) 시대를 열었고, 픽사를 사들여 3D 애니메이션의 판도를 바꾸었다. 아이팟과 아이튠스로 전 세계 음악 시장을 재편했고 아이폰, 아이패드로 스마트혁명을 이끌어 냈다.

빌 게이츠도 마찬가지다. 그는 처음부터 운영 소프트웨어를 만든 것이 아니라 처음에는 알테어라는 PC를 팔기 시작했지만, PC와 운영 소프트웨어가 분리될 수 있다는 창조적 직관을 통해 마이크로소프트 시대를 열었던 것이다.

이러한 창조적 직관은 훈련을 통해 향상될 수 있다. 윌리엄 더건(William Duggan) 교수는 2007년 '전략적 직관(strategic intuition)'을 개념화한 이후 이를 키우는 방법들을 제시하고 있는데, GE연수원 '크로톤빌'에서 사용하는 '인사이트 매트릭스'는 이러한 툴을 활용한 좋은 도구들이다.

하지만 이렇게 훈련을 통해 직관력을 높일 수는 있지만, 최소 10% 이상은 잘못된 판단을 할 가능성이 있다. 앞서 본문에서 언급했듯이 훈련이 안 된 일반 사람들의 경우라면 잘못된 판단을 할 확률은 35%에까지 이른다. 이러한 직관적 판단이 부정확한 이유는 그 판단이 과거 경험과 지식, 자신만의 생각의 틀을 기반으로 이루어지기 때문이다. 현재 상황에 대한 정확한 정보가 부족하거나, 과거 기억만을 고집해 판단한다면 잘못된 판단을 내릴 확률은 더욱 높아진다.

  따라서 창조적 혁신을 위한 전략적 직관력을 계속 높이려면 새로운 환경에 대한 정보를 겸허히 받아들이는 열린 자세로 전략적 직관을 높이는 훈련을 지속적으로 해야 한다. 직관은 분명 창조적 혁신을 이끄는 힘이지만 잘못된 판단으로 이끄는 오판의 지름길이 될 수도 있음을 꼭 기억해야 한다.

CHAPTER 04

고정관념은
아주 힘이 세다

(이미 많이 알려졌지만, 혹시 아직 모르는 이들을 위한 문제)

　아버지와 아들이 야구경기를 보러 가기 위해 집을 나섰다. 그런데 아버지가 운전하던 차가 갑자기 철도 건널목에서 멈춰버렸다. 결국 자동차는 기차와 충돌하고 아버지와 아들은 크게 다쳐서 응급실로 실려왔다. 하지만 수술을 하기 위해 황급히 달려온 외과의사가 아들을 보더니 "난 이 환자를 수술할 수가 없어. 얘는 내 아들이야!" 하며 절규를 하는 것이었다.
　도대체 어떻게 된 것일까?

> > >

우리는 고정관념의 노예다

1992년 4월 LA 한인타운에서 흑인 폭동이 일어나, 한인타운의 90%가 파괴되고 3억 5000만 달러의 피해가 발생하는 큰 사건이 있었다. 그런데 이 사건의 발단은 아주 사소한 착각에서 시작되었다.

1991년 3월 미국 LA 한인 슈퍼마켓에 16세 흑인 소녀가 들어온다. 잠시 후 소녀가 오렌지 주스 하나를 가방에 집어넣었는데, 주인 두 모 씨는 직감적으로 도둑이라고 느꼈다. 그리고 계산대에서 오렌지 주스가 든 소녀의 가방을 움켜쥐었는데, 이때 갑자기 놀란 흑인 소녀가 두 모 씨의 얼굴을 주먹으로 가격했고 두 모 씨는 그 자리에 쓰러진다. 하지만 여기서 끝이 아니었다. 쓰러져 있던 두 모 씨가 그만 소지하고 있던 권총을 흑인 소녀에게 발사하고 만 것이다.

이 사건은 결국 미국 흑인사회가 한인에 대한 반감을 키우는 계기가 되었고, 92년 흑인 폭동의 시발점까지 된다. 이후 경찰 조사에 따르면 흑인 소녀의 손에는 돈이 쥐어져 있었으며, 두 모 씨가 갑자기 거칠게 가방을 움켜쥐자 본능적으로 저항했던 것으로 밝혀졌다. 두 모 씨는 손에 든 돈을 흉기로 착각했으며, 이는 과거 여러 차례 강도 피해를 봤던 경험 때문이었다. 두 모 씨는 슈퍼마켓을 운영하는 동안의 경험을 통해 흑인은 강도일 가능성이 높다는 고정관념을 가지고 있었던 것이다.

우리는 자신도 모르는 사이 이미 많은 고정관념을 가지고 있다. 얼마 전 한 여성운전자가 학교 운동장에서 초등학교 여학생을 다치게 한 사고 영상이 이슈가 되면서 또다시 '김 여사'가 도마에 올랐다. '김 여사'란 주정차를 제대로 못하는 운전이 미숙한 여성운전자들을 남성운전자들이 부르는 말이다. 한마디로 남성들은 여성이 운전을 잘 못한다고 생각한다. 또 우리는 '동남아 출신 외국인은 지적으로 열등하며 범죄자일 것이다, 기업가는 정직하지 않다, 중국인은 목욕을 하지 않는다, 강남은 부자들이 사는 동네다'처럼 많은 고정관념을 가진 채 오늘도 살아가고 있다. 그러면 왜 이런 고정관념이 생기는 것일까?

> > >

대표성 휴리스틱

대니얼 카너먼은 이러한 고정관념이 빠른 판단을 위해 어떤 집단을 특정 지으려는 성향 때문에 발생한다고 말한다. 고정관념은 '대표성 휴리스틱'으로 설명되는데, 우리는 일반적으로 과거의 경험을 통해 특정집단에 대한 대표적인 이미지를 가지고 있으며, 어떤 사물을 판단할 때 그 이미지와의 비교를 통해 판단한다는 것이다.

키 170cm에 체중 45kg의 세련된 헤어스타일의 20대 여성과 영화 〈미녀는 괴로워〉에 나올법한 뚱뚱하고 못생긴 여성이 있다고 하자. 이 두 여성 중에서 누가 전문직 여성이며, 성격은 누가 더 활발할 것으로 생각하는가? 또 누가 경제적으로 더 부유할 것으로 생각하는가? 당연히 대부분은 전자의 20대 여성이 전문직일 것이며 성격도 더 활발할 것으로 생각한다. 또 집도 더 부유할 것으로 판단한다. 우리는 키 170cm에 체중 45kg의 세련된 헤어스타일을 가진 20대 여성이라는 대표적인 정보를 바탕으로 이 여성이 어떤 사람일 것이라고 비교 판단한 것이다.

이러한 고정관념은 상황에 대한 정보가 부족하거나, 빠른 판단을 해야 할 때 매우 유용한 사고체계다. 하지만 여성이 더 운전을 잘할 수도 있으며, 뚱뚱한 여성이 오히려 전문직일 수도 있고 강남에 산다고 다 부자가 아니듯이 고정관념은 틀릴 수 있다. 이렇게 고정관념이 틀릴 수 있는 이유는, 고정관념은 과거 기억에 의해 형성되는데 과거에 대한 기억 자체가 불완전하기 때문이다(기억의 불완전성에 대해서는 PART 3에서 설명하겠다).

>>>
고정관념의 강력한 힘

혈액형과 성격의 관계도 대표적으로 잘못된 고정관념이다. 2005년 〈B형 남자친구〉라는 영화가 히트하면서 B형 남자들은 많은 오해를 받았다. '엄청 단순하다', '완전 기분파다', '질투가 너무 많다', '바람둥이가 많다', '사랑한다거나 보고 싶다는 말은 다 거짓말이다', '사람을 싫어하면 잔인하게 싫어한다' 등과 같은 꼬리표가 붙었다. 하지만 이러한 성향은 개인 성향 차이이며 혈액형에 의한 차이는 없다는 것이 학계의 정설이다.

여성이 수학을 못한다는 것도 잘못된 고정관념이다. 2007년 미국 하버드 대학교 371년 역사상 첫 여성 총장이 탄생했는데, 그 촉발제는 재미있게도 전 총장인 로렌스 서머스의 여성 비하 발언이었다. 그는 남성이 여성보다 과학과 공학 분야에서 선천적으로 더 뛰어나다는 이야기를 했다가 총장에서 물러나야 했다. 여성이 남성보다 수학을 못한다는 과학적 근거는 전혀 없다.

LA 폭동사건의 시발점과 같이 고정관념은 판단과 의사결정에 큰 영향을 미친다. 예를 들어 회사에 영업팀장 자리가 하나 비었다고 하자. 경력이나 능력으로 보면 A라는 여성도 충분히 대상이 될 수 있다. 하지만 사람들은 술자리를 많이 해야 하며, 거친 남성 고객들을 상대해야 하는 그 직무를 여성이 감당할 수 있을지 의구심을 가진다. 아직 우리 머릿속에는 여성과 영업팀장의 직무가 서로 연결되지 않기 때문에 '여성은 영업팀장이라는 자리에는 적절하지 않다'는 판단을 내린다.

고정관념은 또한 인간 행동 자체를 바꾸기까지 한다. 여성이 남성보다 수학을 못한다는 것에 대해 2006년 캐나다 브리티시 콜롬비아 대학교

연구팀은 3년간 연구결과를 통해 고정관념이 차이 자체를 만든다는 것을 밝혔다. 연구팀에 의하면 남성과 여성 사이의 수학 능력 차이는 없었다. 그런데 여성이 선천적으로 수학능력이 떨어진다는 말을 들은 여학생과 그렇지 않은 여학생들 사이 수학성적에 차이가 벌어졌다. 떨어진다고 들은 여학생의 수학 성적은 나빠졌고, 반대로 선천적 차이가 없다고 들은 여학생은 성적이 좋아졌다. 즉, 고정관념이 행동 자체의 변화까지 일으킨 것이다.

스탠퍼드 대학교 스틸 교수도 비슷한 결과를 발표했는데, 마찬가지로 '여자는 수학을 못한다는 고정관념'에 관련된 실험이었다. 평소 수학 점수가 비슷한 남녀 대학생 그룹에 "이 실험은 남녀 간 수학적 능력에 차이가 있는지를 확인하기 위한 것입니다. 주어진 시간은 30분입니다. 앞에 놓인 문제들을 최선을 다해 풀어주세요" 하고 주문했다. 즉, 여성은 수학을 못한다는 고정관념을 일깨운 것이다. 실험 결과 여학생들의 수학 점수가 형편없이 낮게 나왔고, 반대로 남학생들의 성적은 올랐다고 한다. 이렇게 고정관념은 판단, 행동, 뇌의 변화를 일으킬 정도로 인간 행동에 큰 영향력을 미치고 있다.

〉〉〉

고정관념을 심기 위한 마케팅 전쟁

소비자의 머릿속에는 이미 많은 고정관념이 있다. 이는 고정관념이 과거 기억을 바탕으로 한 대표 정보에 따른 판단이기 때문이다. 따라서 고정관념은 기업의 마케팅 활동에 의해서도 형성된다. 대표적인 사례가 매일유업의 '바나나는 원래 하얗다'라는 제품이다. 시장의 절대 지배자인

바나나는 원래 하얗다?

빙그레 '바나나 우유'에 대항하기 위해 만들어진 매일유업의 '바나나는 원래 하얗다'는 원래 바나나 속은 하얗다는 광고 캠페인을 펼쳤고, 우리는 이제 바나나 속은 하얗다고 생각하게 되었다. 하지만 이 또한 광고에 의해 만들어진 또 다른 고정관념일 뿐이다. 사실 바나나 속을 직접 확인해보면 꼭 하얗지만은 않다. 속이 노란 바나나도 많다.

또 다른 사례로 할인점이 있다. 1997년 'Every Day Low Price'라는 슬로건을 앞세운 이마트의 마케팅 때문에 소비자 대부분은 할인점이 가장 싼 곳이라는 인식을 하게 되었다. 하지만 실제로는 꼭 그렇지 않다. 식료품은 재래시장이 할인점보다 30~40% 저렴하다. 반대로 편의점은 비싸다는 것도 고정관념이다. 대기업 전자제품이 더 좋으며, 화장품은 비싼 외국 브랜드가 좋고, 휘발유는 S 브랜드가 좋다는 것도 모두 마케팅에 의한 고정관념이다.

고정관념에 관한 기업들의 입장은 시장 포지션에 따라 달라진다. 시장을 지배하는 1등 기업들은 고정관념을 지속적으로 유지하기를 원한다. 왜냐하면 소비자들은 가전은 LG, 자동차는 현대, 스마트폰은 삼성과 같은 고정관념을 가지고 있기 때문이다. 반대로 신상품을 출시하거나 1등 브랜드가 되고자 하는 기업은 소비자의 이러한 고정관념을 깨고자 한다. 라면은 빨간 국물이 맛있다는 고정관념을 깬 '꼬꼬면'이 대표적인 사례다. 대우일렉트로닉스의 세계최초 벽걸이형 드럼세탁기 '미니', LG생활건강의 물로 씻지 않는 샴푸 '엘라스틴 어머나 샴푸', 휴지처럼 뽑아 쓰는 '뽑아 쓰는 '자연풍', CJ제일제당의 '동그란 두부' 등 수많은 상품이 기존 소비자들의 고정관념을 깨려는 시도를 끊임없이 하고 있다. 소비자 머릿속에 고정관념을 심으려는 기업들은 말 그대로 '마케팅 전쟁'을 벌이고 있는 것이다.

첫 질문으로 돌아가 보자. 아버지와 함께 교통사고를 당한 아이를 보며 '자기 아들'이라고 울부짖는 외과의사는 이 아이의 어머니였다. 첫 질문에 만약 당황하거나 어리둥절했다면 당신은 아직도 '외과의사=남자'라는 고정관념에 휘둘리고 있는 것이다. 이렇듯 불완전한 기억에 의해 형성되는 고정관념은 크고 작은 착각을 부른다.

CHAPTER 05

프레이밍,
딱 그만큼만 세상이 보인다

> > >

반밖에 없네와 반이나 있네

직관, 고정관념과 함께 우리가 가장 많이 사용하는 판단의 지름길은 '생각의 틀'이다. 우리는 저마다 서로 다른 생각의 틀로 세상을 본다. 기업은 의사결정을 위해 많은 회의를 하는데, 이런 회의를 하다 보면 느끼는 게 있다. 그것은 같이 회의했지만 서로 다르게 알고 있는 경우가 많다는 것이다. A 부서에서는 회의에서 신상품 출시가 결정됐다고 알고 있는데, B 부서에서는 출시일정을 늦추기로 했다고 알고 있는 것이다. 이렇게 같이 회의를 해도 전혀

생각하기 나름

다르게 들었던 이유는 자신만의 생각의 틀로 해석했기 때문이다.

사람마다 생각의 틀이 다르다는 것은 졸업 후 대학 동창 모임 같은 데서 쉽게 경험할 수 있다. 같은 학과를 나온 동창이라도 졸업 후 10년이 지나면 다니고 있는 회사에 따라 세상을 보는 눈이 전혀 달라진다. 서로 대화가 잘 통하지 않는다. 금융 분야에 근무하는 친구는 돈의 흐름이라는 관점에서 세상을 보며, 영업 분야에 근무하는 직원은 관계에 의한 사업 기회로 세상을 본다. 또 전산 분야에 근무하는 친구들은 프로그래밍이 되어 있듯 꽉 짜여 있는 관점으로 세상을 본다. 긍정적 사고를 설명할 때 꼭 등장하는 '물이 반밖에 없는 컵 vs 물이 반이나 든 컵'의 예처럼, 같은 현상을 어떤 생각의 틀로 읽느냐에 따라 세상은 전혀 다르게 보인다.

이러한 생각의 틀을 행동경제학에서는 '프레이밍(framing)'이라고 한다. 프레이밍 효과를 잘 보여주는 사례는 《장자(莊子)》에 나오는 송나라 노인의 '조삼모사(朝三暮四)' 이야기일 것이다. 전국시대 송나라에 살았던 노인이 집안 살림이 어려워져 키우던 원숭이들의 먹이를 줄여야 했다. 노인은 궁리 끝에 원숭이들에게 아침에 밤 세 톨 주고 저녁에는 밤 네 톨 주겠다고 하자 원숭이들이 길길이 뛰면서 성을 내었다. 그러자 노인이 말을 바꾸어 아침에 네 톨 주고 저녁에 세 톨 주겠다고 하자 뛸 듯이 기뻐했다고 한다. 노인의 간교함과 원숭이의 어리석음을 지적한 일화이지만, 동일한 사항을 다르게 판단할 수 있다는 것을 보여주는 이야기이기도 하다.

〉〉〉

세상을 보는 창, 프레이밍

대니얼 카너먼과 아모스 트버스키(Amos Tversky) 박사는 다양한 사례를 통해 동일한 사항이라도 프레이밍에 의해 다른 판단을 한다는 것을 보여주고 있다. 행동경제학에서 가장 많이 회자되는 실험은 정글 모기가 퍼트리는 신종 전염병에 대한 미국 방역 당국의 판단 문제다. 신종 전염병을 방치하면 600명이 목숨을 잃기 때문에, 미국 방역 당국은 두 가지 대안을 마련했다. 예상되는 결과는 다음과 같다.

- A안에 따르면 200명이 산다.
- B안에 따르면 600명이 다 살 확률이 3분의 1, 아무도 살지 못할 확률이 3분의 2다.

여러분은 어느 대안을 선택하겠는가? 이 질문 응답자의 대부분은 A안을 선호했다. 200명의 목숨을 확실히 구할 수 있는 A안에 비해 결과가 불확실한 B안은 선택하기가 꺼려지기 때문이다. 그러나 다음과 같이 말을 바꾸어 물어보면 어떨까?

- A안에 따르면 400명이 죽는다.
- B안에 따르면 아무도 죽지 않을 확률이 3분의 1, 600명이 다 죽을 확률이 3분의 2다.

이번에는 대부분 B안을 선택했다. 400명이나 확실히 목숨을 잃는 걸 지켜보느니 차라리 가능성은 낮지만 모두를 살릴 수도 있는 모험을 택하겠다는 것이다. 이처럼 같은 문제라도 대안을 어떻게 제시하느냐에 따라 선택이 달라지는데, 이는 우리가 이미 특정한 프레이밍을 가지고 있으며 문제를 이 프레이밍에 맞춰 판단하기 때문이다. 사실, 위 질문들의 답은 모두 같다.

또 다른 예를 들어보자. 백화점에서 상품을 구매할 때, 아래 두 가지 조건이 있다고 하자.

> 1. 가격 1만 원, 카드사용 시 수수료 500원 추가
> 2. 가격 1만 500원, 현금사용 시 1만 원(단, 현금영수증 불가)

가격이 1만 원인 상품을 카드로 결제하면 수수료 500원이 붙는다고 하는 것과 가격이 1만 500원인 상품을 현금으로 결제하면 1만 원이라 표시하는 것은 전혀 다른 결과를 가져온다. 1번 안에 대해서는 많은 소비자가 수수료 500원이 없는 1만 원을 선택하며 2번 안에 대해서는 많은 소비자가 카드로 1만 500원을 결제한다.

> - 25% 저지방 고기 vs 75% 지방 고기

> - 3개 사면 하나 공짜 vs 25% 할인

같은 지방의 고기라도 25% 저지방 고기와 75% 지방 고기라고 표현하면 소비자는 25% 저지방 고기를 구매하며, 세 개 사면 하나 공짜와 25% 할인을 표시하면 후자를 선택한다. 모두 다 같은 내용인데 말이다.

> > >

프레이밍에 존재하는 방향성

카너먼 박사는 사람들이 사용하는 '생각의 틀(프레이밍)'에도 일정한 방향성이 있다는 것을 알아냈는데, 이는 사람들은 손실(위험)을 끔찍이 싫어한다는 것이다. 이러한 본능으로 대부분은 손실(위험)을 회피하는 판단을 하며, 더 잃을 것이 없는 상황에서만 위험추구(risk-taking)적인 판단을 한다는 것이다(이를 '프로스펙스 이론'으로 정리해 설명한다). 사람들이 프레이밍을 사용해 판단하는 이유는 직관, 고정관념을 사용할 때와 같다.

우리는 빠른 결정을 위해 자동적인 판단을 선호하는데, 이러한 자동적 판단은 뇌가 연산 작용하는 시간과 노력을 최소화해주며 뇌과학 측면에서 뇌가 에너지를 덜 사용하도록 해준다. 즉, 직관, 고정관념, 프레이밍에 의한 판단은 대뇌피질을 사용할 필요가 없어서 에너지를 덜 사용한다. 뇌영상연구소 마르티노 박사의 실험에 따르면 프레이밍에 의해 결정을 내리는 피실험자들은 감정의 뇌(변연계의 편도)가 활성화되어 에너지를 덜 사용하는 반면, 프레이밍을 사용하지 않는 피실험자들은 에너지 소모가 많은 대뇌피질(전두엽)을 많이 사용하는 것으로 밝혀졌다.

> > >

프레이밍은 판단의 오류를 부른다

하지만 동일한 사항에 대해 다르게 보는 이러한 프레이밍 또한 판단의 오류를 부른다. 프레이밍의 방향성을 결정하는 데 큰 역할을 하는 것이 위험 회피 성향인데, 이 위험 회피 성향이 판단의 오류를 부른다. 예를 들어 수술을 받아야 하는 경우, 한 병원에서는 10%의 실패확률이 있다고 설명하고, 다른 병원에서는 90%의 성공확률이 있다고 설명하면 여러분은 어떻게 하겠는가? 당연히 90% 성공확률이 있다는 병원에서 수술을 받을 것이다.

판단한 사람은 본인이 객관적으로 합리적인 판단을 내렸다고 생각하지만, 실제로는 어느 의사가 객관적으로 수술을 잘하는지 모르고 판단을 내린 것이다. 또 동일 사안에 대해 서로 다른 관점에서 보도하는 언론 때문에 많은 논란이 있었다. 동일한 자동차 회사 파업을 보도하는 뉴스라도 프레이밍에 따라 전달되는 메시지는 전혀 다르다. 예를 들어 어떤 매체는 전경이 맞는 뉴스를 내보내고 다른 매체는 데모하는 사람이 맞는 뉴스를 내보낸다면, 같은 사안인데도 180도 다른 내용으로 대중에게 전달될 것이다. 최근 몇 년간 대한민국은 이러한 문제에 의한 여러 사회현상을 경험하고 있다. 중요한 점은 이러한 프레이밍에 의한 판단 또한 고정관념, 앵커링과 같이 우리가 의식적으로 제어하거나 변경하기가 쉽지 않으며 무의식적이고 자동적으로 일어난다는 것이다.

> > >
소비자는 프레이밍을 통해 가격을 본다

이러한 프레이밍 현상은 소비자 행동에도 많이 일어난다. 특히 가격과 광고를 인식하는 분야에서 많이 일어나는데 대표적인 것이 반값 할인, 1+1, 정수기 1일 사용료 990원 등이다. 소비자는 가격 자체로 판단하기보다는 기존 가격 대비 할인율이라는 프레이밍으로 가격을 판단한다. 즉, 소비자는 참치캔 하나가 1500원인지 1200원인지 알지 못하는 상황에서 1+1 이벤트나 할인율로 가격을 판단한다. '끝자리 9자 가격전략' 또한 대표적인

왼쪽부터 프레이밍 효과를 활용한 웅진 페이프리, 1+1 이벤트, 9900원 행사

프레이밍 중 하나인데, 990원이 1000원과 큰 차이가 있다고 소비자는 느낀다.

  프레이밍 효과를 잘 활용한 사례로 웅진 '페이프리 카드'가 있다. 페이프리 카드는 소비자들이 적립한 신용카드 포인트를 활용해 2~3만 원의 제품대여료를 지불할 수 있는 서비스인데, 소비자들은 이 서비스를 통해 웅진코웨이 제품을 공짜로 쓸 수 있다고 생각한다. 실제로는 소비자의 카드 포인트나 현금으로 지불해야 하는 서비스이다. 같은 돈을 지불하더라도 표현을 다르게 함으로써 소비자는 그 대여료가 자신의 돈이 아니고 공짜라는 판단을 내리는 것이다.

>Episode 07

남자가 여자의 신발 50켤레를 이해 못하는 이유

만약 주식투자로 1000만 원을 벌었다고 하자. 어떻게 쓸 것인가? 대부분의 사람은 친구들과 비싼 술을 마시거나, 그동안 갖고 싶었던 것을 사는 데 쓸 것이다. 쉽게 벌었다는 생각 때문이다. 하지만 매달 30만 원씩 30개월 동안 적금을 부어 1000만 원을 받았다면 친구들과 비싼 술을 마시기가 쉽지 않다. 또한 많은 사람이 은행이자, 과태료, 경조금 등에 대해서는 아까워하면서, 외식비나 술값(특히 남성들) 등에 대해서는 너그러운 태도를 보인다. 같은 돈인데 왜 이렇게 다르게 느끼는 것일까?

> > >

진짜 지갑은 우리 마음속에 있다

이렇게 돈에 꼬리표가 붙어 있어 경우마다 다르게 느끼는 것을 행동경제학에서는 '심적 회계(mental accounting)'라고 설명하는데, 생각의 틀인 프레이밍 효과 중 하나다. 심적 회계 분야의 권위자인 미국 시카고 대학교 리처드 탈러 교수는 다음과 같이 설명한다.

"사람들은 금전적 의사결정을 할 때 다양한 요인이나 선택 대안을 종합적으로 평가한 후 합리적으로 결정을 내리지 않는다. 비교적 좁은 프레임에 몇 가지 대안을 끼워 넣고 결정할 뿐이다."

즉, 수입과 지출 등과 관련해 의사결정을 내릴 때 우리는 모두 마음속에 각각의 심적 계정을 가지고 있으며 이 심적 계정에 맞게 수입과 지출을 관리한다는 것이다. 예로 한 달 생활비를 생각해보자. 일반적으로 한 달에 카드값은 50만 원, 통신비 10만 원, 주유비 30만 원, 외식비 20만 원, 보험료 50만 원 등을 지출한다고 하자. 그런데 갑자기 예상치 못한 지출이 생긴다면 무척 아깝다는 생각이 든다. 소비자들이 이렇게 무의식적으로 심적 회계를 만드는 이유는 수입과 지출을 관리하기 쉽기 때문이다.

이러한 심적 회계 계정 항목은 개인마다 다르다. 일반적으로 남성들의 심적 회계 계정에는 술값, 외식비, 경조사비, 교통비, 데이트 비용 등이 큰 반면 옷, 화장품, 구두 등에 지출하는 계정은 매우 작다. 반대로 여성의 심적 회계 계정은 술값에 대한 계정이 거의 없고 의류, 화장품, 구두 등에 대한 계정은 매우 크다. 이러한 심적 회계 계정의 차이는 남녀 데이트 비용을 누가 지불하느냐로 알 수 있다.

2012년 3월 코코펀이 조사한 결과에 따르면 당연히 남성이 부담해야 한다는 응답이 70~90%에 이른다. 여성들은 데이트 비용을 지불해야 한다는 생각이 머릿속에 별로 없으며, 더치페이를 하자고 하면 이는 예상치 못한 추가비용이라고 생각한다. 아내가 남편의 몇십만 원 하는 술값을 전혀 이해하지 못하는 이유도 여성의 심적 회계에는 술값이 없기 때문이다. 반대로 남편이 아내의 50켤레 신발을 이해하지 못하는 이유도 마찬가지다. 이런 심적 회계는 프레이밍 효과의 대표적인 현상이다.

CHAPTER 06

자기중심성,
세상의 중심에는 늘 내가 있다

앵커링, 직관, 고정관념, 프레이밍과 함께 인지적 오류를 부르는 중요한 심리적 성향이 또 하나 있는데 그것은 '자기중심성'이다. 자기중심성은 '내가 하면 로맨스, 남이 하면 불륜'이라는 말처럼, 나에 대해서는 매우 긍정적·주관적 평가를 하면서 상대방에 대해서는 부정적·객관적 평가를 하는 것을 이른다. 일반적으로 학생이 시험을 잘 보면 자기가 열심히 공부해서 문제를 잘 풀었다고 생각하는 반면, '죽 쑤고' 나오면 선생님이 가르치지도 않은 부분에서 문제를 냈기 때문이라고 생각한다. 운동선수가 경기에서 이기면 자신의 실력이 뛰어나서 이겼다고 생각하는 반면, 지면 편파판정 때문이라고 생각한다. 또 직장인 대다수는 본인이 회사에 기여한 것보다 훨씬 못한 평가와 대우를 받고 있다고 생각한다. 이렇게 자기중심성은 우리가 세상을 판단하는 데 일상적으로 사용하는 심리적 성향이며, 이를 실증적으로 보여주는 조사결과들이 있다.

>>>

세상은 나를 중심으로만 돈다

1997년 〈US 뉴스앤월드 리포트(U.S. News and Worl Report)〉지는 미국인들을 대상으로 '누가 천국에 갈 확률이 가장 높을 것 같은가'라는 질문을 했다. 이 질문에 대해 빌 클린턴 대통령은 평균 52%, 다이애나 황태자비는 60%, 오프라 윈프리는 66%, 마더 테레사는 79%라는 수치를 보였다. 하지만 본인이 천국에 갈 확률에 대해서는 평균 87%라는 수치가 나왔다. 본인이 테레사 수녀보다 더 훌륭하다고 생각한다는 뜻이다.

또 프린스턴 대학교의 프렌티스(R. Prentice) 교수는 자신의 사업능력이 다른 동료에 비해 얼마나 뛰어난가에 관해 조사했다. 결과는 본인이 동료보다 뛰어나다고 응답한 비율이 86%로 매우 높은 반면에, 못하다는 응답은 1%에 불과했다. 또 오토스테이트 인슈어런스(Autostate Insurance)는 '본인의 운전실력이 타인보다 우수한가'라는 주제에 대해 조사를 했다. 여기에서 응답자의 3분의 2는 자신의 운전실력은 최상급이거나 또는 매우 좋다고 평가를 한 반면에 오직 2%만이 다른 사람보다 못하다는 응답을 했다. 이렇게 우리는 '타인보다 내가 더 옳고 뛰어나다'라고 생각한다.

세상을 자기중심으로 보는 이러한 '자기중심성'은 당연히 편향적 사고를 부른다. 나는 테레사 수녀보다 훌륭하고, 동료보다 더 뛰어나며, 나는 옳고 너는 틀리다는 식의 편향은 잘못된 것이기 때문이다.

이러한 편향은 직급 사회에서 높은 직급의 사람에게서 더 쉽게 확인할 수 있다. 이들 대부분은 직급이 높다는 이유로 자신이 부하직원보다 더 똑똑하며, 돈도 더 많고 인간적으로 우월하다고 생각한다. 이는 조직사회

구성원이라면 누구나 쉽게 알 수 있다. 이러한 자기중심성은 모든 사람이 가지고 있으며, 매우 본능적인 것이다. 즉, 자기중심성은 다른 사람보다 더 뛰어나 보이고자 하는 욕구와 위험을 회피하고자 하는 욕구에 기반을 둔 것이다.

물론 자기중심성의 정도는 사람에 따라 차이가 있다. 테레사 수녀, 김수환 추기경과 같이 인격적으로 성숙한 이들일수록 '자기중심성'이 낮으며 직급 사회에서 성공한 사람일수록 '자기중심성'이 높다. 또 자기중심성은 나이와도 관계가 있는데, 나이가 어린 청소년기일수록 높으며, 나이가 들수록 자기중심성은 낮아진다. 나이가 들면 사람들의 성향이 대체로 부드러워지는 이유가 여기에 있다.

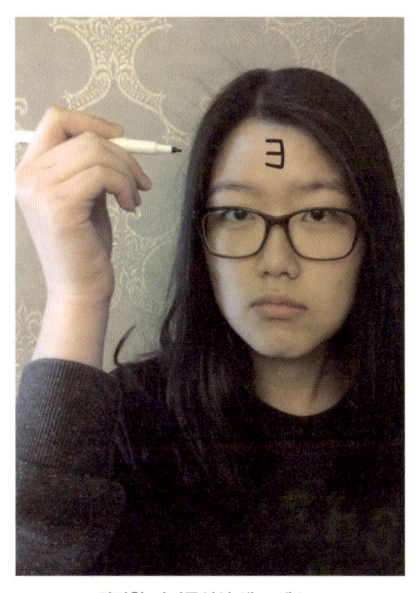

간단한 자기중심성 체크 테스트

이러한 자기중심성의 개인별 차이는 간단한 E자 테스트를 통해 확인할 수 있다. 자기중심성의 수준에 따라 이마에 알파벳 E자를 쓰는 방법이 다른데, 위 사진과 같이 나를 중심으로 쓰면 자기중심성이 높은 사람들이며, 반대로 남에게 보이는 대로 E자를 쓰는 사람은 자기중심성이 낮은 사람들이라고 한다. 일반적으로 위 사진과 같이 자기중심적으로 쓰는 비율이 70%를 넘는다고 한다.

〉〉〉
인지부조화를 일으키는 자기중심성

자기중심성에 의한 인지적 착각은 소비자 행동에도 동일하게 적용된다. 소비자들은 자신들이 좋아하는 상품에 대해 확신이 있다. 왜냐하면 내가 선택한 것이고, 내가 선택한 것은 가장 좋은 것이라 믿기 때문이다. 특히 선호하는 브랜드에 대한 믿음은 강력하다. 비싼 명품 핸드백을 구매한 소비자는 명품 가방에 대해 불만을 품지 않는데, 이는 내가 선택한 것이기 때문이다. 만약 이 소비자에게 명품 핸드백이 소재나 디자인에서 다른 제품과 차이가 없다고 설명하면 받아들이지 않을 것이다. 오히려 본인이 구매한 명품 핸드백이 더 좋은 것이라고 합리화한다. 이러한 현상을 '인지부조화(cognitive dissonance, 認知不調和)'라고 하는데, 상품 구매 전에 기대했던 것과 차이가 있을 때, 소비자는 올바른 선택을 했다는 믿음을 더 확고하게 가지는 현상이다.

현대 그랜저HG는 배기가스 내부 유입에 대한 뉴스로 많은 곤욕을 치렀다. 만약 오랫동안 그랜저HG를 기다렸다가 구매한 고객들이라면 이러한 뉴스가 나왔을 때 어떻게 생각했을까? 대부분의 고객은 자신이 선택한 그랜저HG는 배기가스 유입 문제를 다 해결한 것이기 때문에 문제가 없다고 생각한다. 왜냐하면 자신의 선택을 되돌릴 수 없기 때문이다. 이러한 소비자 인식 변화가 자기중심성으로 인한 인지부조화다.

인지부조화의 사례는 이솝우화에도 나올 만큼 매우 오래전부터 인지된 인간 행동이다. 이솝우화에서 굶주린 여우는 포도송이가 잘 익어 탐스럽게 매달린 포도밭으로 몰래 숨어들었다. 그런데 불행하게도 포도송이는 여우가 닿을 수 없는 높은 가지 위에 매달려 있었다. 여우는 어떻게

든 거기에 닿아보려고 갖은 노력을 다해봤지만 모두 헛일이었다. 마침내 여우는 완전히 지치고 말았다. 그러다 여우는 갑자기 이렇게 외쳤다. "저 포도는 너무 시어서 먹을 수 없을 거야!" 생각을 바꾼 것이다.

인지부조화는 스탠퍼드 대학교 사회심리학과 교수인 레온 페스팅거(Leon Festinger)가 1956년에 쓴 고전 《예언이 빗나갈 때(When Prophecy Fails)》에서 처음 소개되었다. 1950년대 초반 미국에서 휴거(携擧, 기독교 종말론으로 그리스도가 세상에 다시 올 때 기독교인들이 공중에 함께 올라가 그분을 만난다는 것을 가리키는 말) 소동이 일어날 당시 페스팅거와 동료들은 예언이 빗나갈 때 사람들은 어떤 반응을 보일지 알아보기 위해 신도를 가장해 '참여 관찰'을 시도했다. 그날, 종말이 오지 않았음에도 불구하고 그들은 자신들의 신념을 바꾸지 않았다. 종말이 오지 않음에 대해 그들은 일시적으로 당혹감과 허탈감을 보였지만 사실적인 증거를 받아들여 자신들의 믿음이 잘못되었음을 받아들이기보다는 자신들의 신앙으로 종말을 막았다는 쪽을 선택했다. 즉, 사실을 왜곡하는 심리적 경향을 극단적으로 보여준 사례였다.

인지부조화는 다른 판단의 지름길과 같이 무의식적으로 일어나는데, 이 때 사람들은 이를 해소하기 위한 무의식적인 노력을 한다. 즉, 자신의 인지를 변화시키는 등 자기정당화의 덫에 빠지는데 개인의 태도를 바꾸고, 믿고 싶은 정보만 보고, 기억마저 왜곡한다. 또 타인에 대한 왜곡과 편견을 만들고, 사실에 대해 거짓말을 하는 등 여러 가지 노력을 한다.

이렇게 무의식적으로 일어나는 인지부조화는 소비자 행동에 큰 영향을 주는데, 대표적인 것이 광고모델 선호와 제품 신뢰도에 대한 것이다. 일본에서 배용준을 모델로 활용한 제품에 대해 일본 소비자는 제품을 배용준

이미지와 동일시하며, 기존에 제품과 모델 이미지가 달랐다면 그 인식을 바꿔버린다. '다이어트 코크' 광고도 콜라를 마시고 싶은 욕구와 콜라가 건강에 나쁘다는 기존 인지를 동시에 해소하기 위한 대표적인 사례인데, 소비자는 다이어트 콜라를 마시면 살이 안 찐다고 생각을 바꾼 것이다. 자기중심성은 이렇게 소비자가 판단을 할 때 여러 착각을 불러일으킨다.

> Episode 08

이케아,
불편해서 더 잘나가는 기업

발명왕 토머스 에디슨의 회사에는 자신이 개발한 교류전기가 에디슨의 직류전기보다 더 낫다고 주장하는 세르비아 출신의 발명가 니콜라스 테슬라가 있었다. 하지만 에디슨은 그의 발명품을 가차 없이 폄하했고, 교류전기는 위험하다는 소문까지 냈다. 하지만 테슬라는 에디슨을 떠나 큰 성공을 거두었고, 지금 우리는 대부분 교류전기를 사용한다. 에디슨은 자기 직원의 발명을 충분히 활용할 수 있었음에도 불구하고, 자신만의 생각에 집착한 나머지 큰 손실을 보았던 것이다. 이러한 사례는 최근에도 많다. 디지털 카메라를 인정하지 않았던 코닥, MP3 시장에서 몰락한 소니 등은 내가 최고라는 생각 때문에 세상의 변화를 보지 못했다. 우리는 누구나 다 내가 최고라는 '안경'을 쓰고 있다.

> > >

내가 만든 것이 가장 좋아!

스웨덴에 기반을 둔 이케아(IKEA)는 세계 최대 가구 제조·유통업체이다. 이케아는 '저렴하면서도 디자인 예쁜 가구'를 콘셉트로 내걸고 미국, 유럽 및 중국, 홍콩, 일본 등 전 세계 약 37개국에 300개 이상의 매장을 보유

내가 만든 것이 더 좋다는 것으로
소비자의 사랑을 받고 있는 기업, 이케아

하고 있다. 판매 제품은 소비자가 직접 조립해 사용하는 DIY(Do It Yourself) 가구 위주다. 이케아가 이렇게 큰 성공을 거둘 수 있었던 것은 소비자는 자기가 직접 만든 제품에 대해 높은 만족도와 강한 애착을 가지기 때문이다. 즉, 소비자는 자신이 직접 만든 것이 가장 좋은 것이라고 생각한다. 댄 애리얼리는 이를 '이케아 효과(IKEA Effect)'라 부르는데, 소비자는 자신이 직접 조립한 제품에 많은 애착을 가지며 품질과 기능은 떨어지더라도 더 높은 만족도를 가진다고 말한다.

최근 DIY 상품들의 인기와 영역이 크게 확장되는 것도 이러한 이케아 효과 때문이다. 예전 가구에 한정되었던 DIY 제품들은 이제 식품, 의류, 신발, 유아용품 등으로 크게 확장되고 있으며 앞으로 더 많이 확장될 것이다. 스마트폰 인기도 이러한 이케아 효과의 일부이다. 예전 휴대전화가 공급자 마음대로 만들어 소비자에게 일방적으로 제공하는 식이었다면, 스마트폰은 애플리케이션 스토어를 통해 소비자가 직접 자신만의 휴대전화를 만들게 해 더 큰 가치를 부여하기 때문이다. 우리는 모두 내가 만든 것이 가장 좋다고 생각한다.

03
우리는 왜 비합리적 판단을 계속하는가

1. 우리가 비합리적 판단을 하는 이유
2. 단 0.05초 만에 일어나는 판단
3. 기억의 90%는 사실과 다르다
4. 인간의 정보처리 용량, 초당 40비트
5. 99% 착시를 통해 보는 세상

CHAPTER 01

우리가 비합리적 판단을
하는 이유

결혼 전 미혼 남녀들은 서로에 대해 정확히 보지 못하고 좋은 면만 보는 경향이 있다. 그래서 이를 두고 '눈에 콩깍지가 씌었다'라고 표현한다. 이러한 '콩깍지'가 정말 있는 것인지 알아보기 위해 결혼정보회사 가연은 2013년 '내 연인의 제일가는 착각'이라는 주제로 설문조사를 했다.

그 결과에 의하면 남자친구가 자신에 대해 가장 많이 하는 착각은 자신의 여자친구가 '착하고 여성스럽다'고 믿고 있다는 것이었다. 즉, 여자친구 자신은 그렇지 않다고 생각하는데 말이다. 그다음으로 많이 하는 착각은 여자친구의 몸무게가 40kg대라고 믿고 있다는 것이다. 우리는 한마디로 착각하고 있는 것이다.

우리는 착각을 하고 매일 직관, 고정관념 등을 통해 비합리적 판단을 내리고 있다. 그러면 왜 이렇게 착각하고 비합리적 판단을 하는 것일까?

> > >

빠른 판단을 해야 했던 인간

우리의 판단이 이렇게 불완전한 것은 진화심리학과 뇌과학 관점에서 보면 크게 네 가지의 이유가 있다. 우선 아프리카 초원에서 시작한 인류는 생존을 위해 빠른 판단과 행동이 필요했는데 이것이 불완전한 판단을 부르는 가장 중요한 이유다. 인간은 사자와 같이 강하지 않으며, 독수리와 같이 하늘을 날 수 없고, 거북이와 같은 강력한 방어 수단이 없기에 주위의 위험을 빨리 알아차리고 도망치는 것이 생존을 위한 필수적인 조건이었다. 이러한 빠른 판단을 위해 진화의 과정에서 감정의 뇌가 더 빨리 작동하도록 뇌 구조가 설계되었으며, 또 '판단의 지름길'이라는 독특한 판단체계를 사용하게 되었다.

감정의 뇌가 더 빨리 작동한다는 것은 나도 모르는 사이 행동한다는 뜻으로, 생각하지 않고 운전을 하는 것이나 야구선수가 날아오는 야구공을 본능적으로 치는 것 등이 여기에 해당한다. 또한 우리 행동의 95%가 무의식에서 나오는 이유도 감정의 뇌가 더 빨리 작동하기 때문이다.

또 우리는 빠른 판단을 위해 판단의 지름길을 사용하는데, 이는 정확하지만 느린 판단보다는 덜 정확하지만 빠른 판단이 오히려 생존에 유리했기 때문이다. 이렇게 빠른 판단을 위한 판단 체계는 당연히 덜 정확하며, 착각을 부른다.

> > >

판단의 지름길의 기반이 되는 잘못된 기억

그리고 우리가 판단의 지름길을 통해 판단할 때 필요한 것이 있는데, 그

것은 기억이다. 우리가 빠른 판단을 위해 사용하는 고정관념, 앵커링, 직관 등은 모두 기억에 기반을 둔 사고체계이다.

판단의 지름길이 기억에 의존한다는 것은 직관, 고정관념, 프레이밍의 활용사례가 나라마다 다른 것을 통해 알 수 있다. 일본에서 길조(吉鳥)라는 까마귀가 한국에서는 흉조(凶鳥)이고, 한국인에게 동남아인은 열등하다는 고정관념이 있지만 서양인들은 아시아인 모두가 열등하다는 고정관념을 가지고 있다. 문제는 판단의 기반이 되는 기억이 불완전하다는 데 있다. 우리의 기억은 90%가 사실과 다르며, 심지어 기억을 왜곡하기까지 한다. 이러한 불완전한 기억이 착각을 부르고, 비합리적이며 잘못된 판단을 내리는 원인이 된다.

기억이 왜곡되고 정확하지 않은 것은 뇌가 망각이라는 특별한 장치를 사용하기 때문이다. 우리는 살면서 많은 마음의 상처를 받는데, 이를 치유하기 위한 수단이 바로 '망각'이다. 만약 망각이라는 수단이 없었다면 우리는 아마 그 많은 아픈 기억으로 인해 제대로 살아가지 못할 것이다.

〉 〉 〉

제한된 지각 능력

우리가 불완전한 판단을 하는 또 하나의 중요한 이유는 우리의 지각능력이 매우 제한적이라는 데 있다. 뇌 과학자들은 인간 뇌의 정보 처리량이 초당 40비트에 불과하며, 눈으로 보는 시각 정보도 매우 제한되어 있다고 말한다. 우리가 지금 강의실에 있다고 하자. 분명 두 눈으로 넓은 강의실을 다 보고 있지만 실제로는 전체 중 몇 군데만 보일 것이다. 만약 교수님을 보고 있다면 앞자리 학생의 모습이 보이지 않으며, 칠판을 보고 있다면 교수님이 보이지 않을 것이다.

뇌는 1초에 25회 정도 시각적 데이터를 받아들이는데, 한 번에 17개의 시각정보만 받아들일 수 있다. 이렇게 우리의 지각능력이 제한되어 있다는 것은 우리가 주변 상황의 일부분만을 보고 있으며, 그 일부의 정보만 가지고 상황판단을 한다는 뜻이다. 이렇게 근거가 부족한 판단을 하다 보니, 판단이 정확하지 않게 된다. 한마디로 '인풋 데이터(Input Data)'가 부족한 것이다.

> > >

대비를 통한 인식

이렇게 지각능력이 제한적이고 17개의 시각 데이터를 기반으로 판단하다 보니, 뇌는 사물과 현상의 특징을 빠르게 이해하기 위한 체계가 필요했다. 그것은 사물 자체의 객관적인 사실을 인식하는 것이 아니라, 대비를 통해서 인식하는 것이다. 판단의 90% 이상을 시각 정보에 의존하는 우리는 특히 시각적 대비를 통해 사물을 인식하는데, 이러한 시각적 대비가 시각적 착각을 부른다. 우리가 트릭아트(trick art) 전시회나 제주도 도깨비 도로 같은 곳에서 경험하는 것이 시각적 착각(착시)인데, 이러한 착시는 우리가 상황을 사실과 다르게 왜곡해서 인식하게 한다. 세상을 사실과 다르게 보게 하는 착시는 착각과 비합리적 판단을 부르는 중요 원인이다. 이렇게 빠른 판단, 잘못된 기억, 제한된 지각능력과 대비를 통한 인식이 우리가 착각하고 비합리적 판단을 내리게 되는 주요 원인이다. 이 네 가지 원인이 어떻게 착각과 비합리적 판단을 부르는지 다음 장부터 알아보도록 하자.

CHAPTER_02

단 0.05초 만에
일어나는 판단

'생활의 달인'이라는 TV 프로그램을 보면 눈 깜짝할 사이에 병아리 암수를 감별하거나, 쉴 새 없이 돌아가는 생산라인에서 순식간에 불량제품을 찾아내는 달인들의 이야기가 나온다. 또 정육점 주인은 고기를 보는 순간 좋고 나쁨을 알며, 역술인은 얼굴 관상만으로 그 사람의 성향을 바로 안다. 앞서 언급했듯이 이처럼 빠른 판단은 생존을 위한 선택의 결과였다.

  맹수의 위협을 받는 많은 동물에게는 정확하지만 느린 판단보다 정확성은 떨어지지만 빠른 판단이 생존에 더 유리했다. 우리의 뇌는 빠른 판단을 위해 감정의 뇌가 더 빨리 작동하게 되어 있으며, 판단의 지름길이라는 독특한 판단체계를 사용한다. 그러면 우리의 판단은 얼마나 빠르게 일어나는 것일까?

>>>
0.05초, 이미 판단은 끝났다

미국 펜실베이니아 대학교 잉그리드 올슨 교수는 우리가 얼마나 빠르게 판단하는가에 관한 실험을 했다. 올슨 교수는 고등학교 교과서와 인터넷에 등장하는 남성과 여성의 사진들을 컴퓨터 화면을 통해 실험 참가자들에게 보여주었다. 실험의 핵심은 사진을 보여주는 시간이 0.001초라는 매우 짧은 시간이라는 것이다. 즉, 참가자들이 미처 '볼 수 없는' 상태가 이 실험의 핵심이었다. 하지만 이 실험의 참가자들은 매력적인 얼굴이 제시된 후에 '멋있다'는 느낌을, 추한 얼굴이 제시된 후에는 '추한' 느낌을 받았다는 대답을 했다. 놀랍게도 이런 답변이 나오기까지 걸린 시간은 0.013초에 불과했다.

또 2008년에 미국 터프츠 대학교 심리학과의 날리니 암바디 교수팀은 의식적으로 알아차릴 수 없을 만큼 짧은 순간에도 상대방의 얼굴을 정확히 예측한다는 내용의 연구결과를 발표했다. 연구팀은 실험 참가자들에게 시간의 길이를 달리하면서 사람들 사진을 보여주고 사진 속 사람이 이성애자인지 아니면 동성애자인지를 가려내는 실험을 했다. 그 결과 참가자들은 0.05초라는 짧디 짧은 시간 안에 실제 그 사람의 성적 취향을 가려낼 수 있었다고 한다. 정말 눈 깜짝할 사이에 판단하는 것이다.

이러한 빠른 판단은 우리도 모르게 자연스럽게 일어난다. 미국 스탠퍼드 대학교 심리학과 로버트 자이언스(Robert B. Zajonc) 교수는 순간적으로 일어나는 이러한 판단은 무엇인지를 알아보는 '인지과정'과 무관하며 그보다 앞서 자동으로 일어나는 '심리과정'이라고 설명했다. 빠른 판단이 자동적으로 이루어진다는 것은 스포츠 경기를 통해 쉽게 확인할 수 있다. 2012년 런던 올림픽 남자 100m 결승에서 '번개' 우사인 볼트(자메이카)는 9.63초라는 올림픽 신기록을 세웠다. 볼트의 가장 큰 약점은 스타트 반응속도인데, 다른 선수들의 0.12~0.16초에 비해 그의 반응속도는 0.165초였다. 평균보다 느리다고 하는 우사인 볼트의 뇌도 0.165초라는 짧은 순간에 총성을 듣고, 다리 근육을 움직이도록 신호를 내리는 것이다.

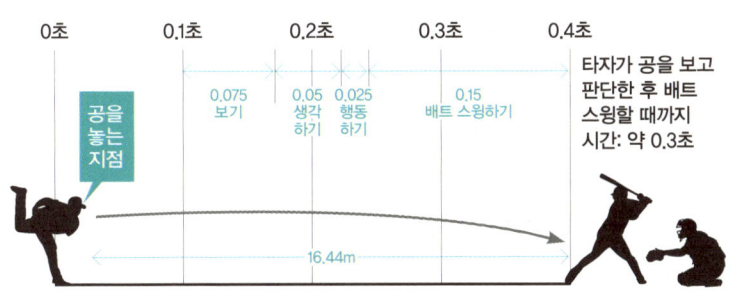

또 야구의 경우를 생각해보자. 메이저리그 투수가 시속 150km의 공을 던지는 경우 투수 플레이트에서 타자까지 오는 데 걸리는 시간은 불과 0.4초에 불과하다. 135km로 던지는 경우에도 0.49초 만에 홈플레이트를 통과한다. 그런데 프로야구 투수들은 단순한 직구만이 아니라 커브, 슬라이드, 포심(four-seam) 패스트볼 등 다양한 구질의 볼을 던진다. 이때 타자는 0.4초라는 순간적인 시간 안에 투수가 던지는 볼의 구질을 파악하고, 궤적을 판단해 스윙해야 한다.

〉〉〉
소비자의 판단도 순식간

그런데 소비자가 상품을 선택하는 판단 과정도 이렇게 빠르게 일어난다. 사람을 처음 보면 첫인상이 형성되듯이, 소비자가 어떤 상품을 보게 되면 본능적으로 상품에 대한 좋고 나쁨을 빠르게 판단한다. 이때 소비자는 상품의 시각적 이미지, 즉 상품의 이미지, 컬러, 외양으로 상품의 좋고 나쁨을 판단하는데, 같은 제품이라도 다른 용기에 넣으면 고급 제품이 되는 화장품 사례가 이러한 현상을 잘 보여준다. 같은 물을 서로 다른 병에 담으면 다른 생수가 되는 것도 비슷한 이유다.

소비자가 빠른 판단을 하는 데 있어 또 하나의 결정적 역할을 하는 것은 브랜드이다. 상품의 차이를 정확하게 구분하지 못하는 소비자는 빠른 판단을 위해 브랜드에 크게 의존한다. 같은 상품이라도 어떤 브랜드냐에 따라 소비자 판단은 천지 차이로 벌어진다(PART 6에서 브랜드에 대해 자세히 설명하겠다).

빠른 판단체계가 착각과 비합리적 판단을 부르는 중요 원인이라는 것을 여러 번 설명했다. 우리가 첫인상만으로 사람을 잘못 판단한다든가, 사용해보지 않은 특정 제품에 대해 부정적 인식을 가지는 것들 모두가 이러한 빠른 판단이 부르는 오류들이다.

CHAPTER 03

기억의 90%는
사실과 다르다

어제 점심에 무엇을 먹었는지 기억나는가? 사실 질문을 받는 순간 바로 정확하게 기억나지 않을 것이다. 1주일 전에 봤던 영화나 드라마도 내용이 정확하게 기억나지 않고, 몇 년 전 다섯 시간 동안 골프를 같이 했던 사람조차 다시 만나면 알아보지 못한다. 조금 심한 경우에는 집을 나오면서 가스 불을 잠갔는지 기억이 나지 않으며, 책상 위에 놓은 서류를 저 멀리서 찾기도 한다. 이렇게 우리의 기억이라는 것은 매우 불완전하다. 오래전 일기장을 꺼내면 언제 이런 일이 있었는지 새롭다.

  중요한 것은 우리가 판단의 지름길을 사용해 판단하는 데 기반이 되는 것이 과거의 기억이라는 점이다. 관상가가 척 봐도 아는 것은 과거 경험을 통한 기억이 바탕이 되며, 여성은 수학을 잘 못한다고 하는 고정관념 또한 과거 잘못된 지식에 대한 기억 때문에 만들어진 것이다. 심리학 실험으로 밝혀낸 우리 기억의 (부)정확성에 대해 알아보자.

〉〉〉
우리의 기억은 결코 정확하지 않다

대표적인 연구는 미국 울릭 나이서(Ulric Neisser) 박사의 실험이다. 울릭 나이서 박사는 1986년 1월 28일 미국 우주왕복선 챌린저호가 폭발한 다음 날, 106명의 자기 반 학생들에게 폭발사건(에 대한 기억)을 기록하게 했다. 승무원 일곱 명이 전원 사망한 참사였기에 모든 학생은 사건에 대해 정확하게 기록했다. 2년 반 지난 뒤 당시 기억에 대해 면담했는데, 그들 중 불과 10%만이 정확하게 기억했고, 25%는 전혀 다른 기억으로 대답했다. 즉, 학생 90%의 기억이 사실과 달랐다는 것이다.

또 영국 포츠머스 대학교에서 진행됐던 실험의 결과도 비슷하다. 2005년 7월 7일에 발생했던 런던 지하철과 이층버스 폭발사고는 영국인들에게 매우 충격적이었고, 기억에 각인된 사건이었다. 3년 후 이 사건에 관해 질문을 받은 학생 중 40%는 있지도 않은 버스 폭발사고 CCTV 화면을 봤다고 말했고, 20%의 학생은 컴퓨터로 재구성된 화면까지 봤다고 주장했다. 심지어 몇몇 학생들은 실제로 목격하지도 않은 공격의 세부 사항까지 기억했는데, 이는 실제와 전혀 다른 내용이었다.

심리학자들은 인간이 심지어 일어나지도 않았던 일들을 기억하는 등 심각한 기억왜곡까지 한다고 말한다. 영국 지울리아나 마조니 박사는 1600명의 학생에게 어린 시절의 기억에 대해 묻고 그 학생의 부모나 형제에게 실제 그런 일이 있었는지 확인했다. 학생들은 주로 4~8세 사이에 있었던 크리스마스 선물 이야기, 휴가 때 가족과 놀러 갔던 행복한 기억들을 생생하게 회상했다. 하지만 다섯 명 중 한 명은 실제 일어나지 않은 일을 마치 있었던 것으로 기억하고 있었다. 한 학생은 어린 시절 하키를

2002년 웨이드 박사가 진행한 거짓기억 실험

즐겼다고 했지만 실제 그의 부모는 하키 스틱조차 쥐여준 일이 없다고 했다. 마조니 박사는 '자기는 틀림없다고 믿는 기억들도 실제 확인해보면 아닌 경우가 많다'며 같은 일에 대해서도 사람들이 서로 달리 기억하는 것은 그렇게 믿고 싶기 때문이라고 말하고 있다.

웨이드(Wade) 박사는 2002년 실험을 통해 기억왜곡에 대해서 보여주었다. 실험은 위 사진과 같은 흔한 가족사진을 이용했는데, 그 사진을 오른쪽의 열기구를 타고 있는 사진에 합성했다. 물론 이것이 합성된 사진이라는 것을 실험 대상자는 전혀 모르게 했으며, 이들이 사전에 열기구를 탄 경험이 없다는 것을 확인했다. 놀랍게도 이 사진을 본 응답자의 50%는 열기구를 탄 적이 있다고 응답했고, 한 학생은 "6학년 때의 일이라고 확신합니다. 음~ 밑에서 어머니가 사진을 찍고 있었던 것을 확실하게 기억합니다"라고 응답했다.

있지 않았던 일을 기억하는 이러한 현상을 '거짓기억증후군(false memory syndrome)'이라고 하는데, 미국의 심리학자 엘리자베스 로프터스(Elizabeth F. Loftus)의 '쇼핑몰 실험'도 대표적 사례다. 아빠는 8세 된 아이에게 5세 때 대형 쇼핑몰에서 길을 잃었다고 이야기해준다. 길 잃은 사실을 기억해내지 못했던 아이는 아빠가 계속 구체적인 상황을 이야기해주자 자신이 길을 잃었다는 사실을 기억해내고는 아빠가 말하지 않은 자세한 상황까지도 이야기했다. 이 쇼핑몰 실험은 8세 아이뿐 아니라 12세, 22세, 심지어 42세 남성에게서도 똑같은 거짓기억을 만들어내는 데 성공했다.

심리학자들은 우리의 기억이 비디오테이프처럼 되돌려서 완벽하게 재생할 수 있는 것이 아니며, 머릿속에 있는 경험과 정보의 조각들이 모여서 재구성되는 것이라고 말한다. 더 나아가 우리는 믿고 싶은 것을 믿기 위해서 기억까지 왜곡한다고 말한다.

> > >

기억은 인위적으로 만들어질 수도 있다

뇌 과학자들이 밝히는 기억 메커니즘은 매우 복잡하고 전문적인 내용들이다. 기억은 개체가 경험한 것을 저장, 유지, 회상하는 일련의 과정을 거치며 또 다양하게 재구성된다. 기억에서 가장 중요한 역할을 하는 부분은 감정의 뇌에 있는 '해마(hippocampus, 海馬)'이다. 해마는 외부로부터 들어오는 엄청난 양의 정보를 기억으로 만들고, 이 중 자신에게 필요하다고 생각되는 중요 정보만을 선별해 대뇌피질로 보낸다. 대뇌피질은 해마로부터 오는 기억 정보들을 140억 개의 신경세포를 연결하는 시냅스의 경화(硬化) 과정을 통해 장기기억으로 만든다.

기억에 관한 과학자들의 연구는 이제 걸음마 단계라고 할 수 있지만, 과학기술의 발전은 빠르게 기억의 메커니즘을 밝혀나가고 있다. 2012년

9월 서울대학교 강봉규 교수팀은 회상을 통해 떠올려진 장기기억은 재경화 과정을 거쳐야만 다시 안정적으로 저장될 수 있다는 사실을 밝혔다. 이는 뇌 신경세포의 연결부위인 시냅스 수준에서 기억의 저장, 유지, 재구성 과정을 밝힌 것이다. 이번 연구결과는 기억의 재구성에 대한 기존의 이해를 심화시켰을 뿐만 아니라, 시냅스 수준에서 기억을 제어할 가능성을 열었다는 평가를 받고 있다. 한마디로 기억을 만들고 지울 수도 있다는 이야기

기억 조작을 영화화한 〈토탈 리콜〉(2012년 작)

다. 얼마 머지않은 미래에는 영화 〈토탈 리콜(Total Recall)〉에 나오는 것과 같이 기억을 마음대로 지우고 만드는 세상이 올지도 모르겠다.

〉 〉 〉

상품에 대한 소비자의 기억도 왜곡된 것

기억이 불완전하고, 심지어 왜곡된다는 것은 상품에 대한 소비자의 기억도 마찬가지라는 뜻이다. 미국 서던 메소디스트 대학교의 연구팀은 〈소비자연구저널(Journal of Consumer Research)〉에 '팝콘 실험'에 대해 발표했다. 연구진은 피실험자를 두 집단으로 나눠 신제품 팝콘 광고만 보게 했다. 한 쪽은 생생한 이미지 광고였으며, 다른 쪽은 이미지가 없는 텍스트형 광고였다. 1주일 뒤 진행된 신제품에 관한 태도조사 결과는 놀라웠다.

생생한 이미지 광고를 본 집단은 자신들이 팝콘을 먹었으며 이는 확실하다고 대답했다(실제로 먹지 않았다). 이들은 실제 제품을 먹어본 집단과 동일한 정도의 확신과 호감을 보여주었다.

　이 같은 기억왜곡 효과는 브랜드가 유명할수록 더욱 컸는데, 연구진은 "화려한 광고를 보고 물건을 고른 소비자들은 그것을 이미 써봤고 품질도 좋다고 확신하는 경향이 있다"며 "따라서 광고와 다른 팝콘을 먹어도 광고에 나오는 것을 먹었다는 가짜 기억을 믿고 맛에도 만족한다"고 설명한다. 사실 이런 실험결과가 아니더라도, 우리는 가보지도 않은 해외 여행지를 다 마치 가본 것처럼 이야기하며, 사용해보지 않은 상품에 대해서도 잘 아는 듯이 이야기한다. 우리가 기억하는 상품에 대한 기억도 사실 불완전하고 왜곡된 것이다. 그리고 이렇게 사실과 다르고 왜곡된 기억이 착각과 비합리적 판단을 부르는 원인이 되고 있다.

CHAPTER 04

인간의 정보처리 용량,
초당 40비트

우리가 불완전한 판단을 하는 또 하나의 중요한 이유는 우리의 지각능력이 매우 제한적인 데 있다. 우리는 다 보지 못하고, 다 듣지 못한다. 싸이의 '강남 스타일' 뮤직비디오를 예로 생각해보자. '강남 스타일'은 2013년 6월 현재 유튜브 조회 16억 건으로 세계 1위, 영국 UK차트 1위를 석권하는 등 K-POP의 새로운 역사를 썼다. 그런데 '강남 스타일' 뮤직비디오에는 특징이 있다. 그것은 어느 미국 유명 음악평론가가 무려 50회나 봤다는 말에서도 알 수 있듯이, 보고 또 봐도 재미있고 반복해서 볼 때마다 재미있는 장면들이 계속 나온다는 것이다. 왜 이렇게 볼 때마다 새로운 장면이 보이는 것일까?

우리는 같은 영화를 여러 번 보게 될 때 이와 비슷한 경험을 하게 된다. 처음에는 보이지 않았던 장면과 내용이 보이는 것이다. 이렇게 볼 때마다 새로운 것들이 보이는 이유는 우리의 시각정보 처리 용량에 한계가 있기

싸이의 '강남 스타일' 뮤직비디오. 한 사람에 초점을 맞추면 다른 사람이 보이지 않는다.

때문이다. 즉, 모든 것을 다 보지 못한다는 것이다. 위 사진을 잘 보기 바란다. 싸이에게 초점을 맞추면 현아가 보이지 않고, 현아에 시선을 맞추면 백댄서들이 보이지 않는다. 우리는 다 보고 있다고 생각하지만, 실제로는 매우 제한된 것만 보고 있다.

뇌 과학자들은 여러 실험을 통해 우리는 매 순간(정확하게는 0.0625초) 17개의 시각 데이터만 받아들인다고 말하고 있다.

〉 〉 〉

17개 시각 데이터만 보는 인간

우리가 전체를 한번에 다 보지 못하는 현상을 잘 이용하는 것이 마술이다. 마술사들은 손이 눈보다 빠르다고 말한다. 바로 눈앞에서 미인을 없애고, 카드를 다른 물건으로 바꾸며, 비둘기를 날리고, 자신이 사라지기도 한다. 우리가 이렇게 다 보지 못하는 것을 심리학자들은 '시각적 맹목성(혹은 부주의맹, inattention blindness)'이라고 말하는데, '투명고릴라 실험'은 이를 증명한 매우 유명한 실험이다.

1999년 하버드 대학교의 사이먼 교수는 검은 셔츠를 입은 세 명, 흰 셔츠를 입은 세 명, 도합 여섯 명의 학생들에게 팀을 나눠 농구공을 패스하게 했고 피실험자들에게는 흰 셔츠 팀의 패스 회수를 세도록 주문했다. 그러나 실제 이 실험의 주제는 동영상 중간에 고릴라 의상을 입은 여학생이 약 9초에 걸쳐 무대 중앙으로 걸어들어와 가슴을 치고 나가는 모습을 봤는가 하는 것이었다. 놀랍게도 피실험자의 약 50%는 고릴라를 전혀 보지 못했다. 만약 이 동영상을 처음 보는 독자라면 실제로 고릴라가 보이지 않을 것이다(유튜브 동영상 주소 http://www.theinvisiblegorilla.com/gorilla_experiment.html).

이러한 시각적 맹목성은 시각적 지각능력의 한계로 모든 이미지를 '중요 관심' 부분과 '부차적 관심' 부분으로 구별하고, 중요 관심에 인지적 노력을 집중하는 인지 메커니즘의 결과다. 이러한 시각적 맹목성으로 인해 우리는 평상시 주의를 기울이지 않으면 중요한 정보를 전혀 알아차리지 못한 채 지나칠 수 있다.

일리노이 대학교의 데이비드 시몬스와 켄트 주립대학교의 대니얼 르바인의 몰래카메라 방식의 연구결과도 시각적 맹목성을 입증하는 또 다른 사례다. 실험자 A는 한 번도 만난 적이 없는 행인(피실험자)을 붙잡고 길을 묻는다. 그 와중에 또 다른 실험자들이 문짝을 양쪽에서 들고 실험자 A와 행인 사이를 지나간다. 이때 실험자 A와 행인 간의 대화는 몇 초 동안 중단되는데, 이 사이 실험자 A를 실험자 B로 바꾸는 것이다. 바뀐 실

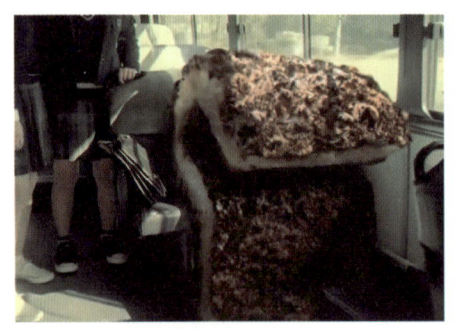
'광동 헛개차' 광고의 한 장면.
뛰어난 아이디어에도 불구하고 '떡'만 보인다.

험자 B는 A보다 키가 크고, 옷차림과 말투도 전혀 달랐지만 실험자가 바뀌었다는 사실을 알아차린 피실험자는 전체의 절반밖에 되지 않았다.

　이러한 시각적 맹목성은 TV 광고의 '모델효과'를 낳기도 한다. 이는 광고를 볼 때 소비자들이 유명인 모델의 매력적인 얼굴에 시선을 빼앗겨서 정작 상품을 보지 못하는 현상으로, 마이클 잭슨이 모델로 나왔던 펩시콜라 광고가 대표적인 사례다. 또 '사람은 떡이 될 수 있지만, 떡은 사람이 될 수 없다'라는 광고도 마찬가지다. 아이디어가 매우 번뜩이는 광고지만, 중요한 것은 이 광고가 무슨 광고(사실은 '광동 헛개차' 광고였다)였는지를 소비자들에게 보여주지 못했다는 것이다.

　이러한 현상은 마이클 잭슨과 같은 모델이 중심 요소가 되면서 정작 중요한 제품이 부차적인 요소가 되어버렸기 때문으로, 소비자들은 중심 요소인 마이클 잭슨만 기억하는 것이다.

>>>

뇌의 정보처리 용량 한계

우리가 이렇게 다 보지도 듣지도 못하는 이유는 우리의 뇌가 매우 제한적인 정보처리 용량을 가지고 있기 때문이다. 우리는 일상에서 이러한 뇌의 정보처리 용량 한계를 쉽게 경험할 수 있다. 버스나 지하철에서 책을 보거나 게임을 하다 보면, 내릴 역을 지나친 경험들이 있을 것이다. 무언가에 집중하다 보면 다른 것을 듣지 못하는 이러한 현상을 '무주의 귀먹음(inattentional deafness)'이라고 하는데, 영국 유니버시티 칼리지 런던(UCL)의 닐리 라비(Nilli Lavie) 교수의 연구가 대표적인 사례다.

그는 100명의 사람을 두 그룹으로 나누어 헤드폰을 쓰게 해서, 한 그룹에는 손쉬운 작업을 하게 하고 나머지 한쪽에는 집중력이 필요한 어려운 작업을 하게 했다. 그리고 불시에 어떤 소리를 들려주었는데, 쉬운 일을 하던 그룹은 열 명 중 두 명만 소리를 듣지 못했고 집중력이 필요한 일을 하던 그룹은 열 명 중 여덟 명이 소리를 듣지 못했다. 이렇게 우리 뇌는 처리할 수 있는 정보의 양에 한계가 있기 때문에, 다른 정보를 처리할 동안 또 다른 정보는 받아들이지 못한다. '무주의 귀먹음'은 제한된 뇌 용량을 시각과 청각이 서로 사용하기 위해 다투기 때문에 발생하는 대표적인 현상이라고 할 수 있다.

스탠퍼드 대학교 바바 쉬브(Baba Shiv) 교수의 실험도 뇌의 정보처리 용량 한계를 잘 보여주고 있다. 두 집단의 실험 대상자들에게 한 가지 작업을 하면서 다른 일을 수행하는 실험('아르키메데스의 목욕탕'식 실험)을 실시했다. 한 집단에는 두 자리 숫자를, 다른 집단에는 일곱 자리 숫자를 계속 기억하면서 걸어가게 하다가 건강에 좋은 샐러드와 건강에 나쁜 케이크 중 하나를 선택하게 하는 실험이었다. 결과는 정보처리 부담이 컸던 일곱 자리 숫자 집단의 사람들이 건강에 해로운 케이크를 두 배 이상 선택했다. 이는 더 많은 숫자를 기억하려다 보니 추가적 정보처리 부담으로, 선택해야 하는 음식이 건강에 이로운지 해로운지를 따져 볼 정보처리 여유가 부족했기 때문이다.

\>\>\>

초당 40비트에 불과한 정보처리 용량

그러면 우리가 처리할 수 있는 정보처리 용량은 얼마나 될까? 하이델베르크 대학교의 만프레드 짐머만(Manfred Zimmermann) 교수는 컴퓨터 용량과 비슷한 개념으로 우리의 정보처리 용량을 설명하고 있다. 짐머만 교수에 의하면 우리가 오감을 통해 몸 전체로 받아들이는 정보의 양은 초당 1100만 비트 이상이며 이 중 눈이 1000만 비트의 정보를 받아들이고, 귀가 10만 비트, 혀는 1000비트의 정보를 뇌로 보낸다. 하지만 우리 뇌는 이 중에서 기껏해야 40비트 정도의 정보만 받아들여 처리한다고 한다. 즉, 우리가 지각하는 외부정보의 28만 분의 1 정도만 뇌에서 처리되며, 나머지는 버려지는 것이다.

인간을 컴퓨터와 직접적으로 비교하기는 어렵지만, 초당 40비트에 불과하다는 정보처리 용량은 매우 적다는 것을 알 수 있다. 이렇게 지각 능력이 제한되어 있다는 것은 우리가 주변 상황의 일부분만을 보고 판단한다는 것이며, 결국 이렇게 내린 판단은 사실과 다를 수 있다는 것을 의미한다.

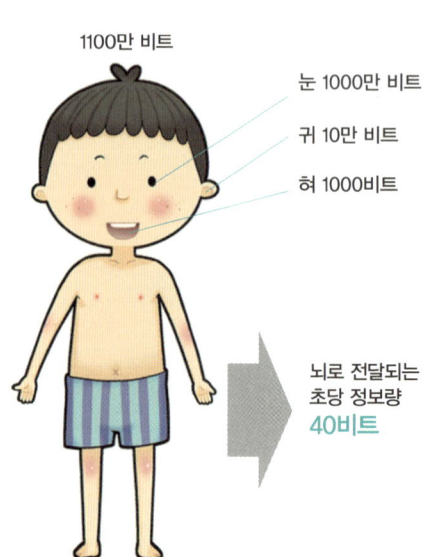

CHAPTER 05

99% 착시를
통해 보는 세상

우리의 지각능력이 제한되어 있다 보니, 뇌는 사물과 현상의 특징을 빠르게 이해하기 위한 체계가 필요했다. 그것은 사물 자체의 객관적인 사실을 인식하는 것이 아니라, 대비를 통해서 인식하는 것이다.

영상 10℃의 물이라고 해도, 영하 20℃에서는 매우 따뜻하게 느껴지고 반면에 영상 30℃의 한여름에는 시원하게 느껴진다. 거리를 인식할 때 좁은 공간이면 짧다고 느끼는 반면, 넓은 공간이면 길다고 느낀다.

이러한 대비를 통한 판단은 특히 눈으로 사물을 판단하는 경우에 많이 일어난다. 즉, 받아들이는 정보의 90% 이상을 차지하는 시각적 판단이 시각적 대비를 통해 이루어진다.

> > >

대비를 통해 받아들이는 시각정보

착시 현상

위 그림들은 우리가 시각적 대비를 통해 사물을 판단한다는 것을 잘 보여주는 사례들이다. 위 두 개의 가운데 원은 실제로 같은 크기이다. 우리는 원의 크기를 판단할 때 절대적 크기인 지름의 길이가 아닌 주변 상황(주위에 둘러싸인 원들)에 따라 판단을 내리기 때문에, 실제와 다른 판단을 하는 것이다. 그래서 두 원이 같은 크기라는 생각은 전혀 못하고 하나는 작게, 다른 하나는 크게 보이는 것이다.

오른쪽의 상자들도 실제로는 같은 크기지만, 앞쪽의 상자는 작아 보이고 뒤에 있는 상자는 커 보인다. 우리는 시각적 판단을 할 때 크기가 객관적으로 얼마인지를 판단하는 것이 아니라, 주변 상황과 비교해 크고 작음을 판단한다.

> > >

시각적 착각을 부르는 대비

이렇게 우리는 대비를 통해 사물의 크고 작음과 길고 짧음을 보기 때문에 시각적 착각이 생기는 것이다. 2009년 제주도에 트릭아트 뮤지엄이 개관된 이후 트릭아트는 전국적으로 유행하고 있다. 트릭아트란 2차원의 작품을 3차원으로 표현하는 예술로서 벽면, 바닥면, 천장 등에 역사적 명화, 조각, 동식물 등을 투명도가 높은 페인트

재미있는 트릭아트

로 얇은 피막층을 형성해 그리는데, 관객들은 이것을 그림이 아닌 실제상황처럼 인식한다. 위 사진을 보라. 그림 속 상어가 정말 남자를 해치려고 쫓아오는 것처럼 보이지 않는가.

또, 제주도의 '도깨비 도로'와 같이 우리는 일상생활에서 주변정보의 영향으로 사물을 정확하게 인식하지 못하는 경험들이 많다. 건물과 인테리어에 이러한 시각적 착각 현상을 이용하는 경우가 많은데, 그리스의 파르테논 신전이 이러한 현상을 이용해 지어졌다고 한다. 이 신전은 정면에서 보면 수평으로 보이지만 실제로는 가운데 부분이 양쪽 끝보다 약간 솟아오르게 지어졌다. 이는 수평에 맞게 지으면 실제로 보기에 가운데 부분이 오목해 보이는 현상을 감안한 것이다.

달리는 자동차 바퀴살이나 돌아가는 팽이가 일정한 속도에서 반대로 도는 것처럼 보이기도 하고, 없는 것이 있는 것처럼 보이기도 하는 이러한 시각적 착각은 우리가 보는 거의 모든 상황에서 일어난다. 절대치가 아닌 대비를 통해 세상을 바라보기 때문이다.

>>>

절대가치를 인식하지 못하는 소비자

'속 빈 가면 착시현상(hollow mask illusion)'은 이러한 대비를 통한 착시현상을 잘 보여주는 사례다. 유튜브에서 한번 확인해보기 바란다(http://youtu.be/iR9WVhiaIeY).

   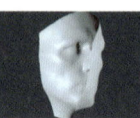 

속빈 가면 착시 현상

이 동영상을 보면 지금 보이는 것이 가면의 안쪽인지 바깥쪽인지 구별하기 어렵다. 가면의 오목한 안쪽을 보면서도 불룩한 바깥쪽인 것으로 착각한다. 이른바 '정상인'은 그런 착시에 빠져든다. 이러한 착시는 뇌가 시각을 통해 들어오는 정보를 그대로 받아들이지 않고, 이전 경험을 통해 친근한 상황, 즉 말이 되는 상황으로 변환시키기 때문이다. 즉, 이해하기 쉽게 뇌가 시각 데이터를 변환시켜 해석한다는 것이다. 이런 이유로 가면의 오목한 안쪽을 보여줘도 불룩한 바깥쪽인 것으로 착각한다.

이러한 착시현상은 대부분의 사람에게 일어나는데, 독일 하노버 의대의 다나이 디마 등이 〈뉴사이언티스트(New Scientist)〉 등에 발표한 자료에 의하면 정상인 중 이러한 착시현상이 생기지 않는 사람은 1%에 불과하다고 한다. 이러한 착시현상은 정상인에게는 자연스러운 것이다. 반대로 정신분열증 환자들은 속 빈 가면의 안쪽과 바깥쪽을 정확하게 구별할 수 있는데, 이는 이들의 뇌가 시각정보를 왜곡하지 않기 때문이다.

대비를 통한 판단은 소비자 행동에도 많은 영향을 미친다. 당연히 시각적 왜곡을 통해 사물을 인식하다 보니, 소비자가 눈으로 보는 상품 특성이 사실과 다를 수 있다. 이러한 왜곡은 보고 싶은 것만 보는 선택적 지각과도 관련이 있으며, 이는 상품을 판단하는 데 여러 오류를 부른다.

또, 우리는 상품의 절대가치를 이해하는 것이 아니라 상대가치를 통해 이해한다. 예를 들어 명품 할인 행사로 인산인해를 이룬 백화점의 고객들은 80% 할인한 30만 원짜리 가방에 즐거워한다. 하지만 소비자들은 그 30만 원짜리 가방의 진짜 가격이 얼마인지를 모른다. 이렇게 비교에 의한 상대가치 인식은 소비자가 가격에 대해 착각을 하는 데 큰 역할을 한다(가격에 대한 착각은 PART 6에서 설명하겠다).

> Episode 09

외눈으로도 성공한
축구 선수

    2008년 수원 삼성 수비수 곽희주 선수는 FC서울과 치른 K리그 챔피언결정 1차전에서 천금 같은 동점 골의 주인공이 되면서, 다시금 그가 가진 신체적 한계와 장애에 관한 이야기가 회자되었다. 그는 초등학교 시절 왼쪽 시력이 나빠지면서 결국 오른쪽 눈만으로 축구를 해야만 했다. 곽희주 선수 외에도 축구 선수 중에는 한쪽 눈의 시력을 잃은 이들이 많다. 1980년대 골잡이였던 이태호, 그리고 2002 월드컵의 영웅 유상철, 공격수 김은중 등도 외눈의 장애를 극복한 이들이다. 그런데 축구는 넓은 그라운드에서 역동적으로 공을 쫓아가기 위한 입체적인 공간 지각능력과 원근감각이 매우 중요한데, 어떻게 입체감을 느끼지 못하는 외눈으로 성공한 축구 선수가 될 수 있었을까?
    물론 이들이 외눈으로도 성공할 수 있었던 가장 큰 요인은 선수 개개인들의 피나는 노력이었음은 두말할 나위 없다. 그런데 이들 성공의 또 한 가지 이유는 바로 시각정보를 처리하는 뇌에 있다. 한쪽 눈이 실명한 사람들도 입체감과 원근감을 인식할 수 있는 이유는 학습에 의해 뇌가 입체감을 인지하기 때문이다. 즉, 앞의 물건이 뒤쪽 물건을 가린다, 가까이 있는 물체가 뒤쪽의 물체보다 더 크게 보인다 등과 같은 학습을 통해 입체감을 인식하는 것이다. 이러한 학습에 의한 입체감은 외눈으로도 세상을 3D와 같이 입체적으로 볼 수 있게 만든다. 즉, 공간과 입체를 인지하는 것은 눈이 아닌 뇌이기 때문에 외눈으로도 입체감을 인지할 수 있는 것이다.

위 그림들 모두 2차원 평면 위에 그려졌지만 실제로는 3차원의 입체감을 느끼게 한다. 아무것도 없는데 원이 있는 것처럼 보이며, 가운데 그림은 삼각형이 위에 있는 것처럼 느껴진다.

2011년은 삼성과 LG의 3D TV 전쟁이 치열했던 해였다. 삼성은 셔터글라스 방식으로, LG는 편광 방식으로 자신들의 3D 입체감이 더 우수하다고 자랑했다. 하지만 소비자들은 3D 입체감의 차이를 크게 느끼지 못했다. 왜냐하면 우리 뇌는 이미 2D 화면을 보면서 입체감을 느끼고 있었기 때문이다.

04
인간 행동을 지배하는
진화의 법칙

1. 착각에도 방향성이 있다
2. 뇌가 걸어온 길
3. 뇌는 생각하는 것을 싫어한다
4. 진화의 법칙은 감정의 뇌를 선택했다
5. 1000가지 동기를 지배하는 3가지 절대동기
6. 사람마다 다른 절대동기 코딩
7. 남자와 여자는 뇌 속까지 다르다
8. '진짜 나'에게 팔아라

CHAPTER 01

착각에도
방향성이 있다

앞에서 우리는 우리 행동이 얼마나 비합리적이고 착각투성이인지를 알았다. 그리고 그 이유가 우리의 제한된 지각능력과 생존을 위해 빠른 판단 시스템을 선택해야 했던 진화의 결과라는 것을 알아봤다. 그러면 우리 행동은 정말 돈키호테와 같이 중구난방일까?

> > >

우리에게 코딩되어 있는 진화의 법칙

결론부터 말하자면 그렇지 않다. 불규칙해 보이는 우리 행동에는 명확한 방향성이 있으며 우리는 이를 예측할 수 있다. 여러분은 백화점에서 맘에 드는 옷을 고르기 위해 많은 시간 돌아다녔던 경험이 있을 것이다. 이럴 때 느끼는 것 중 하나는 특별히 마음에 드는 스타일이 없다는 것이다. 하지만 지금 여러분의 옷장을 한번 열어보기 바란다. 여러분의 선택에 깜짝

놀랄지 모른다. 딱히 맘에 드는 스타일이 없다고 생각했던 옷장 속의 옷들이 왠지 다 비슷한 스타일이지 않은가.

직장인의 일상적인 고민 중 하나는 점심을 어디서 먹느냐이다. 매일 갈 만한 곳이 없다고 생각하기 때문이다. 하지만 지난 한 달간 다녔던 음식점을 생각해보면 다녔던 곳을 계속 다닌 것을 알 수 있다. 우리는 무의식적으로 행동한다고 느끼지만 우리의 선택과 행동에는 뚜렷한 방향성이 있으며, 이는 곧 우리가 같은 실수를 반복한다는 것을 알려준다. 다이어트를 하기 위해 두 시간이나 운동하고 들어와서는 냉장고를 뒤진다. 몇 달 전 싸우고 헤어진 애인에게 술만 취하면 꼭 전화한다. 텔레비전을 사러 매장에 가면 원래 사려던 것보다 더 큰 대형 텔레비전을 들고 나온다. 사실 우리는 이런 비슷한 행동을 반복하고 있다. 이러한 비슷한 행동은 어디서 오는 것일까?

진화심리학과 뇌과학은 이 질문에 대해 명쾌한 대답을 제시하고 있다. 우리 행동의 방향성은 우리 몸에 코딩된 진화의 법칙을 따른다는 것이다. 모든 생명체는 생존을 위한 자신만의 생존방식을 유전자와 뇌를 통해 다음 세대에 전한다. 예를 들어 녹색 바다거북은 4500km를 헤엄쳐 자신이 태어난 바닷가로 돌아와 알을 낳는다. 아무도 알려주지 않았는데 말이다. 연어 또한 태평양을 한 바퀴 돌아 자신들의 산란장소로 돌아온다.

이러한 진화의 법칙은 우리 인간들에게도 똑같이 전해지고 있다. 뱀에 대한 공포가 대표적이다. 우리는 뱀을 제대로 본 적도 없는데, 뱀을 보면 극단적인 공포감을 느낀다. 오래 전 나무 위에 살았던 초기 인류는 뱀의 공격을 많이 받았고, 그 기억들이 유전을 통해 전해지는 것이다. 패스트푸드, 탄수화물 중독도 비슷하다. 먹을 것이 풍족하지 않았던 인류는 즉각적으로 에너지원이 될 수 있는 먹거리에 대한 선호를 우리 몸에 각인해 놓았다.

>>>
인간 행동의 비밀, 절대동기

이렇게 우리에게는 진화의 법칙들이 코딩되어 있다. 이러한 법칙 중에서 행동에 큰 영향을 주는 진화의 법칙은 '감정의 뇌가 더 빨리 작동한다'는 것이다. 이는 생존을 위해 덜 정확하더라도 빨리 판단해야 했던 선택의 결과였으며, 감정의 뇌가 더 빨리 작동한다는 것은 우리 행동의 대부분을 감정의 뇌가 결정한다는 것이다. 즉, 우리는 생각하고 행동을 하는 것이 아니라 감정의 뇌에 의해 나도 모르게 행동하는 것이다. 우리 행동이 불완전하고 비합리적으로 보이는 것도 감정의 뇌가 행동을 결정하기 때문이며, 똑같은 실수를 반복하는 것도 이 감정의 뇌가 행동을 결정하기 때문이다. 만약 이성의 뇌(대뇌피질)가 우리 행동을 결정한다면 이렇게 착각하고 비합리적인 행동을 반복하지는 않을 것이다.

나도 모르게 나를 움직이는 감정의 뇌에는 행동의 방향성을 결정하는 세 가지의 '절대동기'가 코딩되어 있다. 즉, 불규칙해 보이고 비합리적으로 보이는 우리 행동이 비슷한 이유가 이 세 가지 절대동기에 의해서 움직이고 있기 때문이다. 아무도 알려주지 않아도 연어는 태어난 곳을 잘 찾아가듯이 우리에게는 경쟁자를 이기려는 동기, 새로움을 추구하려는 동기 그리고 위험을 회피하고자 하는 동기가 있으며, 이 세 가지 절대동기가 우리 행동 전체를 지배하고 있다.

동료가 나보다 승진을 더 빨리하면 배가 아픈 것은 경쟁에서 승리하고

자 하는 절대동기가 작동하기 때문이며, 때때로 여행을 하고 싶거나 영화를 보고 싶은 것은 새로움을 찾는 절대동기가 움직이기 때문이다. 또 우리가 주식을 사면 떨어지고, 팔면 오르는 것 또한 위험을 회피하고자 하는 절대동기가 움직이기 때문이다. 주식이 떨어지면 한없이 떨어질 것 같은 무서움에 나도 모르게 투매를 하기 때문이다.

그리고 절대동기는 사람마다 다르게 코딩되어 있는데, 어떤 절대동기가 강하게 코딩되어 있느냐에 따라 행동유형이 달라진다. 즉, 골프를 쳐도 경쟁에서 이기려는 동기가 강한 사람은 내기 골프를 즐기고, 새로움을 추구하는 동기가 강한 사람은 새로운 골프 코스 찾기를 더 좋아한다.

이렇게 우리 행동을 지배하는 절대동기 유형은 사람마다 다르다. 정확하게 말하면 몇 개의 집단으로 나뉘어 비슷한 성향을 띠는데, 일반적으로 일곱 가지 유형으로 나뉜다. 그리고 근본적으로 남녀에 따라 행동유형 차이가 있다. 즉, 우리 행동은 남녀 구분과 절대동기 유형에 의해 총 14개 집단으로 구분될 수 있다. 이러한 행동의 방향성은 소비자 행동에도 그대로 적용되며, 왜 사람들이 특정 상품을 선호하고 선호하지 않는지를 결정한다.

> Episode 10

같은 실수를
반복하는 게 인간이다

심리학에는 인간의 반복되는 비합리성을 보여주는 유명한 실험이 있다. 1971년 8월, 스탠퍼드 대학교 필립 짐바르도(Philip George Zimbardo) 교수의 '가짜 교도소 실험'이 그것이다. 2010년 영화 〈엑스페리먼트(The Experiement)〉로 만들어져 대중들에게 잘 알려진 이 감옥 실험은 선량하고 평범한 사람들이 어떻게 악인으로 변해가는지, 왜 그렇게 행동하는지 등 우리 마음속의 선과 악에 대해 생각하게 하는 실험이다.

> > >

인간, 상황에 지배당하고 말도 안 되는 행동을 반복하는 존재

이 실험은 스탠퍼드 대학교 지하실에 가짜 감옥을 만들고 실험에 참가할 24명의 대학생을 모집하면서 시작된다. 대학생들은 열두 명씩 교도관과 죄수로 나뉘어 2주간 각자의 행동변화를 관찰한다. 참가자는 서로 아는 사이들이었고, 실험이라는 것을 인지한 상태여서 특별한 문제가 없을 것으로 예상했다.

하지만 결과는 놀라웠다. 교도관 역할을 했던 참가자는 점점 더 권위적이고 지배적이고 폭력적으로 변해갔고 죄수를 학대하고, 군림하며 권력의

①, ② 스탠퍼드 대학교 필립 짐바르도 교수가 진행한 '가짜 교도소 실험'
③, ④ '가짜 교도소 실험'을 영화화한 〈엑스페리먼트〉(2010년 작)의 장면

맛을 즐긴다. 이에 반해 죄수 역할을 하는 참가자들은 처음에는 부당한 대우에 반항하고 교도관의 행동을 비웃지만, 점점 수감자라는 역할에 빠져들면서 무기력하고, 획일적이고, 부당한 대우에 항거하기보다 점점 더 비굴해지는 모습을 보인다. 수감자들은 극도의 우울감을 보였고 교도관들은 죄수들을 괴롭히며, 맨손으로 변기 청소를 시키는가 하면 성적 학대까지 가하는 사건이 발생해 실험은 단 6일 만에 중단되고 만다.

교도관 역할을 했던 학생들은 죄수 역할의 학생들이 진짜 범죄자가 아니라 자신과 똑같은 대학생이라는 사실을 알면서도 학대와 고문을 가했다. 필립 짐바르도 교수는 교도관, 죄수라는 상징적 역할의 힘, 내가 하지 않는다는 익명성과 탈개인화, 그렇게 해야 한다는 집단의 압력이 이렇게 말도 안 되는 상황을 만들었다고 설명했다.

중요한 점은 이렇게 말도 안 되는 일들이 계속해서 반복해서 일어난다는 것이다. 가깝게는 2004년 이라크 아부그라이브 포로수용소에서 똑같은 일이 벌어졌다. 미군들은 이라크 포로를 박해했고 성적으로도 학대했으며, 심지어 사진까지 찍어서 조롱했다. 멀리는 인류역사상 가장 비극적 사건인 나치의 유대인 학살도 같은 맥락의 행동이다.

우리는 이렇게 자신도 모르게 같은 실수를 반복한다. 우리는 주식을 사면 떨어진다는 것을 알면서도 주식을 사며, 당첨되지 않으리라는 것을 알면서도 계속 로또를 산다. 이렇게 우리가 같은 행동을 반복하는 이유는 나도 모르게 그렇게 행동하도록 코딩되어 있기 때문이다.

CHAPTER_02

뇌가
걸어온 길

Chapter 2와 3은 뇌에 대한 기본적인 이야기이다. 소비자 행동과 언뜻 멀어 보일 수 있지만 뇌 과학자들이 말하는 기본적인 내용은 소비자 행동을 이해하는 데 꼭 필요하다. 뇌는 모든 생각과 감정이 태어나고, 또 모든 행동을 결정하는 역할을 하는 기관이다. 뇌는 인간을 생각하고 움직이게 하는 사령탑으로, 뇌가 없으면 생존은 물론 관계를 맺고 창작하는 인간다움도 없어진다. 단순히 생각하면 뇌는 외부자극을 받아 그것에 맞게 반응하게 하는 역할을 한다. 뜨거운 물을 들이켜다 "앗, 뜨거워"라고 소리치며 얼른 컵을 내려놓고 창피해하면서 얼굴을 붉히며 도망가는 것 모두 뇌의 지시에 따른 결과이다.

뇌는 1.4kg으로 평균적으로 체중의 2.2%에 불과하지만 우리 몸 혈액의 약 20%를 공급받고, 하루 활동에 필요한 에너지의 20% 이상인 약 500kcal의 에너지를 혼자 사용한다. 이는 뇌가 약 1000억 개 이상의 신경세포로 이루어져 있어, 이를 작동시키기 위해서는 다른 신체 기관보다 훨씬 더 많은 에너지가 필요하기 때문이다. 우리는 소위 머리를 쓰는 경우 허기를 빨리 느끼는데, 이는 온종일 입시와 씨름하는 수험생들을 보면 쉽게 알 수 있다. 뇌는 컴퓨터의 CPU와 같아서 컴퓨터의 CPU를 많이 사용하면 열이 발생하는 것과 같이 두뇌 활동을 오래 하면 많은 열이 발생한다. 뇌의 깊은 도랑과 많은 주름은 바로 이런 고열을 발산하기 위해 만들어진 구조이다.

뇌 과학자들은 인간의 뇌가 오랜 기간 진화의 과정을 거쳐 형성되었다고 말한다. 뇌는 진화 과정에 따라 세 가지로 구분되는데 그 기능에 차이가 있다. 인간의 뇌는 안쪽부터 파충류의 뇌(뇌간, brain stem), 포유류의 뇌(변연계, limbic system), 그리고 인간의 뇌(대뇌피질, cerebral cortex) 세 개 층으로 구분된다. 이는 진화과정을 통해 안에서부터 밖으로 누적 발전한 것으로, 가장 아래 깊은 부분에 있는 뇌간은 신경학적 기원이 가장 오래된 것이며 가장 바깥쪽을 싸고 있는 대뇌피질은 가장 최근에 형성된 것이다.

먼저 생명의 뇌인 '파충류의 뇌' 뇌간은 '연수(medulla oblongata, 延髓)'와 '뇌교(pons, 腦橋)'로 구성된다. 뇌간은 척추 속의 신경인 척수가 고생대인 약 5억 년 전, 윗부분으로 확대 팽창하면서 형성되었다. 뇌간은 구조가 원시적이기는 하지만, 생명체의 기본적인 기능을 담당하는 생명 중추의 구실을 한다. 생명 중추인 뇌간이 '파충류의 뇌'로 불리는 이유는 실제 파충류들의 뇌가 인간의 뇌줄기(뇌간)에 해당하는 형태와 기능을 하고 있기 때문이다. 뇌간은 생명 기능의 가장 기본이 되는 호흡, 혈압, 심장박동 등의 중요한 생명 반사를 담당하고 있어서, 이것이 손상되면 혼자 힘으로 생명을 유지할 수 없는 뇌사 상태에 빠진다.

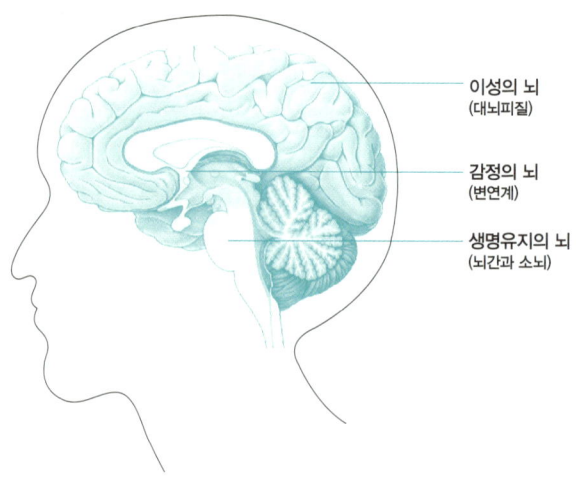

진화 순서에 따른 인간의 뇌 구조:
인간의 뇌는 안쪽부터 바깥쪽으로 점점 진화해왔다.

    뇌는 파충류의 뇌에서 '감정의 뇌' 단계로 진화하는데, 감정의 뇌인 변연계는 인간 행동을 결정하는 데 가장 중요한 역할을 하는 기관이다. '감정의 뇌'는 사람의 기억과 감정, 그리고 호르몬을 관장하는데 개나 고양이가 감정을 표현할 수 있는 것은 포유류 이상에서 발달한 변연계 때문이다. 변연계는 약 2~3억 년 전 중생대 무렵부터 진화하기 시작했고, 포유류에서 가장 발달해 '포유류의 뇌'라고 부르기도 한다. 변연계의 '해마'와 '편도핵(amygdaloid nucleus, 扁桃核)'은 학습 능력과 기억을 관장하고, 시상하부(hypothalamus, 視床下部)는 감정을 조절하는 호르몬을 분비하는 역할을 한다. 그리고 이 호르몬이 희로애락과 같은 감정과 인간 행동을 결정하는 동기를 만들어낸다.

    마지막으로 '인간(영장류)의 뇌'인 대뇌피질이다. 대뇌피질은 가장 늦게 형성된 뇌로서 학습과 추상적인 사고와 상상력을 관장한다. 대뇌피질은 논리가 작용하는 곳이며, 사람이 다른 동물들과 구별되는 수준 높은 추리력을 발휘하는 곳이다. 대뇌피질은 좌뇌와 우뇌로 나뉘는데 앞쪽에서부터 전두엽(frontal lobe, 前頭葉), 두정엽(parietal lobe, 頭頂葉), 후두엽(occipical lobe, 後頭葉), 측두엽(temporal lobe, 側頭葉)으로 나뉜다. 전뇌(forebrain, 前腦)라고도 하는 전두엽은 '인간다움'을 만드는 뇌로 식욕, 성욕 등 감정 욕구가 들끓는 '감정의 뇌'를 직접 통제하는 역할을 한다.

인간 행동은 전두엽과 감정의 뇌 사이 투쟁의 결과물로, 감정의 뇌에서 분출되는 '욕망의 마그마'는 전두엽에 의해 적절히 통제된다. 술자리에서 평소보다 목소리가 커지고 웃음이 많아지는 이유도 술이 전두엽을 억제하면서 감정의 뇌가 우리 행동을 더 크게 지배하기 때문이다. 이렇게 복잡하게 뇌에 대해 언급하는 이유는 우리 행동의 출발점이 뇌에 있기 때문이며, 소비자 행동을 결정하는 감정의 뇌(변연계)에 대한 이해는 소비자 행동을 설명하는 출발점이기 때문이다.

CHAPTER 03

뇌는 생각하는 것을
싫어한다

뇌의 구조에서 우리가 알아야 하는 중요한 뇌 작동 메커니즘이 있다. 이는 뇌가 에너지를 덜 사용하는 방향으로 움직인다는 것이다. 모든 생명체는 신체 에너지를 절약하도록 설계되어 있는데, 예를 들면 나무가 동그란 모양인 것, 곰이 동면을 취하는 것, 우리가 몸이 아프면 잠을 자는 것 등이다. 이는 먹을거리가 충분하지 않았던 진화의 역사에서 모든 생명체는 소비하는 에너지를 아껴야 생존할 수 있었기 때문이다.

에너지를 덜 사용하는 이러한 진화의 법칙은 뇌의 작동 메커니즘에도 그대로 적용된다. 우리가 감정의 뇌를 사용하는 것도 에너지 소모가 많은 이성의 뇌를 덜 사용하기 위함이고, 판단의 지름길을 사용하는 것도 이성의 뇌가 에너지를 덜 사용하도록 하기 위한 뇌의 작동 메커니즘 때문이다. 우리는 이러한 것을 주변 경험을 통해 쉽게 알 수 있다.

예를 들어 우리는 일상생활에서 무엇이든 숙련될수록 시간과 노력이 절감되는 경험을 하곤 한다. 파워포인트 한 장 만드는 데 처음에는 한 시간 이상 걸리지만 숙련되면 10분도 걸리지 않는다. 다리미질도 마찬가지다. 처음 와이셔츠나 바지를 다릴 때는 많은 시간과 노력이 드는데 익숙해지고 숙련되면 정말 쉬워진다. 같은 일을 해도 덜 힘든 것이다. 처음에는 생각하며 움직였던 것들이(이때 에너지 사용이 많은 대뇌피질이 작동한다) 조금 익숙해지면 눈감고도 한다(이때는 감정의 뇌만 작동한다). 좀 더 숙련되면 기계보다 더 빠르게 움직이는 '생활의 달인'과 같이 봉투를 접으며 식기를 씻고 동시에 떡까지 썬다. 이성의 뇌를 전혀 사용하지 않고 자동적으로 움직이는 것이다.

〉〉〉
에너지 절약을 위한 뇌의 자동모드

이렇게 에너지를 덜 사용하는 메커니즘은 모든 생명체에 존재하는 진화의 법칙이다. 모든 생명체는 진화 과정을 거치면서 에너지를 덜 사용하는 것이 생존에 절대적으로 유리하다는 것을 알게 되었다. 상어들은 더 빠르고 효율적으로 헤엄치기 위해 작은 돌기들이 피부를 덮고 있으며, 나무들은 겨울에 에너지를 낭비하지 않기 위해 완벽한 구형을 이룬다. 특히 씨앗들은 오랫동안 수분과 에너지를 빼앗기지 않기 위해 둥근 모양이다. 펭귄은 혹독한 남극 겨울을 버티기 위해 몸을 두터운 지방으로 감쌌으며, 빛이 없는 깊은 동굴에 사는 동물들은 쓸모없는 시력에 에너지를 낭비하지 않도록 눈을 퇴화시켰다. 개구리, 곰, 다람쥐 등 많은 동물은 추운 겨울에 에너지 사용을 최소화하기 위해 오랜 기간 겨울잠을 잔다.

이 모든 생명체와 마찬가지로 우리 인간도 에너지를 덜 사용하도록 진화해왔다. 특히, 뇌는 1.4kg으로 체중의 2.2%에 불과하지만 우리 몸의 혈액의 약 20%를 공급받고, 하루 사용 에너지의 20% 이상에 해당하는 약 500kcal의 에너지가 필요한 고(高)에너지 소모 기관이다. 따라서 뇌를 덜 작동하도록 하는 작동 메커니즘이 절대적으로 필요했다.

뇌는 에너지를 덜 사용하기 위해 '자동모드'로 움직이는 방법을 선택했다. 즉, 감정의 뇌를 주로 작동하게 하며 이성의 뇌(대뇌피질)를 사용하게 될 때는 최소로 사용하는 것이다. 감정의 뇌를 주로 작동시킨다는 것은 우리가 생각하지 않고 움직이는 많은 경우를 통해서 알 수 있다. 거의 기계처럼 자동적으로 몸을 움직이는 운동선수들은 물론, 불이 났을 때 본능적으로 출입구를 향해 뛰는 것도 뇌 에너지를 절감하기 위한 진화의 법칙이다. 뇌가 두뇌 활동을 통해 출입구의 방향을 탐색하기 전에 이미 뇌의 공포감 기제가 먼저 작동해 자동적으로 출입구를 향해 뛰는 것이다. 즉, 에너지가 많이 소모되며 느린 이성의 뇌를 사용하지 않고 감정의 뇌만 사용해서 행동하는 것이다. 또, 우리가 판단의 지름길을 사용하는 것도 뇌의 에너지 절약모드 때문이다. 이성의 뇌를 사용해야 하는 경우 최소한의 에너지로 가장 빠른 판단을 위해 과거 기억, 경험을 바탕으로 빠른 판단을 내린다.

〉〉〉

소비자 또한 에너지를 덜 사용한다

이렇게 뇌가 에너지 절약을 위해 자동모드로 작동하는 것은 소비자 행동에 큰 의미가 있다. 일례로 우리는 인터넷 사이트에 가입할 때 많은 양의 약관을 다 읽어보지 않는다. 이 또한 뇌가 에너지를 낭비하지 않기 위한 자연적인 행동으로, 다 읽고 해석하려면 뇌가 많은 에너지를 사용해야 하기 때문이다.

심리학에서는 에너지 절약을 위한 뇌의 자동모드를 '인지적 구두쇠(cognitive miser)'라는 개념으로 설명하기도 한다. 구두쇠라고 하면 돈이나 재물에 매우 인색한 사람을 뜻하는데, 인지적 구두쇠란 어떠한 대상을 판단하는 데 있어 최소한의 노력으로 판단하려는 인간의 습성을 말한다. 즉, 판단 시 합리적인 사고 과정을 거쳐 종합적으로 판단하는 게 아니라, 단편적인 정보만으로 대상의 옳고 그름을 평가함으로써 최소한의 노력으로 대상을 판단한다는 것이다. 소형차를 몰고 호텔 입구에 가면 도어맨이 차를 빼라고 하고, 맞선 볼 때는 말쑥하게 잘 차려입고 나가야 하며, 백화점 고급 남성복 매장에 가면 운동복 입은 사람에게는 제품을 권유하지 않는 등의 이유가 모두 단편적인 정보로 상대를 평가하는 뇌의 자동모드 때문이다.

소비자가 자동모드로 구매 의사결정을 하는 데 큰 역할을 하는 것이 브랜드이다. 우리 머릿속에 이미 각인된 친밀한 브랜드는 최소한의 에너지로 선택할 수 있게 해준다. 이는 생소한 상품(혹은 브랜드)을 선택하기 위해서는 비교분석하는 복잡한 사고 과정을 거쳐야 하는데, 이는 많은 에너지가 소모되기 때문이다. 즉, 유명 브랜드일수록 불확실한 상황에서 복잡한 의사결정 과정을 줄여주어 뇌가 에너지를 덜 사용하도록 해준다.

> Episode 11

설명서가 없는
아이폰

아이폰이 처음 한국에 판매되었을 때 구매자들을 놀라게 한 것이 있었다. 포장을 뜯었을 때 동봉된 매뉴얼 때문이다. 아이폰도 휴대전화이므로 기능을 설명하는 매뉴얼이 있었지만 그 분량이 일반적인 매뉴얼에 비해 턱도 없이 적었다. 기존 휴대전화 매뉴얼과 비교했을 때 10분의 1도 채 안 되는 분량에 구매자들은 적지 않게 놀랐던 것이다.

이러한 이유는 애플이 애초에 아이폰은 매뉴얼이 필요 없게 만들었기 때문이다. 사용자 인터페이스(User Interface, UI)가 직관적이어서 굳이 매뉴얼을 찾아 기능을 공부하지 않아도 한 번 보면 누구나 쓸 수 있게 만드는 것이 스티브 잡스의 목표였다. 스티브 잡스는 사용자가 설명서를 보지 않고도 기본 운용법을 모두 이해할 수 있어야 한다는 철학을 가지고 있었고, 사용법이 '동전을 넣고 즐기면 되는 게임'과 같이 사용설명서가 필요 없는 수준의 UI를 이미 아이팟(iPod)과

맥(Mac)에서 구현해냈다. 아이팟과 맥은 스티브 잡스의 역작 중 하나로, 이러한 단순한 디자인에 대한 집착은 시간이 지날수록 더욱 높은 평가를 받고 있다.

〉〉〉
뇌가 사랑하는 아이폰

아이폰처럼 설명서가 없으면 좋은 이유는 뇌가 에너지를 덜 사용하는 자동모드를 사랑하기 때문이다. 복잡한 리모컨을 싫어하고, 디지털카메라의 다양한 기능을 사용하지 않으며, 복잡하고 긴 보험계약서를 읽지 않는 것은 뇌가 많은 에너지를 사용하지 않도록 하기 위함이다. 이렇게 뇌는 익숙하고 간단한 것을 본능적으로 사랑한다.

스마트폰을 처음 사용했던 소비자들은 매우 복잡한 새로운 기계에 당황했다. 반면, 애플은 인문학을 기초로 한 인간 행동에 대한 이해를 바탕으로 직관적으로 알 수 있는 UI를 구현해서 소비자, 더 정확하게 표현하면 '뇌'의 사랑을 받았다. 미국의 한 6세 아이는 아이패드를 아무 설명도 듣지 않고 그냥 사용해서 세상을 깜짝 놀라게 했다. 뇌는 아이폰과 같이 직관적으로 만들어진 UI를 사랑한다.

CHAPTER 04

진화의 법칙은
감정의 뇌를 선택했다

앞서 두 개의 장이 뇌의 작동 메커니즘에 관한 이야기였다면 앞으로 네 개의 장은 우리 행동을 지배하는 진화의 법칙에 관한 이야기다. 여러 번 언급됐지만 우리 행동에 영향을 주는 가장 중요한 진화의 법칙은 감정의 뇌가 더 빨리 작동한다는 것이다. 이 말은 우리에게 행동 지령을 내리는 곳이 감정의 뇌라는 말이다. 백화점에서 쇼핑하는 경우 우리는 객관적으로 비교해보고 사는 것 같지만, 사실 그냥 마음에 드는 것을 산다. 그때 그 마음이 있는 곳이 바로 감정의 뇌이다.

> > >

더 빠르게 작동하는 감정의 뇌

감정의 뇌가 더 빠르게 작동하는 것은 생존을 위한 빠른 판단과 에너지 절약을 위한 뇌의 작동 메커니즘 때문이다. 성균관대 이정모 교수는 감정적 판단은 사전에 가진 신념이나 감정 중심으로 이뤄지므로 여러 정보를 분석해야 하는 이성적 판단보다 속도가 빠르다고 이야기한다. 호랑이 울음소리가 났을 때 진짜 호랑이인지를 이성적으로 판단하기보다는 틀릴 수 있더라도 즉각적인 감정 판단에 의존하는 것이 생존에 훨씬 더 유리했기 때문이다. 한스 게오르크 호이젤 박사 또한 인간 행동이 감정의 뇌에 의해 결정되는 이유를 다음과 같이 설명했다. 각종 정보가 의식을 거치지 않고서 곧장 동기 및 감정 프로그램을 경유해 행동으로 전환될 경우, 정보에 대한 반응이 훨씬 더 신속하게 진행되어 위험한 상황에서 큰 도움이 될 수 있기 때문이다.

최근 심리학 분야는 감정의 뇌가 매우 빠르게 작동한다는 것을 실험적으로 증명하고 있다. 우리는 0.013초라는 짧은 시간 내에 이성이 잘생겼는지를 알아차리며, 어떤 대상을 바라볼 때 0.2초 만에 저것이 '얼굴이다', '그림이다' 하고 판단한다. 캐나다 갤린튼 대학교 기테링 가드 교수는 실험참가자들이 홈페이지를 보고 마음에 드는지를 판단하는 시간이 0.05초에 불과하다는 사실도 밝혀냈다. 이러한 판단을 이성의 뇌가 했다면 몇 분, 몇 시간이 걸릴 수도 있는 일이다.

이렇게 감정의 뇌가 더 빨리 작동한다는 것은 이성의 뇌보다 더 빨리 우리에게 행동 지령을 내린다는 것이다. 즉, 생각하고 움직이는 게 아

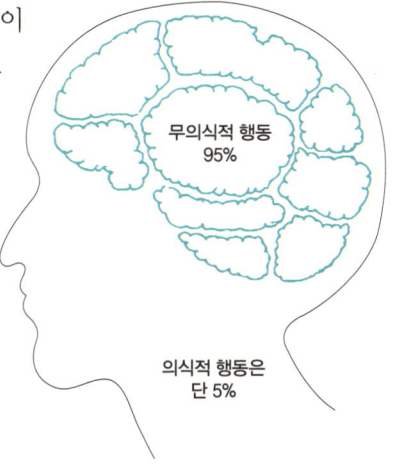

많은 심리학자들이 인간의 의식적 행동은 단 5%에 불과하다고 말하고 있다.

니라 무의식적으로 움직이도록 하는 것이 감정의 뇌다. 최근 심리학, 행동경제학에서는 공통적으로 인간 행동을 결정하는 것은 이성의 뇌(대뇌피질)가 아닌 감정의 뇌(변연계)라고 이야기한다. 하버드대 제럴드 잘트만 교수, 에모리대 정신행동과학자 클린턴 킬츠, 위스콘신대 신경과학자 폴 월런, 프린스턴대 심리학연구팀 등 여러 심리학자들도 의식(이성의 뇌)은 우리가 인지하고 하는 행동이나 습관으로 우리 행동 패턴의 5% 정도를 차지하고 있으며, 나머지 95%는 무의식(감정의 뇌)적 사고에서 온다고 했다.

심리학자들은 하루 150번이 넘는 크고 작은 판단과 행동 중에서 이성의 뇌가 의식적으로 판단하는 행동은 2~3개에 불과하다고 말한다. 하지만 1990년대 중반까지만 해도 우리는 이성의 뇌가 인간 행동을 결정한다고 생각했다. 이성의 뇌가 인간 행동을 지배한다는 이러한 가설은 오랫동안 도전을 받아왔다. 우리 행동에는 합리적 인간이라는 가설로는 설명되지 않는 모순과 비합리성이 너무 많았기 때문이다. 우리 행동이 불완전하고 비합리적으로 보이는 것도 감정의 뇌가 행동을 결정하기 때문이며, 똑같은 실수를 반복하는 것도 이 감정의 뇌가 행동을 결정하기 때문이다.

〉 〉 〉
소비자 행동도 감정의 뇌가 결정, 이성의 뇌는 구매 후 작동

감정의 뇌가 인간 행동을 결정한다는 것은 소비자 의사결정에도 큰 영향을 미친다. 우리 신발장 안에는 비슷한 스타일의 신발이 가득 메우고 있을 것이며, 마트에 가면 먹을 것이 없다고 하면서 매번 비슷한 먹을거리들로 카트를 채운다. 이는 대부분의 선택이 감정의 뇌에 의해 영향을 받아 나도 모르게 이루어지기 때문이다.

스탠퍼드 대학교 브라이언 크너슨 교수는 2006년 고다이바 초콜릿 선택 과정을 통해 소비자가 감정의 뇌에 의해 순간적으로 선택한다는 것을 증명했다. 피실험자들에게 고다이바 초콜릿을 보여주고 구매 여부 버튼을 누르게 했는데, 실험결과 제품을 구매하겠다고 버튼을 누른 피실험자들은 제품을 보는 순간 측좌핵이 먼저 반응을 보였으며, 이성적 판단을 하는 대뇌피질은 작동하지 않았다. 이는 제품을 보는 순간 뇌는 그 구매 여부를 결정한다는 것으로, 매장에서 소비자가 물건을 만져보거나 점원에게 가격을 물어보는 순간 감정의 뇌는 이미 구매 여부를 결정했다는 것이다.

중요한 점은 소비자들이 상품을 구매하고 나서 의식으로 돌아온다는 것이다. 상품을 구매하기 전에는 감정의 뇌가 선택했지만, 막상 구매하고 나면 자신이 이성적인 구매를 했다고 생각한다. 그래서 고객에게 설문조사를 하면, 마치 특별히 이유가 있어서 구매한 것처럼 논리적인 답변을 한다. 즉, 선거 출구조사가 항상 틀리듯이 설문조사는 소비자가 조사에 솔직하고 성실하게 응답한다고 해도 자신의 행동이나 생각의 5% 정도만을 이야기할 뿐이며 95%의 영향을 주는 감정의 뇌에 대해서는 전혀 이야기하지 못한다.

이러한 이유로 정성 마케팅의 구루이자 잘트만 기법(ZMET) 창시자인 제럴드 잘트만 교수는 "시장조사에 엄청난 자원을 쏟아부어도 신제품 중 80%는 결국 실패한다"고 이야기하고 있다. 우리 행동을 결정하는 것은 이성의 뇌가 아니라 감정의 뇌이기 때문이다.

CHAPTER 05

1000가지 동기를 지배하는
3가지 절대동기

 감정의 뇌가 우리 행동을 결정한다고 했는데, 이때 행동을 유발하는 것을 심리학에서는 '동기(motive, 動機)'라고 말한다. 예를 들면, 우리가 커피를 마시고 싶다고 느끼게 해서 커피를 마시도록 우리를 움직이는 것이 동기이다. 마트에서 치즈를 사거나, 영화를 보거나, 지하철을 타고, 컴퓨터 게임을 하며, 주말농장을 하는 것들도 동기에 의해 움직이는 것이다.
 동기는 심리학 분야에서 오랜 연구 과제였으며 우리 마음속에는 건강, 효율성, 야망과 같은 1000개의 동기가 있다는 것을 밝히고 있다. 가장 유명한 것은 프로이트 동기이론이며, 이 밖에 잘 알려진 것들로 매슬로(Abraham H. Maslow)의 욕구 5단계 이론, 하이더(Fritz Heider)의 균형이론(Balance Theory), 페스팅거(Leon Festinger)의 인지부조화(Theory of Cognitive Dissonance), 레빈(Kurt Lewin)의 장이론(Field Theory) 등이 있다.
 최근 뇌 과학자, 신경경제학자들은 우리 행동을 결정하는 동기 중 강력한 절대동기가 있다고 말한다. 즉, 감정의 뇌에 세 가지 절대동기가 코딩되어 있으며 이 절대동기가 1000여 개 동기를 움직이는 강력한 힘을 가지고 있다는 것이다[한스 게오르크 호이젤 박사는 6만 명에 대한 기능성자기공명영상장치 실험결과를 바탕으로 감정의 뇌에 '림빅 시스템(limbic system)'이 있다고 설명하고 있다]. 세 가지 절대동기는 '경쟁 승리', '새로움 추구', '위험 회피'이며, 1000여 개 동기는 이 세 가지 절대동기의 자식들이라고 할 정도로 강력한 영향력을 미친다. 이는 곧 비합리적으로 보이는 우리 행동이 사실 세 가지 절대동기의 결과임을 뜻한다.

〉 〉 〉

절대동기 '경쟁 승리'

모든 생명체에는 경쟁에서 이기고 경쟁자를 축출하고자 하는 '경쟁 승리'가 코딩되어 있다. 이는 생존을 위한 먹이 확보 경쟁에 기인하는데, 경쟁을 통해 먹이를 확보한 생명체만이 지속적인 생존이 가능했기 때문이다. 사촌이 땅을 사면 배가 아프고, 입사 동기가 승진하면 정말 마음이 쓰린데, 이는 감정의 뇌에 있는 절대동기 '경쟁 승리'가 작동했기 때문이다.

절대동기 '경쟁 승리'는 경쟁자를 이기는 것을 목표로 하며, 환경을 극복하고자 하는 동기이기도 하다. 돈, 명예, 짝에 대한 싸움에서 경쟁자를 물리치고 이기고자 하는 동기이며, 타인을 지배하는 권력을 구축해 우두머리가 되고자 하는 동기이다. '경쟁 승리' 동기가 발현되어 충족되면 우리는 자부심과 승리감, 우월감을 느끼지만 반대로 충족되지 못하면 노여움, 분노, 내적 불안감 등을 느낀다. 비록 전쟁을 일으키기도 하지만, 새로운 기계장치를 만들고 미지의 세계를 개척하는 등 절대동기 '경쟁 승리'

는 인류 발전의 동력원이기도 하다. '경쟁 승리'는 가장 단순한 생명체인 박테리아에서도 발견될 만큼 모든 생명체에 강력하게 코딩되어 있다.

절대동기 '경쟁 승리'는 소비자 행동에도 큰 영향을 준다. 남을 이기고자 하는 동기인 '경쟁 승리'는 남보다 더 뛰어나다는 것을 보여주기 위한 소비 행동을 일으킨다. 마치 공작새가 꼬리날개를 펴는 것과 같다. 와인 맛도 정확히 모르면서 와인 전문가인 것처럼 행동하며, 골프장에서 드라이버 거리가 300야드 나간다고 자랑하는 것도 '경쟁 승리' 동기 때문이다. 또, 다른 사람들이 구매하기 어려운 '잇백(it bag)'을 구매하며, 외제 차에 명품 시계를 차는 것도 경쟁에서 승리했다는 것을 알리기 위한 '경쟁 승리' 동기에 의한 행동이다. 서울대학교 김난도 교수는 이러한 소비 행동을 서양의 오래된 부자들의 품위 있는 소비행태인 'invisible ink strategy', 즉 '보이지 않는 잉크 전략'을 따라가지 못하는 이들의 'visible ink strategy', 즉 '보이는 잉크 전략'으로 명품 선호 흐름을 설명하고 있기도 하다.

〉 〉 〉

절대동기 '새로움 추구'

절대동기 '새로움 추구'는 새로움을 추구하는 동기이다. 한마디로 우리는 따분한 것을 싫어하고 지루함을 참기 어려워한다. 여행을 예약하고 영화관에 가고 이탈리아 음식점이나 중국 음식점에 가서 낯선 요리를 음미할 때 큰 즐거움을 얻는 것은 항상 새로움을 찾는 동기가 작동하기 때문이다. 새로운 유행, 기술혁신, 잠들 줄 모르는 호기심과 새롭고 흥미진진한 체험을 추구하는 것 또한 절대동기 '새로움 추구' 때문이다. 진화의 관점에서 절대동기 '새로움 추구'는 중요한 의미를 지닌다. 모든 생명체는 계속해서 새로운 생활환경에 처하게 되는데, 그 과정에 빠르게 적응하는 종족만이 생존할 수 있었기 때문이다. 또한 이는 새로운 세대가 기존 세대에 도전해 새로운 지배자가 되고자 하는 동기가 되기도 한다. 그렇다 보니 곰이 부모를 떠나 새로운 영역을 구하는 것과 같이, 젊은 세대일수록 절대동기 '새로움 추구'의 영향력이 크다.

이러한 '새로움 추구' 절대동기는 과학자들이 '모험 유전자'를 발견함으로써 증명되었다. 즉, 인간 유전자에 새로움을 찾는 유전자가 있다는 것이다. 1995년 이스라엘의 리처드 엡스타인(Richard A. Epstein)과 로버트 벨마커(Robert Belmaker)는 정신분열증과 관련된 유전자를 탐색하던 중 우연히 도파민 수용체를 만드는 D4DR이라는 유전자가 새로움 추구 성

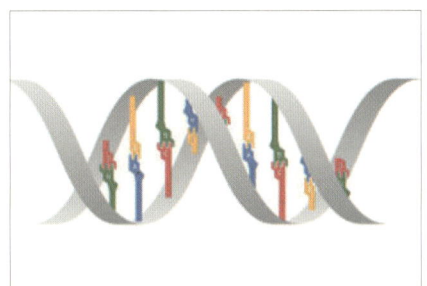

우리는 왜 새로운 경험을 추구하는가? D4DR 유전자(왼쪽 위)의 발견은 이러한 질문에 과학적 답을 제시하고 있다.

격과 연관관계가 있다는 것을 알아냈다. 다양한 유전자의 길이가 혹시 다양한 성격을 설명해줄지도 모른다고 생각한 이스라엘 연구팀은 병원 의료진 등 124명의 혈액을 채취해 유전자를 조사하고 인성검사를 실시했다. 그 결과 이 유전자가 길수록 새로움 추구 경향이 강하다는 것을 알아냈다. 이는 사람의 성격이 어떤 특정 유전자와 관련 있다는 것을 밝혀낸 첫 번째 사례이기도 하다.

이후 미국 국립보건원 딘 해머(Dean Hamer) 박사 팀이 좀 더 많은 인원(315명)과 여러 인종을 대상으로 조사한 결과 같은 결과를 얻었고, 이어 캐나다에서도 비슷한 결과가 나왔다. 이후 여러 연구를 통해 D4DR은 도파민을 조절하는 유전자로 알려졌으며, 이중 7R이라는 대립형질은 새로운 것을 찾아 나서는 행동과 연관된 것으로 밝혀졌다. 미국의 포울러 교수에 따르면 D4DR-7R이라는 유전자를 가진 사람들은 주변 친구들보다 새로운 것을 추구하는 성향이 강하며, 이런 사람들은 정치적으로 현재 상황을 지속하고 싶어 하는 보수주의보다 진보주의를 선택한다는 것이 증명되었다. 물론 유전자가 개인 성향을 100% 결정하지는 않지만, 개인 행동 성향을 결정하는 데 큰 역할을 하는 것은 분명한 사실이다.

〉 〉 〉

절대동기 '위험 회피'

절대동기 '위험 회피'는 가장 강력한 힘을 발휘하는 동기이다. '위험 회피'는 한마디로 생존을 위해 위험을 피하고 안전해지고자 하는 동기로, 우리 행동에 가장 많은 영향을 준다. 우리가 강의실의 구석에 앉으려 하고, 회식 자리에서 사장님 옆에 아무도 앉지 않으려는 것도 '위험 회피' 동기가 작동하기 때문이다. 그리고 뱀에 대한 극단적인 두려움이나, 뾰족한 칼을 보면 소름이 끼치는 것들이 절대동기 '위험 회피' 때문이다.

절대동기 '위험 회피'는 우리를 움직여 안전함과 고요함을 추구하도록 한다. 우리가 절이나 성당, 교회를 찾는 것도 '위험 회피' 동기의 발동이 며, 불확실성을 회피하고 조화를 추구하도록 유도하는 대부분의 평화주의 행동들을 유발한다. 모든 것이 익숙한 장소에 자리 잡고 있을 때, 모든 것이 질서를 유지하고 있을 때 행복감을 느낀다. 반면 변화를 두려워하며 받아들이기 싫어하는 행동은 이 '위험 회피' 동기가 발현되기 때문이다.

인간 행동을 결정하는 것은 감정의 뇌이며, 이 감정의 뇌를 지배하는 것은 절대동기인 '경쟁 승리', '새로움 추구', '위험 회피'이다. 무질서하고 비합리적으로 보이는 우리들의 행동도 명확한 방향성이 있으며, 그 방향성을 결정하는 것이 바로 이 세 가지 절대동기이다.

> Episode 12

한스 게오르크 호이젤 박사의 림빅 시스템

신경경제학 분야 세계 최고 권위자인 한스 게오르크 호이젤 박사는 오랜 연구와 최첨단 장비를 활용한 조사결과를 바탕으로 감정의 뇌에 인간 행동을 결정하는 림빅 시스템(limbic system)이 있다고 밝혔다. 이 림빅 시스템에는 '균형', '자극', '지배'라는 시스템이 있으며, 이 세 가지 림빅 시스템이 소비자 행동을 결정한다고 설명한다.

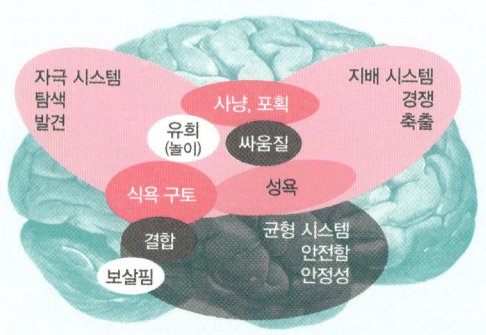

한스 게오르크 호이젤 박사의 림빅 시스템

>>>
인간 행동은 림빅 시스템의 권력 투쟁의 결과

우리 두뇌에서 가장 막강한 힘을 행사하는 림빅 시스템은 '균형'이며, 이는 안전함을 추구하고 위험을 회피하게 하는 동기이다. 두 번째 시스템은 '지배'로, 이는 경쟁자를 축출해 자신이 보다 우월한 존재로 부각되고 싶어 하는 동기이다. 세 번째 시스템은 '자극'이며, 즐거움과 짜릿함, 새로운 경험을 추구하는 행위와 관련된 것이다. 그리고 이 세 가지 이외에 가장 기본적인 감정 시스템인 생명유지 욕구까지 자리 잡고 있다. '지배'와 '자극' 시스템은 인간의 머릿속에서 낙관적이고 활동적인 역할을 수행하는 반면에, '균형' 시스템은 다소 억압적이고 비관적인 역할을 수행한다.

이처럼 인간의 머릿속에서는 세 가지 림빅 시스템 간의 권력투쟁이 끊임없이 일어나고 있다. 이러한 절대동기를 움직이는 것은 호르몬의 작용인데 노르아드레날린과 코르티솔은 균형, 남성 호르몬인 테스토스테론이 지배, 도파민이 자극 시스템을 움직이며, 이 세 가지 조합에 따라 규율·통제-환상·향유-모험 같은 가치가 형성된다고 설명한다.

CHAPTER 06

사람마다 다른
절대동기 코딩

 이렇게 우리 행동을 지배하는 절대동기는 사람마다 다르게 코딩되어 있다. 정확하게 말하면 몇 개의 집단으로 나뉘어 비슷한 성향을 띤다. 정도의 차이가 있지만 모든 사람은 세 가지 절대동기를 가지고 있으며, 어느 한 동기만 가지고 있는 사람은 없다. 만약 '경쟁 승리' 동기가 강한 사람들만 있었다면, 인류 사회는 존재하지 않았을 것이다. 서로 경쟁하다 다 죽었을 것이기 때문이다. 따라서 절대동기 '경쟁 승리'가 강한 사람이 있는 반면, '위험 회피'가 강한 사람도 있다. 또 '새로움 추구' 성향이 강한 사람도 있는데, 이러한 비중이 인간 행동의 유형을 결정한다.

 한스 게오르크 호이젤 박사는 6만 명이 넘는 독일 소비자들에 대한 기능성자기공명영상장치 조사를 토대로 감정의 뇌 속에 있는 림빅 시스템이 다르게 혼합된 것을 증명했다. 이러한 절대동기 코딩 유형에 따라 행동 유형이 전혀 달라진다.

〉〉〉
절대동기 코딩에 따라 다른 행동 유형

이러한 절대동기 코딩 유형의 차이는 주로 유전적 요인과 환경적 요인에 의해서 결정되며, 특히 유전적 요인에 의한 호르몬이 절대동기 유형을 직접적으로 결정하는 요소다.

절대동기 '경쟁 승리'가 강한 사람은 항상 상대방을 이기려는 사람들로서, 경쟁 상황에서 승리했을 때 강한 자극을 받는다. 한마디로 짜릿함을 느낀다. 이들은 남성 호르몬인 테스토스테론에 큰 영향을 받으며, 눈에 들어온 목표를 완강하고 집요하게 달성하고자 한다. 이들은 영리함을 상징하거나 높은 지위를 약속해주는 장소와 상품을 매우 중요하게 여긴다. 또 값비싼 와인에 열광하는데, 와인이 가진 풍미 때문이라기보다 동료나 친구들과 만난 자리에서 와인을 구실 삼아 자신의 지식을 과시할 수 있기 때문이다. 이렇게 이들은 주로 뛰어난 성능과 기술적인 완벽함, 지위를 보장해주는 상품을 구매한다. 값비싼 고급시계가 대표적인 예이다. 그들이 추구하는 스타일은 고전적이고 기능적이다. 이런 유형들은 가능한 한 값을 깎으려고 시도하면서 자신의 에고(ego)를 관철하려 한다. 인기 예능 프로그램에 나왔던 '1박 2일'의 강호동 캐릭터가 그 대표적인 유형이라고 할 수 있겠으며, 기업에서 성공한 임원들의 다수는 이 유형의 사람들이다.

절대동기 '새로움 추구'가 강한 사람은 항상 새로운 것을 찾으며 지루함을 견디지 못한다. 변화에 대한 수용도 높아, 직장에서 회계부서 업무를 시키면 거의 '정신병을 일으킬' 사람들이다. 이들은 주로 도파민 호르몬에 행동 영향을 받으며, 좌뇌가 우선적으로 사용된다. 또 이들은 시끌벅적한 것, 눈에 띄는 것, 유별난 것, 개인적인 것을 중요하게 생각한다. 상

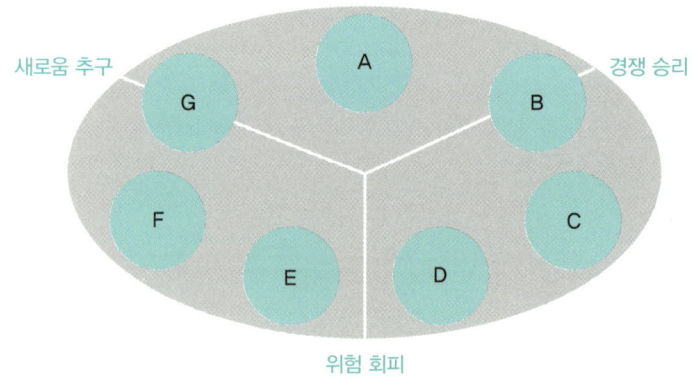

절대동기 코딩에 따른 다양한 형태의 소비자군

품의 품질과 원산지는 별로 중요하지 않다. 유행에 대한 집착이 강하고 이국적인 음식, 새로운 상품에 제일 먼저 열광하는 전형적인 충동구매자다.

  절대동기 '위험 회피'가 높은 사람은 변화를 싫어하고 안정적인 것을 원한다. 이들은 신경전달물질인 노르아드레날린과 스트레스 호르몬인 코르티솔의 지수가 높아 모든 것을 아주 꼼꼼하게 점검하는 편이며 오랫동안 세부적인 것에 매달린다. 절대동기 '위험 회피'가 행동에 강력한 영향력을 행사하기 때문에 다소 불안하고 조심스러우며, 새로운 것에 대해 소극적이고 폐쇄적인 태도를 보인다. 구매 결정을 내릴 때에도 안정성과 신뢰감, 품질에 대한 확신이 매우 큰 비중을 차지한다. 한마디로 변화둔감층(laggard)으로 소비 및 구매 습관 또한 비교적 변하지 않아 전형적인 단골 고객의 특성을 보인다.

  이렇게 어떤 절대동기가 강하냐에 따라 우리들의 행동유형은 달라진다. 극단적으로 '경쟁 승리'가 강한 B 유형이 있는가 하면, 극단적으로 '새로움 추구' 동기가 강한 G 유형이 있다. 또 가장 강력한 동기인 '위험 회피' 성향이 강한 E와 D 유형이 있을 수 있으며, '경쟁 승리'와 '새로움 추구' 동기가 비슷하게 강한 A 유형도 있다. 이렇게 절대동기 코딩 수준에 따라 일곱 가지 부류로 행동유형이 나뉜다(이러한 유형 구분은 한스 게오르크 호이젤 박사가 독일 소비자 6만 명을 대상으로 실험한 결과에 근거한다).

〉〉〉
나이에 따라 달라지는 절대동기

인간은 나이가 들면서 행동방식이 달라지는 것을 경험하게 되는데, 이는 세 가지 절대동기가 나이에 따라서 현저하게 달라지기 때문이다. 나이가 어릴수록 새로운 것을 추구하는 '새로움 추구' 동기가 강하며, 나이가 들수록 '위험 회피' 동기가 강하게 발달한다. 따라서 소비 행동도 달라진다. 8~12세의 아동은 즉흥적인 구매성향이 강하며, 20~30세는 소비를 즐기는 시기이며, 30~40세는 가정을 꾸리는 시기로 소비 욕구가 많이 줄어들기 시작한다. 마지막으로 60세 이상은 안전과 건강에 대한 욕구를 중요시해 소비를 현격하게 줄이는 성향이 있다. 실버산업이 활성화되는 데 많은 어려움을 겪는 것도 이러한 이유에서다. 또한, 문화와 환경 등의 차이로 국가별 절대동기 수준에 따른 소비자 유형도 다르다고 한다(유감스럽게도 한국인에 관한 조사는 아직 이루어지지 않아 정확하게 소비자 유형을 알 수 없지만, 호이젤 박사의 독일 소비자 유형보다 절대동기 '경쟁 승리'가 더 높을 것으로 예측된다).

결국 인간은 일곱 가지 절대동기 코딩 유형에 남녀 차이에 따른 행동유형을 합한 총 열네 가지의 행동 유형 세그먼트를 가지며 각 세그먼트에 의해 행동과 선택이 구분된다. 그리고 이러한 구분을 통해 우리의 행동은 예측 가능해진다.

> Episode 13

생존을 위한 진화의 선택, 다양성

우리는 이미 오래전부터 인간은 매우 다양한 존재라는 것을 인지해왔다. 조선 시대 이제마(李濟馬, 1836~1900) 선생은 신체와 정신의 특징을 고려해 인간의 체질을 태양인·태음인·소양인·소음인 네 가지로 분류했다. 20세기 정신분석학자 융의 심리유형론을 기반으로 한 MBTI(Myers-Briggs Type Indicator) 성격 유형 검사는 사람을 태도에 따라 외향과 내향 및 판단과 인식으로 구분한다. 사람이 가지는 기본 성향을 주도형(dominance)·사교형(influence)·안정형(steadiness)·신중형(conscientiousness)으로 보는 DISC 행동유형 검사도 있다.

> > >

우리는 다양하게 만들어졌다

인기 예능 프로인 '1박 2일'의 초기 멤버를 보면 인간이 얼마나 다양한지를 금방 알 수 있다. 큰 목소리로 강한 승부사 기질을 보여주었던 강호동, 완벽해 보이지만 시청자들의 허를 찔러 즐거움을 주었던 '허당' 이승기, 국민 일꾼으로서 극적인 즐거움을 주었던 이수근, 무덤덤하고 왠지 촌스럽지만 지적인 김C, 엉뚱하지만 항상 새로운 즐거움을 주었던 진정한 연예인 MC

몽, 둘리 표정을 지으며 장난기 어린 '은초딩' 은지원이 그들이다.

여섯 명이 전부였지만 각 멤버는 서로 다른 뚜렷한 개성으로 시청자들을 즐겁게 했다. 강호동과 김C는 상반되는 유형이었고, 은지원과 MC몽은 재미가 넘치는 사람들이었으며, 이수근과 이승기는 어디에 속해도 잘 어울릴 수 있는 유형이었다. 1박 2일 멤버가 아니더라도 우리는 서로 다르다는 것을 쉽게 경험한다. 중국집에 가서도 좋아하는 음식이 자장면, 짬뽕, 볶음밥으로 나뉜다. 골프를 쳐도 내기에 목숨 거는 승부사가 있는 반면, 좋은 친구들과 운동하는 것 자체를 즐기는 사람도 있다. 또, 어려운 일을 만나거나 싸울 상대가 있어야 힘이 나는 사람이 있는가 하면, 지루한 것을 절대 참지 못하는 사람들이 있다.

〉 〉 〉

다양성은 생존을 위한 진화의 힘

이러한 다양성은 진화의 힘이다. 모든 생명체는 미래의 환경이 계속 바뀌는 상황에서 어떤 부류의 생명체가 생존, 번식할지 알 수 없었다. 따라서 다양한 환경에 생존할 수 있도록 유전자는 다양성을 가지게끔 코딩되었다. 유전자의 다양성이 높은 민족일수록 지능, 생존력이 뛰어나다(유전자의 다양성이라는 관점에서 볼 때 유럽 왕족들의 근친결혼 관행은 유전자의 다양성을 죽이는 다분히 진화과정에 반하는 결정이라고 볼 수 있다. 그 결과 후손들이 유전병을 앓지 않았는가). 기업조직도 마찬가지다. '메디치 효과(Medici effect)'가 말해주듯 다양한 구성원이 아이디어를 내고 함께 만들어 가는 조직이 지속적으로 성공하며, 다양성이 떨어지는 획일적인 조직은 환경변화에 대한 적응력이 떨어져 쇠망의 길로 접어든다.

CHAPTER 07

남자와 여자는
뇌 속까지 다르다

감정의 뇌에 코딩된 절대동기 유형과 함께 우리의 행동유형을 결정하는 것은 남녀의 차이다. 베스트셀러 《화성에서 온 남자, 금성에서 온 여자》가 말해주듯, 남성과 여성은 뇌 구조의 근본적인 차이와 성호르몬의 영향으로 행동에서 큰 차이를 보인다.

"우리, 이야기 좀 해", "이야기는 무슨, 나중에 하자."

'사랑과 전쟁' 같은 TV 프로그램을 보면 부부들이 이런 대화를 주고받으며 옥신각신하는 모습이 종종 나온다. 그런데 잘 살펴보면 "이야기 좀 하자"고 요청하는 쪽은 여자가 많고 "나중에 하자"고 피하는 쪽은 남자인 경우가 많다. 실제로 남자들은 토론이나 대화를 '별 쓸모없는 짓'이라고 생각한다.

남성과 여성의 사고방식 차이를 극명하게 보여주는 것이 성별 운전습관이다. 예를 들어 운전할 때 남자들은 머리에 지도를 그리고 어떤 이름의 도로에서 좌회전이나 우회전을 한다고 생각하는 반면, 여자들은 건물이나 특정한 지점을 기억하고 어떤 가게 앞에서 회전한다는 식으로 길을 찾는다. 사실 남성과 여성은 말하고 행동하는 방식은 물론 문제를 해결하고, 심지어 자동차 열쇠를 어디에 두었는가를 기억하는 방법까지도 전혀 다르다.

〉 〉 〉

달라도 너무 다른 남자와 여자

아래는 재밋거리로 유행했던 남자와 여자의 뇌구조 그림이다. 이 그림은 남자와 여자가 서로 얼마나 다른지를 재치 있게 표현해서 많은 공감을 얻었다. 남자의 뇌 한가운데는 섹스가 자리 잡고 있는 반면 여자의 뇌에는 약속 중시, 쇼핑, 질투, 수다 등이 자리 잡고 있다.

　케이블 TV에서 '남녀생활백서'라는 프로그램이 유행했듯이 우리는 이

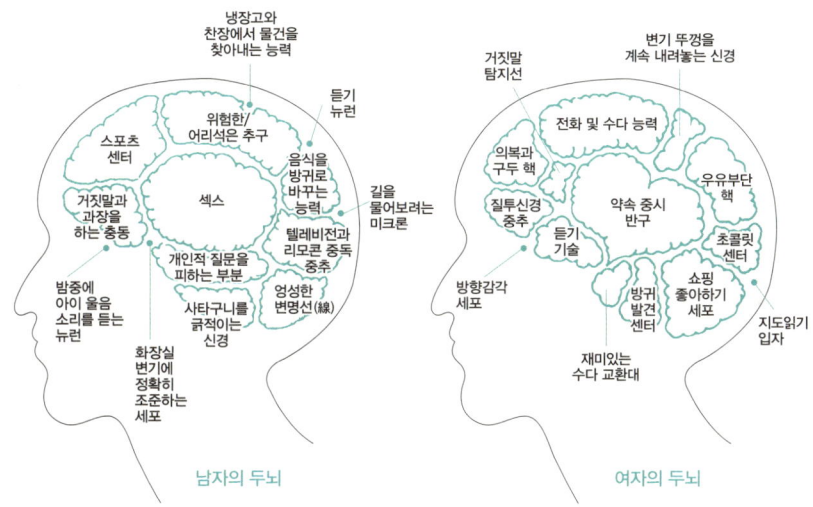

남자의 두뇌　　　　　여자의 두뇌

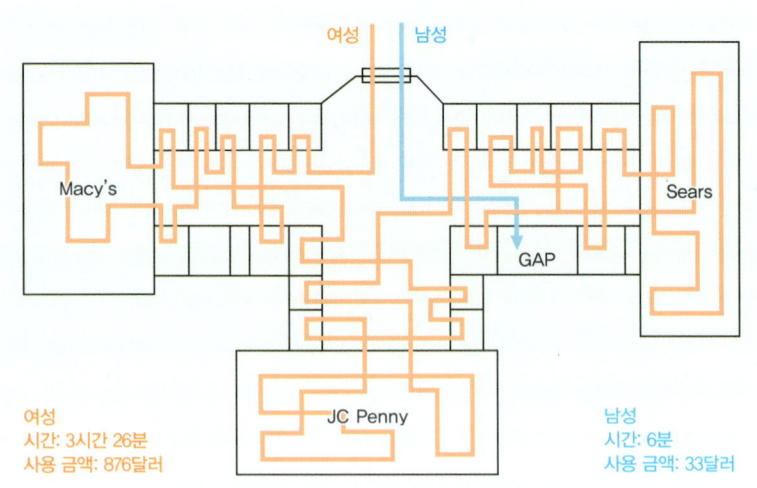

미국에서 실행된 '남녀의 차이' 실험 결과

러한 차이를 쉽게 경험한다. 여자들은 대인관계에서나 직장생활 또는 가정에서 받은 스트레스를 해소하기 위해 쇼핑을 하지만, 남자들은 친구나 동료들과 함께 술을 마신다. 남자들은 스포츠, 뉴스, 다큐멘터리 프로그램을 수초 단위로 돌려가며 보지만, 여자들은 한 드라마를 계속 본다. 이러한 남자와 여자의 차이는 백화점 쇼핑에서 극명하게 나타난다. 짧은 시간에 원하는 것을 쇼핑하고자 하는 남자와 쇼핑 공간 자체가 힘의 원천이 되는 여자는 쇼핑 행태에서 근본적인 차이를 보인다.

이러한 차이를 증명한 것이 미국에서 실행한 '남녀의 차이'라는 실험이었다. 남자와 여자에게 특정지역 쇼핑몰에 있는 'GAP'에 가서 바지 한 벌을 사오라는 미션을 주고 행동을 추적했다. 그 결과, 남자는 미션을 받자마자 곧장 GAP 매장으로 가서 바지 한 벌을 샀다. 걸린 시간은 6분이었고, 33달러를 지출했다. 반면, 여자는 모든 상점을 이 잡듯이 돌아보며

GAP 바지 한 벌 이외의 여러 물건도 쇼핑했는데, 3시간 26분에 총 876달러의 물건을 샀다.

굳이 이런 실험결과가 아니더라도 남자들이라면 아내, 여자친구와 함께 갔던 백화점에서의 고통스러웠던 시간을 기억할 것이다. 쇼핑 공간은 남성들에게는 빠져나올 수 없는 미로와 같은 무력감을 준다. 오죽하면 'Manland(이케아)', '북카페(현대백화점)', '아빠들의 쉼터(신세계 백화점)' 같은 남성용 공간들이 운영되고 있을까.

〉〉〉
근본적인 뇌 구조의 차이 때문

남성과 여성의 행동 차이는 뇌 구조와 호르몬에 의한 것이다. 먼저, 남성과 여성은 해부학적 측면에서 300여 가지의 차이점을 갖고 있다. 근본적으로는 뇌 구조가 다르다. 좌뇌와 우뇌를 연결하는 뇌량(corpus callosum, 腦梁) 부분은 여성이 남성보다 더 두터우며, 남성은 여성보다 양쪽 뇌의 기능이 더 뚜렷하게 분화되어 있다.

이러한 차이는 생각과 행동의 차이로 이어지는데, 대표적인 것이 공간지각 능력과 언어 능력의 차이다. 생존을 위해 빠르게 사냥하고 도망가는 것이 중요했던 남성의 뇌는 좌뇌와 우뇌가 분리돼 한쪽이 일하는 동안 다른 활동이 간섭하지 않도록 설계되어 있다. 남성들이 한 번에 주차하고, 내비게이션 없이도 길을 잘 찾는 것은 공간지각 능력이 뛰어나기 때문이다. 반면, 여성은 제한된 공간 내에서 생활해야만 했기 때문에 종합적인 사고 판단이 중요했다. 따라서 여성의 뇌는 양쪽 뇌가 원활히 소통하며, 여러 일을 동시에 수행한다. 길을 빠르게 찾지 못하고, 주차도 한 번에 잘 못하는 등 공간지각 능력이 떨어지지만, 언어 능력이 매우 뛰어나다.

'좌뇌의 남성, 우뇌의 여성'이라는 문구가 알려주듯, 감정에 반응하고 표현하는 능력도 여성이 월등하다. 여성은 어느 쪽 뇌에 전달되든 감정 관련 정보를 인지하지만 남성은 우뇌에 전달돼야만 그것을 알아차린다. 여성은 상대방의 감각을 자신의 것처럼 느끼는 감정이입 능력이 탁월하다는 실험 결과도 있다. 표정과 언어의 미묘한 불일치나 떨림을 귀신같이 알아채 남성을 기겁하게 하는 여성의 '육감'이 실제로 맞는다는 이야기다.

〉 〉 〉

성 호르몬 영향

하지만 이런 구조적인 차이점보다 신경전달 물질과 호르몬 작용이 더 큰 생각과 행동의 차이를 일으킨다. 그중에서도 테스토스테론으로 대표되는 남성 호르몬과 여성 호르몬 에스트로겐이 생각과 행동의 차이를 일으킨다. 테스토스테론은 임신 기간 중 4분의 1이 지나면 나오기 시작하는데, 좌뇌에 있는 신경세포의 결합을 감소시킨다. 이를 통해 테스토스테론은 남성의 사고를 좀 더 단순하고 낙관적으로 만들어 질서나 체계를 통해 세상을 단순화하려고 시도한다. 여아(女兒)의 경우 에스트로겐이 우뇌에서 더 강하게 활성화된다. 여성이 남성보다 복합적인 사고를 하며, 여러 가지 일을 동시에 고려할 수 있는 능력도 에스트로겐의 작용 때문이다.

테스토스테론이 좌뇌를, 에스트로겐이 우뇌를 활성화시키기 때문에 남녀의 사고구조는 판이하다. 남성들은 스텝씽커(step-thinker)로서 언제나 차례대로 한 가지씩 생각하는 반면 여성들은 웹씽커(web-thinker)다. 호이젤 박사는 남성과 여성의 동기구조가 다르다는 것을 림빅맵(limbic map)

을 통해 보여주고 있다. 테스토스테론은 경쟁에서 이기고자 하는 절대동기 '경쟁 승리'에 큰 영향을 주기 때문에 남성은 지배, 규율, 통제 영역이 중심이 된다. 테스토스테론에 의해 남성들은 성취, 지배, 공격성이 강해진다. 이는 전체 교도소 수감자의 95%가 남성이고 전체 노벨상 수상자의 95%가 남성인 것으로 설명 가능하다. 더불어 역사상 일어난 거의 모든 전쟁도 남성에 의해서 시작되었다고 한다.

> > >

소비 행동도 완전히 다르다

소비 행동에서도 남성과 여성은 전혀 다른 유형을 보여준다. 여성들은 건강제품이나 소설, 예술품 등 절대동기 '새로움 추구', '위험 회피'를 깨우는 상품에 민감하게 반응하며, 남성들은 스포츠, 스포츠카, 컴퓨터와 같이 절대동기 '경쟁 승리'를 자극하는 제품에 더 많은 관심을 가진다.

남성과 여성은 상품을 구입하기에 앞서서 정보를 수집하는 태도에서도 큰 차이를 보인다. 있는 그대로의 사실을 선호하는 남성들은 테스트 보고서, 잡지, 체계적인 인터넷 검색을 통해서 정보를 수집한다. 반면 여성들은 흔히 다른 여성들에게 특정한 상품이나 회사에 대한 개인적인 체험을 묻는다. 따라서 여성들은 입소문에 큰 영향을 받는다. 디자인 측면에서 보면 남성은 사각형 모양의 직선적이고 실용적인 형태를 선호하는 반면, 여성은 부드럽고 따뜻한 형태를 좋아한다.

남성과 여성의 차이는 절대동기 코딩 유형과 함께 우리 행동을 구분하는 중요한 역할을 하며, 무질서해 보이는 인간 행동도 열네 가지 행동유형 세그먼트 단위로 구분 가능하며 그렇기에 예측 또한 가능하다.

CHAPTER 08

'진짜 나'에게
팔아라

미국 듀크대 교수 댄 애리얼리는 TED 강연에서 이렇게 묻는다.

"우리는 결정을 내릴 때 우리 마음대로 하고 있는 걸까요?"

2012년 미스코리아 출신의 한 배우가 절도 혐의로 입건되는 사건이 화제가 되었다. 그녀는 미국 명문대학인 보스턴 대학교에서 경영학 학사를 취득한 재원이며, 2003년부터는 요가사업에 뛰어들어 한때 세 곳의 직영점과 열일곱 곳의 프랜차이즈를 둔 성공한 CEO였다. 뿐만 아니라 사업가와 결혼해서 예쁜 딸까지 둔 워킹맘이다. 다행히 이 사건은 우연히 서로 지갑이 바뀌었던 것이었고, 나중에 갚을 생각으로 사용했다는 것이 인정되어 기소유예 처분으로 종료되었다. 그녀가 처음 조사에서 대답한 말은 이것이었다.

"내가 왜 그랬는지 나도 모르겠다."

> > >
나를 움직이는 '진짜 나'

우리 안에는 나를 움직이는 '진짜 나'가 있다. 그것은 나도 모르게 나를 움직이는 '감정의 뇌'이다. 이 감정의 뇌는 빠른 판단을 내리지만 많은 오류와 비합리적 행동을 부른다. 합리적 소비자라는 가설로 설명되지 않던 소비자 행동도 바로 이 감정의 뇌 때문이다.

《히든 브레인(Hidden Brain)》의 저자 샹커 베단텀(Shankar Vedantam)은 쉽게 발음되는 이름을 가진 기업들이 발음하기 어려운 이름의 기업들보다 상장 첫날 주가가 11.2% 높으며, 6개월 후에는 27%, 1년 후에는 그 차이가 33%를 넘었다고 말한다. 특별한 이유가 없는데 말이다. 이러한 차이를 만드는 것이 '감정의 뇌'이다.

매년 5만 5000개의 신상품이 나오는 대한민국 시장에서는 수없이 많은 성공과 실패가 엇갈리고 있다. 파스퇴르 우유는 기존의 저온살균 프리미엄 우유에서 브랜드를 확장하다 실패했고, '먹물 새우깡'은 많은 광고와 캠페인에도 불구하고 검은 색깔이 주는 부정적 인식을 극복하지 못했다. '신

지금 이 순간에도 수많은 신상품들이 소비자의 외면으로 시장에서 사라지고 있다
(왼쪽부터 파스퇴르 '오늘의 우유 커피', 농심 '오징어먹물 새우깡', '신라면 블랙').

라면 블랙'은 라면이라는 카테고리의 변경 없이 소비자가 지불하기에는 너무 높은 가격을 제시해서 선택받지 못했다. 이뿐인가. 비락 식혜, 815 콜라, 미소주, 따봉, 노키아 휴대전화, 참매실, 매운콩 라면, 챔 등 수없이 많은 제품이 시장에서 조용히 사라져갔다.

  몇 가지 사례들만 언급했지만, 시장에서는 신상품 열 개 중 세 개만 성공해도 다행이라고 할 정도로 성공으로 가는 길은 어렵다. 왜 어떤 상품은 성공하고 어떤 상품은 실패하는 것일까? 그것에 대한 대답이 '감정의 뇌'에 있다. 인간을 '이성적 동물'로 정의했던 아리스토텔레스 이후, 인간 스스로 매우 이성적이고 합리적인 존재라고 생각했던 관점은 이제 버려지고 있다. 지금부터는 우리를 움직이는 '진짜 나'에게 마케팅을 해야 한다.

05
3에지 임팩트, '진짜 나'를 깨워라

1. '진짜 나'는 어떤 상품을 선택하는가
2. 감정의 뇌를 깨우는 3가지 에지
3. 소비자에게 우월감을 주는 파워에지
4. 새롭다는 즐거움을 주는 뉴에지
5. 상품이 가진 위험, 리스크에지
6. 3에지 임팩트가 시장을 지배한다
7. 감정의 뇌에 정답이 있다

CHAPTER 01

'진짜 나'는
어떤 상품을 선택하는가

나를 움직이는 '진짜 나'는 어떤 상품을 선택할까? 최악의 마케팅 실패 사례로 꼽히는 코카콜라의 '뉴코크'는 '진짜 나'가 어떤 상품을 선택하는지를 알려주는 계기가 되었다. 1980년대 초 '펩시 챌린지(눈을 가리고 코카콜라와 맛 대결을 하는 TV 광고)'의 선풍적 인기에 안절부절못한 코카콜라는 1984년 시장점유율 만회를 위해 야심적인 '뉴코크' 출시 프로젝트를 시행한다. 이는 당시 돈으로 무려 400만 달러를 들인

가장 위대한 마케팅 실패작 '뉴코크'

PART 5. 3에지 임팩트, '진짜 나'를 깨워라 197

대규모 신제품 프로젝트였다. 약 19만 명에 달하는 소비자를 대상으로 '맛 테스트'를 통해 뉴코크가 기존 콜라들보다 맛이 더 좋다는 것을 검증한 후 자신 있게 시장에 출시했다. 하지만 결과는 참담했다. 다시 옛날 코카콜라를 내놓으라는 소비자들의 원성에 뉴코크는 출시 3개월 만에 시장에서 사라졌다.

맛이 더 좋고, 19만 명의 조사를 통해 완벽하다고 여겼던 뉴코크의 실패를 기존 마케팅 법칙으로는 설명하기가 어려웠다. 하지만 뇌과학은 새로운 해석을 내놓았다. 2004년 에쉬는 기능성자기공명영상장치 실험을 통해 소비자가 왜 펩시콜라보다 코카콜라를 더 좋아하는지 뇌과학으로 증명했던 것이다. 에쉬는 소비자에게 코카콜라 브랜드를 보여주고 마시게 하면, 뇌 속 쾌감 중추인 측좌핵이 더 많이 활성화된다는 것을 밝힌 것이다. 이는 펩시콜라가 맛이 더 좋다고 생각했더라도 실제 뇌는 코카콜라를 마실 때 더 즐거워한다는 것이다. '진짜 나'는 뇌를 더 즐겁게 하는 코카콜라를 더 좋아했던 것이다.

〉 〉 〉

'진짜 나'는 뇌가 즐거운 상품을 선택한다

'진짜 나'는 뇌를 더 즐겁게 하는 상품을 선택한다는 것은 여러 실험을 통해 증명되었다. 한 실험에서는 실험대상자들에게 돈을 주고 고급초콜릿, 해리포터 신작 등과 같이 다양한 제품을 구매할 기회를 주고 나서 그들의 뇌를 모니터링했다. 그 결과 피실험자들이 원하는 물건을 보면 측중격핵(accumbens nucleus)이 활성화되는 것이 기능성자기공명영상장치로 측정되었다. 측중격핵은 도파민과 같이 쾌락을 주는 부위로, 소비자는 본인이 원하는 상품을 볼 때 쾌락중추가 자극을 받아 행복해진다는 것이다.

이러한 경험은 굳이 기능성자기공명영상장치 실험을 거치지 않더라도 일상생활에서 경험할 수 있다. 여성들이 고급 명품 가방을 구매할 때 느끼는 행복감이나, 남성들이 포르쉐와 같은 멋진 스포츠카를 볼 때 느끼는 끌림 등이 이런 것들이다. 특히, 할리 데이비슨이나 아이폰과 같이 마니아층이 형성된 상품들은 소비자의 뇌를 극도로 흥분시킨다.

'진짜 나'가 뇌를 더 즐겁게 해주는 상품을 선택한다는 것은 뇌활성화 수준에 따라 상품가치가 달라지는 것을 통해서도 알 수 있다. 연필과 아이펜슬이 좋은 예인데, 두 상품의 성분은 유사하다. 하지만 일상용품인 연필은 특별한 자극을 주지 않는 반면에 여성들에게 아름다움을 선사하는 아이펜슬은 그렇지 않았다. 이러한 뇌 자극 수준의 차이로 인해 유사한 성분이지만 연필과 아이펜슬의 가격은 무려 열 배나 차이가 난다.

생수도 비슷한 사례다. 브랜드에 따라 100배의 가격 차이가 나는 이유도 생수 브랜드에 따라 뇌활성화 수준이 달라지기 때문이다. 뇌를 자극하는 수준에 따라 상품과 서비스는 크게 네 가지로 구분할 수 있는데, 뇌를

뇌활성화 수준에 따른 상품 가치

가장 활성화시키지 않는 로(low) 상품에 대해서 소비자는 많은 돈을 지불하지 않는다. 이러한 상품들은 언제든지 대체 가능한 상품들로 연필, 세제, 화장지 등이 해당한다. 이런 상품은 뇌를 희미하게 활성화시키는 수준에 머물기 때문에 가치 또한 미미하다. 그러므로 이런 상품은 비싸지 않으며, 다른 브랜드로 쉽게 대체될 수 있다.

그다음으로 뇌를 활성화시키는 미들(middle) 상품은 뇌를 어느 수준 활성화시키는 점에서 로 상품과 구분된다. 여기에는 과자, 식품, 각종 서적, 가전제품 등이 해당하며 소비자들에게 이들 상품은 일정 부분 중요한 의미가 있기 때문에 기꺼이 구매를 위해 돈을 지불한다. 한두 가지 동기 및 감정을 자극하는 미들상품에 비해 하이(high) 상품은 감정의 뇌 전체를 자극하는 특징을 가진다. 하이 상품은 뇌가 활성화되는 수준이 매우 높으며 스마트폰, 와인, 골프채 등이 여기에 해당한다. 마지막으로 뇌를 극도로 활성화시키는 상품인 익사이팅(exciting) 상품이 있는데, 앞에서 언급했던 마력을 뿜어내는 상품들이 여기에 해당한다. 스포츠카, 명품 가방, 브랜드 화장품, 디자이너 의류, 명품 시계 등이 대표적이며 소비자들은 매우 높은 가격을 지불하고도 기꺼이 구매한다. 익사이팅 상품이 '진짜 나'를 가장 즐겁게 해주기 때문이다.

>Episode 14

커피는 혀가 아니라
뇌가 마신다

편의점이나 슈퍼에 가면 한 코너 가득 다양한 커피 음료가 자리를 잡고 있고, 전국 어디를 가나 한 집 건너 커피전문점이 있을 정도로 커피는 이제 친숙한 이름이 되었다. 2011년 한국이 수입한 커피의 양이 12만 3000톤에 이른다고 하며, 이는 성인 한 명당 연간 327잔을 마시는 것으로 금액으로 치면 6억 7000만 달러에 이른다. 주위 어느 곳을 봐도 편하게 커피를 마실 수 있는 커피전문점이 있는데, 이는 공간이 주는 의미 때문이기도 하지만 본질적으로는 커피에 대한 사람들의 선호가 식지 않기 때문이다.

전 세계 다양한 지역의 소비자 니즈가 매우 다름에도 커피만 유독 전 세계 소비자들에게 사랑받는 이유는 무엇일까? 뇌과학은 커피가 '감정의 뇌' 전체를 자극하기 때문이라고 설명하고 있다. 이를 '다(多)동기성'이라고 하는데, 커피는 여러 가지 이유로 뇌 전체를 즐

커피는 뇌 전체를 행복하게 해주는 하늘의 선물이다.

겁게 해주는 대표적인 상품이다.

> > >
뇌 전체를 즐겁게 해주는 커피

우리가 커피를 마시는 데는 다양한 이유가 있다. 아침에 일어나서 마시는 모닝커피가 주는 상긋함도 있고, 식사 후에 습관적으로 먹는 커피도 있다. 또 동료들과 수다를 떨기 위해 커피를 마시기도 하고, 추운 날 테이크아웃 커피를 한 손에 들면 '뉴요커'라도 된 듯한 느낌을 받는다. 스타벅스에 가면 비싼 분위기에 특별한 사람이 된 느낌을 받기도 하고, 혼자 책을 보거나 시간을 보낼 때도 커피 한 잔을 한다. 이렇듯 우리가 커피를 마시는 이유는 다양하다.

그리고 코피스(coffee+office, 커피전문점을 사무실로 삼아 업무를 보는 사람), 카페맘(caffe+mom, 자녀를 학교에 보낸 후 카페에서 교육정보를 교환하는 엄마), 카페브러리(caffe+library, 카페를 도서관처럼 활용하는 사람) 등의 신조어가 보여주듯이 다양한 연령과 성별 계층이 각자의 욕구에 따라 다양한 방식으로 커피전문점을 활용한다. 이렇게 감정의 뇌 전체를 깨우는 기호식품으로는 술, 와인 등도 있으나 커피가 주는 '다동기성'은 어느 기호식품에서도 찾아볼 수 없는 강력한 것이다. 커피는 뇌 전체를 행복하게 해주는 하늘의 선물이다.

CHAPTER 02

감정의 뇌를 깨우는
3가지 에지

'진짜 나'인 감정의 뇌는 뇌를 가장 즐겁게 해주는 상품을 선택하며, 뇌를 즐겁게 하는 행동을 하게 만든다. 여성이라면 누구나 백화점 쇼윈도에 위용을 뽐내며 걸려 있는 명품 가방에서 발걸음을 떼기 어렵다. 또 길가에 서 있는 멋진 스포츠카를 보면 남성들은 한 번쯤 걸음을 멈추어 둘러보며, 람보르기니와 같은 멋진 스포츠카는 남성들의 심장을 멈추게 한다. 그렇다면 과연 상품의 어떤 속성이 '감정의 뇌'를 이렇게 즐겁게 하는 것일까?

> > >

감정의 뇌를 깨우는 상품 속성

그 비밀 또한 '감정의 뇌'에 있다. 감정의 뇌에는 우리 행동을 결정하는 1000여 개의 동기가 있지만, 이를 지배하는 것은 세 가지 절대동기 '경쟁

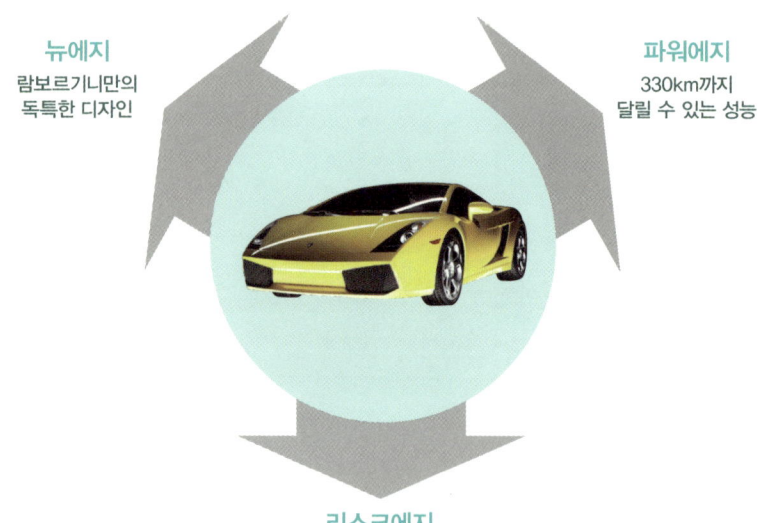

감정의 뇌를 깨우는 3에지

승리', '새로움 추구', '위험 회피'라고 앞서 언급한 바 있다. 따라서 세 가지 절대동기가 상품으로부터 자극을 받을 때 뇌는 특별히 활성화된다.

람보르기니와 같은 스포츠카는 절대동기 '경쟁 승리'를 강하게 자극한다. 이는 우리가 람보르기니를 타면 다른 사람보다 더 뛰어나다는 것을 보여주기 때문이다. 패션 상품과 오락 상품은 절대동기 '새로움 추구'를 자극하는데, 뇌는 새로운 것을 보고 경험할 때 자극을 받는다. 그리고 보험과 같은 금융상품들은 대표적으로 절대동기 '위험 회피'를 자극하는 상품들로, 미래에 발생할 수 있는 위험을 최소화할 수 있게 해준다.

이렇게 모든 상품에는 절대동기 '경쟁 승리', '새로움 추구', '위험 회피'를 깨우는 속성들이 있는데, 이를 파워에지, 뉴에지, 리스크에지로 정의하겠다. 파워에지는 소비자로 하여금 경쟁자보다 더 지위가 우월하고, 힘이 세며, 능률이 높은 느낌을 주는 속성이다. 뉴에지는 소비자가 상품으로부터 새로움을 느끼게 해, 뇌를 더 많이 활성화시키는 속성이며, 상품으로부터 받게 되는 위험은 가장 강력한 절대동기인 '위험 회피'를 깨우는 리스크에지이다.

모든 상품은 '감정의 뇌'를 자극하는 세 가지 에지를 가지고 있다. 남성들의 로망인 람보르기니의 신형차 가야르도(Gallardo)를 예로 들어보자. 최고출력 550마력(8000rpm)이며, 최고속도는 330km/h에 달하고 국내 출시가격 2억 9000만 원에 달하는 '3대 슈퍼카'다. 시속 330km까지 달릴 수 있는 강력한 성능과 람보르기니라는 브랜드는 절대동기 '경쟁 승리'를 극도로 활성화시키는 파워에지이다. 또한, 람보르기니만의 멋진 디자인은 뉴에지로서 절대동기 '새로움 추구'를 활성화시키는 역할을 한다.

하지만 약 3억 원이라는 가격은 '위험 회피'를 깨우는 리스크에지로서 우리를 마법에서 깨어나 현실로 돌아오게 한다. 파워와 뉴 에지는 리스크에지와 서로 상반되는 역할을 하는데, 파워와 뉴 에지가 플러스 방향으로 뇌를 활성화시킨다면, 리스크에지는 마이너스 방향으로 뇌를 활성화시켜 뇌의 위험 회피 동기를 만족시킨다. 모든 상품에는 감정의 뇌를 자극하는 세 가지 에지가 있으며, '진짜 나'는 이러한 세 가지 에지를 통해 뇌를 가장 즐겁게 만드는 상품을 선택한다.

CHAPTER 03

소비자에게 우월감을 주는
파워에지

경쟁에서 이기고 경쟁자를 축출하고자 하는 절대동기 '경쟁 승리'는 스포츠, 게임 등의 상황에서 많은 자극을 받지만 일상생활의 상품을 통해서도 자극을 받는다. 즉, 내가 가지고 있는 상품을 통해 경쟁자보다 더 우월해지고 싶어 한다. 멋진 스포츠카, 명품 가방, 와인, 명품 시계, 골프채, 디자이너 의류 등은 소비자들이 다른 사람보다 더 우월하고 강한 존재라고 느끼게 해주는 대표적인 상품들인데, 이때 절대동기 '경쟁 승리'를 깨우는 상품 속성이 파워에지이다.

파워에지를 발현하는 상품 속성은 인간의 도구적 진화와 관련이 있다. 인간은 다른 생명들과 달리 도구적 진화를 통해 생존에 성공했다. 즉, 새는 하늘을 날기 위해 날개를, 물고기는 물속에서 호흡하기 위해 아가미를 몸으로 내재화시키는 '내재적 진화'를 선택했다. 반면에 인간은 빨리 달리기 위해 자동차를 만들었고, 하늘을 날기 위해 비행기를,

도구적 진화를 선택한 인간

물 위를 건너기 위해 배라는 도구를 만드는 '도구적 진화'를 선택했다. 돌도끼에서 시작된 이러한 도구는 인간이 생존 경쟁에서 승리할 수 있는 가장 강력한 원동력이었다. 따라서 인간은 지위, 힘, 능률을 더 강력하게 해주는 상품의 '도구성'으로부터 절대동기 '경쟁 승리'가 자극을 받는다.

자동차, 컴퓨터, 스마트폰, TV와 같이 소비자의 물리적 힘을 강력하게 해주는 상품들은 파워에지가 특히 강하다. 또 고급 시계나 디자이너 의류, VIP 멤버십, 와인, 골프채, 요트 등 지위를 상징하는 상품 및 세탁기, 믹서, 전기드릴, 망치 등 공구 상품들도 파워에지가 높은 상품들이다.

대표적인 파워에지 상품들

〉〉〉

브랜드, 성능이 파워에지

상품 카테고리별로 파워에지를 나타내는 상품 속성은 각각 다르다. 디자이너 의류, 명품 가방과 같이 지위를 상징하는 상품들은 브랜드에서, 자동차와 컴퓨터처럼 도구적 힘을 강하게 하는 상품들은 성능에서 파워에지가 발현된다. 또 능률을 높여주는 공구인 믹서기, 세탁기, 전기드릴, 망치 등도 능률을 높여주는 성능이 파워에지다.

파워에지	주요 상품 및 서비스	상품 속성
지위	명품 가방, 고급 시계, VIP 멤버십, 디자이너 의류, 와인 등 지위를 상징하는 상품	브랜드
도구적 힘	자동차, 컴퓨터, 휴대전화 등 소비자의 도구적 힘을 강하게 하는 상품	성능
능률	세탁기, 믹서, 전기 드릴, 망치 등 각종 공구와 같이 능률을 높여주는 대부분의 상품	
기능	화장지, 비누 등 일반 생활용품	본원적 기능

파워에지를 발현하는 상품 속성

생활용품들과 같은 대부분의 일반 상품은 그 본원적 기능이 파워에지 역할을 한다. 즉, 비누는 때가 잘 벗겨져야 하며 화장지는 잘 닦여야 한다. 이러한 생활용품은 파워에지가 크게 중요하지 않다. 모든 상품은 파워에지를 가지고 있으나, 상품별로 그 에지 수준은 다르다.

CHAPTER 04
새롭다는 즐거움을 주는
뉴에지

주위를 보면 혼자서 히말라야 트래킹을 가거나, 안정적인 회사를 갑자기 때려치우고 아프리카로 떠나는 사람들이 있다. 또 IT 신제품이 나오면 가장 먼저 구매하고 사용하는 얼리어답터도 있다. 역사를 보면 멀리는 에디슨부터 가까이는 애플의 스티브 잡스까지 항상 새로움을 추구하는 사람들이 있었다. 특히 대표적인 유명인사 중 한 명은 '나는 늘 새로운 것에 도전한다'라는 모토를 가진 버진그룹의 리처드 브랜슨(Richard Branson)

절대동기 새로움 추구

회장이다. 그는 수차례 죽을 고비를 넘기면서도 비행기 무착륙 세계 일주, 열기구 태평양 횡단, 1만 1000미터 심해탐험 등 끊임없이 새로운 도전을 시도하고 있다. 또 탱크를 타고 뉴욕 한복판에서 콜라를 쏘아대며 버진콜라를 알리고, 버진모바일 광고판에 자신의 누드를 선보이는 등 기행도 일삼는다.

이렇게 특별한 사람들만이 아니더라도, 우리 또한 가끔 익숙한 상황을 벗어나 새로운 것을 원한다. 때때로 여행을 떠나고 싶어 하며, 항상 맛집을 찾아 헤매며, 가끔 일탈을 꿈꾼다. 이렇게 우리에게 끊임없이 새로운 것을 찾게 하는 것이 절대동기 '새로움 추구'이다. 인류는 진화의 역사에서 끊임없이 변화하는 환경에 적응해야만 했고, 환경에 빠르게 적응할 수 있었던 종족만이 생존에 성공할 수 있었다. 따라서 항상 새로움을 추구하는 동기가 우리에게는 코딩되어 있으며, 이는 새로움을 찾는 D4DR-7R이라는 유전자의 발견으로 증명되었다.

〉〉〉
새로운 시각적 실체에 깨어나는 '새로움 추구'

절대동기 '새로움 추구' 또한 상품으로부터 자극을 받는다. 백화점 신상품(new arrival)에 발걸음을 떼지 못하고, K9의 전면 유리 내비게이션에 짜릿함을 느끼는 것은 절대동기 '새로움 추구'가 깨어났기 때문이다.

상품에는 소비자의 절대동기 '새로움 추구'를 깨어나게 하는 두 가지 속성이 있다. 그 중 하나는 기존상품과 다른 시각적 실체를 주는 차별적 디자인이다. 우리는 대부분의 정보를 시각적 자극을 통해 받는데, 새로운 시각적 자극을 받으면 절대동기 '새로움 추구'가 강하게 활성화된다. 이는

감정의 뇌를 자극하는 시각적 실체(왼쪽: 스프라이트의 샤워 부스, 오른쪽: 에펠탑 모양의 가위)

상대적 비교를 통해 사물을 인지하는 소비자의 뇌가 새로운 실체에 대한 시각적 정보를 받으면 이를 해석하고 인지하기 위해 더 많이 활성화되기 때문이다. 따라서 이러한 시각적 자극을 주는 상품 속성인 차별적 디자인이 절대동기 '새로움 추구'를 강하게 깨우는 뉴에지 역할을 한다.

위 왼쪽 사진은 스프라이트가 해변에 설치한 샤워 부스이며, 오른쪽은 에펠탑을 모방한 가위다. 우리에게 익숙했던 샤워 부스, 가위의 이미지와 전혀 다르다. 이러한 새로운 시각적 실체를 만나면, 감정의 뇌는 매우 주목하고 이를 해석하기 위해 더 많이 활성화된다.

절대동기 '새로움 추구'를 깨우는 또 다른 뉴에지는 새로운 기능이다. 감정의 뇌는 3D TV, K9의 전면 유리 내비게이션, 아이폰 시리, 갤럭시S의 S펜과 같이 새로운 기능에 자극을 받는다. 특히 하이테크 기술에 의한 새로운 기능은 절대동기 '새로움 추구'를 자극하는 데 큰 역할을 한다. 중요한 점은 이러한 새로운 기능도 차별적인 디자인과 결합되어야만 에지 파워가 극대화되며, 차별적 디자인과 결합되지 않는 새로운 기능은 소비자들에게 전달되지 않는 경우가 많다. 이는 제한적 인지능력을 가진 소비자가 그 새로운 기능을 제대로 지각하지 못하기 때문이다.

　기술과 브랜드 차이만으로 상품 차별화가 가능했던 과거에는 파워에지가 매우 중요했다. 2012년 세기의 특허전쟁을 벌이고 있는 애플과 삼성전자의 경우도 '디자인'이 승부를 갈랐듯이, 경쟁 차별화가 점점 어려워지는 21세기에서는 차별적 디자인이 주는 뉴에지의 중요성이 더욱 커지고 있다. 차별적 디자인이 상품의 성공과 실패를 결정하는 중요한 경쟁력이 되어가고 있다.

CHAPTER 05

상품이 가진 위험,
리스크에지

절대동기 '위험 회피'는 약육강식의 먹이사슬에서 생존을 위해 위험을 회피하고 안전함을 유지하고자 했던 가장 강력한 본능이다. 이러한 위험 회피 본능은 소비자 행동에도 절대적인 영향을 미치는데, 소비자는 상품으로부터 받게 될 수 있는 위험을 무의식적으로 회피한다. 명품 가방에 사로잡혔던 여성이 발걸음을 되돌리는 것은 금전적 위험을 회피하고자 하는 절대동기 '위험 회피'가 깨어났기 때문이다.

> > >

5가지 지각된 위험

이렇듯 절대동기 '위험 회피'를 깨우는 리스크에지는 상품으로부터 받게 될 수 있는 위험이다. 소비자 행동 분야에서는 1967년 미국의 바우어(Bauer) 교수가 지각된 위험(perceived risk)이라는 개념을 제시한 이래, 위험에 관한 많은 연구가 이루어졌다. 그 결과 소비자가 느끼는 위험에는 신체를 다칠 수 있는 신체적 위험(physical risk), 상품이 제대로 작동하지 않을 성능 위험(performance risk), 자아 이미지를 손상시킬 수 있는 심리적 위험(psychological risk), 사회 이미지를 떨어뜨릴 수 있는 사회적 위험(social risk), 금전적 손실을 입힐 재무적 위험(financial risk) 등 다섯 가지가 있다고 이야기한다.

이러한 지각된 위험 중 소비자의 '감정의 뇌'를 자극하는 위험이 있는데, 금전적 손실(재무적 위험)이 절대동기 '위험 회피'를 강하게 자극한다. 또 자동차와 같은 도구적 장치들에서는 작동하지 않을 수 있는 성능 위험 또한 감정의 뇌를 자극한다. 나머지 신체적·심리적·사회적 위험은 감정의 뇌를 크게 자극하지 않는데, 이는 상품이 기본적으로 소비자의 필요에 따라 만들어지기 때문이다. 예를 들자면, 명품 가방을 통해 소비자가 다치거나(신체적 위험), 가방에 하자가 있거나(성능 위험) 하는 일은 거의 없기 때문이다. 소비자가 명품 가방을 통해서 느끼는 가장 큰 위험은 구매에 따른 막대한 금전적 지출(재무적 위험)이다. 이러한 막대한 금전적 지출에 의한 위험은 소비자의 절대동기 '위험 회피'를 강하게 자극한다.

〉 〉 〉

금전적 손실위험이 '위험 회피'를 깨우는 리스크에지

행동경제학자 댄 애리얼리는 금전적 손실을 최소화하려는 소비자의 심리를 '제로 코스트 효과(zero cost effect)'로 설명한다. '제로 코스트 효과'는 소비자가 공짜 제품을 인식하고 제품을 획득함으로써 얻는 효용이 아니라, 제품을 획득하는 것에 대한 비용에 초점을 맞춘다는 것이다. 다시 말해서 '공짜 제품'은 금전적 손실이 '제로(0)'이기 때문에 잘못된 구매 결정으로 인한 위험이 전혀 없다고 인식한다는 것이다.

댄 애리얼리는 《상식 밖의 경제학》에서 다음과 같은 예를 들고 있다. 누군가 아마존닷컴(amazon.com)의 10달러짜리 상품권을 1달러에 팔고, 20달러짜리 상품권을 8달러에 팔고 있다고 하자. 이런 상황에서 당신은 무엇을 선택하겠는가? 두 번째 상황에서는, 동일한 10달러짜리 상품권을 공짜로 주고, 20달러짜리 상품권을 7달러에 판매한다고 하자(두 상품권 모두 동일하게 1달러씩 가격을 낮췄다). 이 상황에서 당신의 선택은 무엇인가?

첫 번째 상황에서 대부분의 사람은 20달러짜리 상품권을 선택했다고 한다. 하지만 상황이 바뀌자 대부분의 사람이 10달러짜리 상품권을 선택하기로 생각을 바꿨다고 한다. 두 경우 모두 우리가 흔히 판단의 기초로 삼는 거래를 통해 얻을 수 있는 경제적 가치의 크기는 변하지 않았다. 간단한 예이지만 금전적 손실 위험이 소비 행동에 큰 영향을 미친다는 것을 알 수 있다.

〉 〉 〉

강력한 리스크에지인 가격

당연한 말이겠지만, 금전적 손실 위험을 주는 상품 속성은 가격(및 이용료)이다. 마케팅에서 가격의 중요성은 새삼스럽지 않으며 1+1, 주말 할인, 여성 할인 등 가격에 따른 위험을 최소화하는 다양한

2009년 현대자동차가 미국에서 실시한 '어슈어런스 프로그램' 광고

마케팅 활동들이 있었다. 현대자동차가 미국에서 진행했던 '어슈어런스 프로그램'은 소비자의 리스크에지를 줄여서 성공한 가장 대표적인 마케팅이다. 금융 위기가 한창인 2009년 미국에서 현대자동차는 구매 고객이 실직하면 자동차를 현대자동차가 다시 사주는 어슈어런스 프로그램을 시행했다. 이는 금융위기로 극도로 불안해하던 미국 소비자의 위험 회피 본능을 자극해 큰 성공을 거두었다.

리스크에지인 금전적 손실(가격/이용료)이 가장 중요한 상품 속성이라는 것은 새삼스럽지 않다. 그렇지만 뇌과학, 진화심리학 관점에서도 가격이 절대동기 '위험 회피'를 깨우는 가장 중요한 속성이라고 말한다는 점에서 가격에 대해 다시 생각해보는 것은 가치 있는 일이다.

CHAPTER 06

3에지 임팩트가
시장을 지배한다

앞에서 세 가지 에지가 '진짜 나'를 깨워 소비자 선택을 이끈다는 것을 이야기했다. 파워에지는 상품이 소비자에게 경쟁자보다 더 우월하며 힘이 세다는 것을 느끼게 하는 상품 속성으로 브랜드, 상품의 성능, 본원적 가치가 여기에 해당한다. 뉴에지는 소비자가 상품으로부터 새로움을 느끼게 하는 상품 속성으로 새로운 차별적 디자인과 새로운 기능이 해당한다. 그리고 리스크에지는 소비자가 상품으로부터 느끼는 위험 요인으로서 도구적 기능이 강한 상품은 제대로 작동하지 않을 성능 위험과 금전적 손실 위험인 가격(이용료)이 그것이다.

> > >

3에지 임팩트가 상품의 성공을 결정

정도의 차이가 있지만 모든 상품은 3에지를 모두 가지고 있다. 자동차의

샤넬 명품 가방의 3에지 임팩트

경우 잘 달리는 성능과 브랜드가 파워에지이며, 차별적인 디자인은 뉴에지, 자동차의 가격과 연비는 리스크에지이다. 우리가 즐겨 먹는 라면은 맛이라는 파워에지, 다양한 재료라는 뉴에지, 가격이라는 리스크에지를 가지고 있다. 스마트폰에서는 다양한 인터넷 기능이 파워에지, 디자인과 새로운 기능이 뉴에지, 가격이 리스크에지 역할을 한다. 여성들을 사로잡는 명품 가방은 브랜드가 파워에지로서 강력한 영향력을 미친다. 이는 '짝퉁' 상품과 같이 동일한 상품 브랜드만 붙여도 상품가치가 천차만별로 달라지는 것을 통해서 알 수 있다. 그리고 명품 가방만의 디자인이 뉴에지이며, 수백만 원을 호가하는 가격은 리스크에지로서 여성의 마음을 돌리게 한다.

소비자의 '감정의 뇌'를 자극하는 3에지를 상품 카테고리별로 정리하면 다음과 같다.

	파워에지	뉴에지	리스크에지
자동차	성능/브랜드	디자인	가격/연비
우유	건강에 좋은 성분	차별적 용기	가격
라면	맛	다양한 재료	가격
스마트폰	무선 인터넷 성능	새로운 기능/디자인	가격
의류	신체 보호	디자인	가격
컴퓨터	성능	디자인/새로운 장치	가격
휴대전화	음성통화 성능	디자인	가격
TV	화질/화면 크기	다양한 기능	가격
화장품	기능/브랜드	새로운 성분/용기	가격
여행상품	여행 프로그램	새로운 프로그램	가격/안전성
명품 가방	브랜드	디자인	가격
와인	브랜드(원산지)	희귀성	가격
내비게이션	길안내 성능	차별적 성능	가격/오작동
이어폰	음질	디자인	가격
보험	보험수가	차별적 보장	보험료
신용카드	결재 기능	부가 서비스	연회비
화장지	잘 닦이는 것	다양한 포장	가격
휘발유	좋은 기름	부가서비스	가격

상품 카테고리별 3에지 임팩트 예시

〉 〉 〉

시장상황과 성숙도에 따라 다른 3에지 중요도

모든 상품이 3에지를 가지고 있으나, 각 에지의 중요도는 경쟁상황과 시장성숙도에 따라 달라진다. 즉, 새롭게 시장이 형성되는 시장도입기(early adapter)에는 성능 및 브랜드 측면의 파워에지가 '진짜 나'를 깨우는 중요 역할을 한다. 하지만 기술의 대중화가 이루어지는 성장기(majority)에는

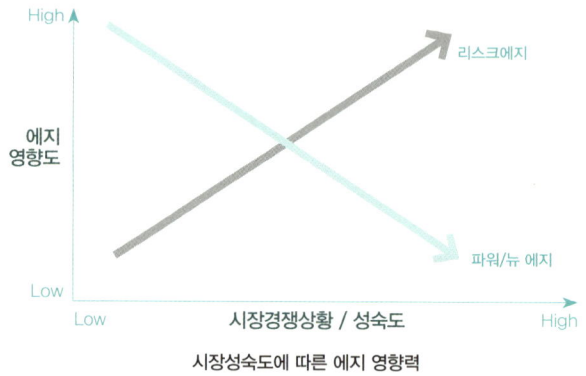

시장성숙도에 따른 에지 영향력

다수의 상품이 비슷한 성능을 가지기 때문에, 새로운 부가기능이나 차별적인 디자인인 뉴에지가 핵심 속성 역할을 한다.

한국시장에서 내비게이션이 좋은 예다. 내비게이션 시장은 초기 시장 도입기를 지나 여러 상품이 비슷한 성장시장으로 진입했으며 이러한 시장에서는 실시간 길 안내, 3D 화면, 음성 표지판 읽기 기능 등 뉴에지가 소비자 선택에 중요한 역할을 한다. 마지막으로 시장이 쇠퇴하는 성숙시장(laggard)은, 완전경쟁으로 성능과 디자인 측면에서 더 이상의 차별화가 어려운 시장이므로(예를 들면 화장지, 칫솔 등 일상용품 시장) 결국 리스크에지인 가격만이 유일한 차별화 포인트가 된다.

> > >

3에지 임팩트를 임의적으로 계산하는 감정의 뇌

중요한 것은 '진짜 나(감정의 뇌)'가 3에지 임팩트를 계산하는 방법이다. 미국의 신경생물학자 폴 W. 글림처(Paul W. Glimcher)는 실험을 통해 뇌 속에서 감정의 뇌가 계산하는 과정을 보여주었다. 글림처에 따르면 뇌 속에는 뇌가 최대한의 보상과 쾌감을 획득하도록 계산하는 지능적인 확률 계산기가 있으며, 이 계산기가 여러 상품 중에서 가장 많은 보상과 쾌감을 느끼게 하는 상품을 선택하게 한다. 그리고 이 계산기의 계산방식은 책상 위의 계산기와 같이 수학적으로 계산하는 것이 아니라 PART 1에서 언급했던 판단의 지름길과 같은 방법을 사용한다. 즉, 감정의 뇌는 주관적이고 임의적으로 3에지 임팩트를 판단한다는 것이다.

감정의 뇌가 3에지 임팩트를 계산하는 '가상적인 예'를 들면 다음과 같다(감정의 뇌가 실제로 이렇게 계산하는 것은 아니다. 아래 내용은 단지 참고만 하기 바란다).

	파워에지	뉴에지	리스크에지	3에지 임팩트
상품 A	100	150	−200	50
상품 B	70	20	−10	80

상품 A는 매우 매력적인 상품으로 브랜드와 성능이 매우 뛰어나 파워에지는 100(가정)이며, 프리미엄 디자인으로 뉴에지는 150이지만 가격이 매우 비싸 리스크에지가 −200이므로 전체적인 3에지 임팩트 수준은 50에 불과하다. 상품 B는 일반적인 상품으로 파워에지와 뉴에지는 높지 않지만, 상대적으로 가격이 저렴해 리스크에지가 낮다. 그래서 전체적인 3에지 임팩트 수준은 80으로 소비자는 상품 B를 선택한다. 중요한 점은 소비자는 모든 것을 인식하지 못하기 때문에, 매우 주관적이고 임의적으로 판단을 한다. 이렇게 임의적인 판단을 할 때 중요한 역할을 하는 것이 다음에 설명하게 될 '세 가지 지름길(브랜드·시각적 자극·사람의 말)'이다.

> Episode 15

뇌를 위한 종합선물세트,
소셜커머스

2010년 티켓몬스터가 반값 할인이라는 혁명적인 서비스를 제공한 이래 소셜커머스는 큰 인기를 끌고 있다. 소셜커머스라는 용어는 2005년 야후(Yahoo!)가 처음 제안했는데, 야후의 소셜커머스는 소비자들이 상품에 별점을 매기거나 장바구니(pick lists) 및 관련 정보를 공유할 수 있는 형태였다. 이러한 개념은 2008년 미국 시카고에서 출발한 그루폰(Groupon)에 의해 열풍이 불었는데, 2010년에는 구글이 60억 달러를 제시했지만 그루폰이 이를 거절하면서 또 한 번 화제가 되기도 했다.

최근 소셜커머스 원조인 그루폰은 물론, 한국에서 선풍적인 인기를 끌었던 티켓몬스터, 쿠팡, 위메이크프라이스, 그루폰코리아도 수익성, '짝퉁' 논란, 사기 논란 등으로 고전하고 있는 것은 사실이다. 하지만 매일 자정이 가까워지면 소셜커머스 사이트로 달려가는 소비자들이 있다. 자정은 새로운 딜(deal)을 선보이는 시간이기 때문이다. 정상가의 절반밖에 되지 않는 파

반값 할인 소셜커머스

격적인 가격에 수량은 한정되어 있다 보니, 얼마 지나지 않아 인기상품은 매진되고 한발 늦은 소비자들은 다음 날 올라올 매력적인 딜을 기약할 수밖에 없다. 이렇게 일진광풍(一陣狂風)과도 같은 구매 경쟁이 소셜커머스 사이트에서 매일 반복된다.

매일 밤마다 많은 소비자가 소셜커머스 사이트로 달려가는 이유는 소셜커머스가 뇌를 즐겁게 해주는 종합선물세트이기 때문이다. 즉, 소셜커머스는 '감정의 뇌'에 있는 다양한 동기들을 동시에 깨운다. 무엇보다도 가장 큰 즐거움은 '반값'으로 절대동기 '위험 회피'를 강하게 깨어나게 하는데, 세상에서 '반값'만큼 감정의 뇌를 즐겁게 해주는 것은 없다. 또, 짧은 시간 안에 원하는 상품을 경쟁을 통해 소위 '득템'하는 것 또한 큰 즐거움을 주는데, 이는 감정의 뇌에 있는 사냥 동기를 자극하는 것이다.

그리고 매일 다양한 분야에서 새롭게 올라오는 딜은 절대동기 '새로움 추구'를 깨운다. 마지막으로, 카드로 선결제하고 이후 쿠폰을 사용하는 시스템은 프레이밍 효과를 제공한다. 즉, 같은 돈이라도 현금보다 카드로 지급하면 돈을 적게 내는 느낌이 드는 것과 같이, 돈이 아닌 쿠폰으로 지불하게 하는 것은 소비자가 돈을 낸다는 느낌이 들지 않게 한다. 단순히 가격만 저렴한 것이 아니라 뇌에 다양한 즐거움을 주는 종합선물세트와 같은 소셜커머스는 현재의 부진에도 불구하고 지속적으로 고객의 사랑을 받는 서비스가 될 가능성이 높다.

CHAPTER 07

감정의 뇌에
정답이 있다

모든 상품이 3에지를 가지고 있지만, 3에지의 중요도는 상품 카테고리별로 다르다. 자동차는 파워에지가 중요하며, 금융 상품은 리스크에지가 중요하다. 이렇게 3에지 중요도가 다른 이유는 상품 카테고리별로 본원적 기능, 시장성숙도 등이 다르기 때문이다. 그래서 3에지 중요도를 감정의 뇌 포지셔닝으로 설명할 수 있는데, 이 포지셔닝에 따라 상품 카테고리별 3에지 중요도가 달라진다. 다음 페이지의 표는 한스 게오르크 호이젤 박사의 림빅맵을 기초로 작성한 주요 상품 카테고리별 '개념적 3에지 포지셔닝 맵(conceptual positioning map)'이다.

> > >

감정의 뇌에 포지셔닝하라

3에지 포지셔닝 맵에서 보여주듯이 상품별로 소비자의 감정의 뇌를 깨우

상품 카테고리별 3에지 포지셔닝

는 에지는 다르다. 자동차, 와인, 전동 드릴, 화장품 등과 같은 상품 카테고리는 대표적으로 파워에지가 중요한 상품이며 패션, 오락, 여행 상품 등은 뉴에지가 중요한 상품이다. 칫솔, 화장지 등 생활용품은 리스크에지가 중요한 상품 카테고리다. 이렇듯 상품에 따라 감정의 뇌를 깨우는 3에지 포지션이 다르기에 기업은 자사 상품을 3에지 포지션에 정확하게 포지셔닝시키는 마케팅을 해야 한다.

코카콜라의 사례와 같이 많은 기업이 이성적인 판단을 중시하는 포지셔닝 전략을 수립하는데, 이러한 포지셔닝 분석으로는 차별화 방향성을 찾기 어렵다. 예를 들어 한국 자동차 시장에 대한 일반적인 포지셔닝을 보면, 온로드(on road)의 고급 승용차만 하더라도 체어맨, 에쿠스, 제네시스, 베리타스, 오피러스가 한 세그먼트에 있다. 이러한 포지셔닝 구분으로는 자동차별로 차별화된 메시지(방향성)를 얻기 어렵지만, 감정의 뇌 관점에서 포지셔닝하면 명확한 방향성이 나온다.

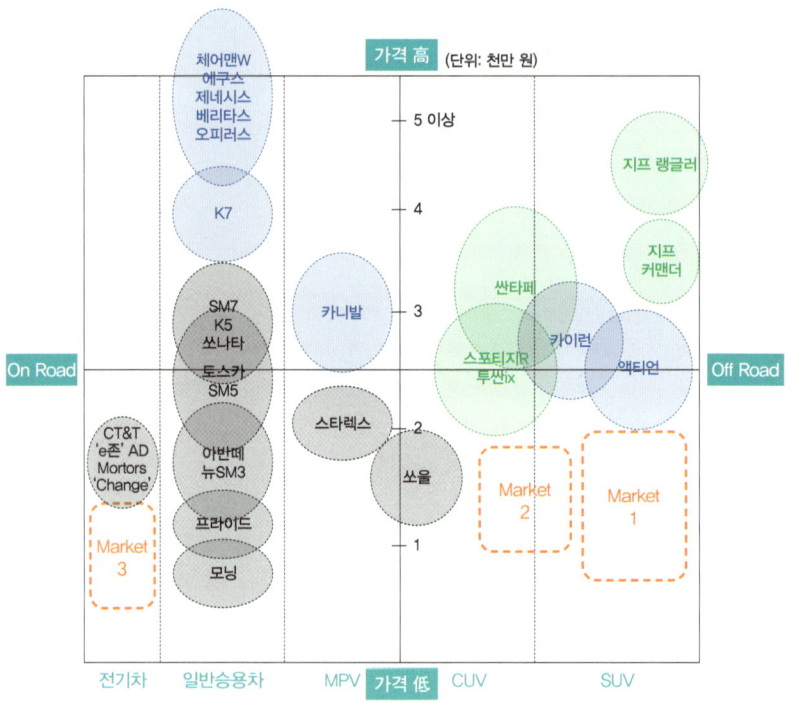

한국 자동차 시장의 포지셔닝 예(참고: http://brandesign.tistory.com/44)

〉 〉 〉

한국 자동차 시장의 감정의 뇌 포지셔닝

3에지 포지셔닝 맵 관점에서 2013년 한국 자동차 시장에 대한 포지셔닝 현황을 보면 다음과 같다. 자동차는 전동 드릴과 같이 전형적으로 파워 에지가 중요한 상품 카테고리다. 2012년 한국 시장에는 현대, 기아 자동차를 포함한 국산 자동차 브랜드와 BMW, 도요타 등 외국 자동차 브랜드가 치열하게 경쟁하고 있다.

파워에지에 가장 강하게 포지셔닝하고 있는 것은 BMW, 아우디 등 유럽계 자동차이다. 일본 자동차는 파워에지 측면에서 유럽 자동차보다 낮

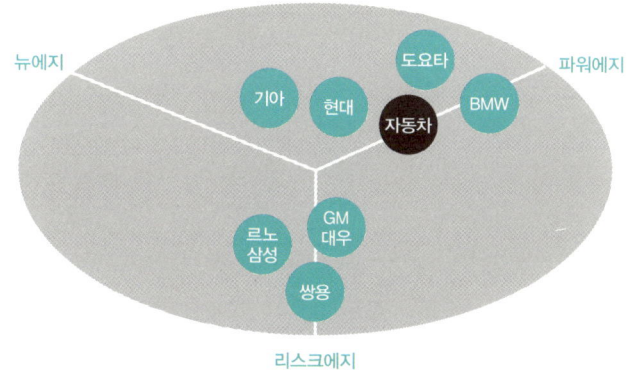

한국 자동차 브랜드의 3에지 포지셔닝 맵

게 인식되고 있으며, 국산 자동차로는 현대 자동차 정도만 파워에지에서 일정 수준 경쟁우위를 확보하고 있다.

기아자동차는 디자인이라는 뉴에지로 일부 차별적 포지셔닝을 확보하고 있지만 GM대우, 르노삼성, 쌍용자동차는 파워에지에서 충분한 포지셔닝을 확보하고 있지 못하다. GM대우, 르노삼성, 쌍용자동차가 시장성과(매출과 이익)를 창출하기 위해서는 고객의 감정의 뇌에 '잘 달리는 자동차'라는 인식을 심어주어야 하며, 파워에지를 강화하는 방향으로 신차 개발과 마케팅에 집중해야 한다.

〉〉〉

한국 스마트폰 시장의 감정의 뇌 포지셔닝

다른 예로 한국 스마트폰 시장에 관해 이야기해보자. 스마트폰 또한 IT 기술 발전에 따른 파워에지가 중요한 상품 카테고리에 속한다. 자동차 카테고리와 다른 점은 자동차보다 차별적 디자인과 신기능(뉴에지)이 중요한

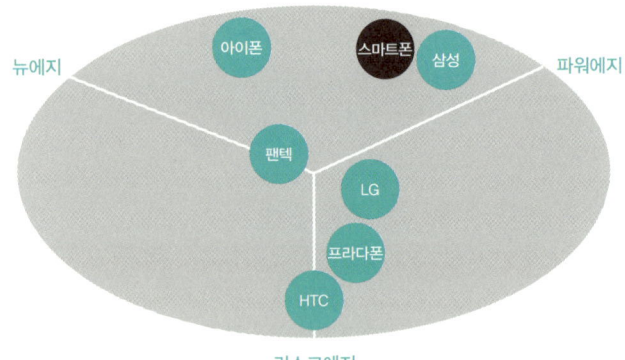

한국 스마트폰 브랜드의 3에지 포지셔닝 맵

상품 포지셔닝을 가진다는 것이다.

  특허전쟁을 펼치고 있는 한국 시장에서 애플의 아이폰과 삼성의 갤럭시S는 분명히 서로 다른 3에지 포지셔닝을 하고 있다. 아이폰은 디자인과 시리 같은 새로운 기능으로 강한 뉴에지와 파워에지를 가지는 포지셔닝을 하며, 갤럭시S는 상대적으로 하드웨어적 성능에서 파워에지가 강한 포지셔닝을 하고 있다. LG와 팬텍은 상대적으로 성능이라는 파워에지와 신기능·디자인이라는 뉴에지가 모두 미약하다. 그래서 보조금과 판촉을 통해 리스크에지를 최소화하는 방향으로 포지셔닝하고 있다.

  2013년 스마트폰 시장 점유율에서 알 수 있듯이 애플, 삼성이 시장을 주도하고 있으며, 파워 및 뉴 에지 모두 가지지 못하는 LG, 팬텍, HTC 등은 시장성과가 매우 미약하다. 따라서 LG, 팬텍 등이 시장주도적 기업이 되기 위해서는 강력한 파워 및 뉴 에지를 가진 신상품을 출시해야 한다. 그러기 위해서는 고성능, 신기능, 새로운 외양 등과 같은 파워에지와 뉴에지의 향상에 모든 역량을 쏟아야 한다.

> > >

감정의 뇌 포지셔닝이 전략적 차별화 방향

실패하는 다수의 상품을 보면 거의 3에지 포지셔닝을 잘못하고 있다. 2012년 LG에서 출시한 스마트폰 프라다 3.0이 대표적인 사례인데, 제품 성능(파워)과 디자인(뉴) 측면에서 에지를 확보하지 못한 상황에서 프라다 브랜드로 파워에지를 강조하려고 했지만, 10만 원 이하 가격이 강조되면서 리스크에지 중심으로 포지셔닝되었다. 결과적으로 파워에지와 뉴에지가 없는 저가의 평범한 스마트폰으로 포지셔닝되는 결과를 낳았고 시장에서 실패하고 말았다.

감정의 뇌 포지셔닝이 상품별로 다르다는 것은 거꾸로 상품마다 차별화 전략이 있다는 것을 의미한다. 모든 기업은 내부자원(인력·기술·자금)에 차이가 있을 수밖에 없다. 모든 자동차 회사는 파워에지(성능)가 가장 중요하다는 것을 안다. 하지만 이를 위해서는 최첨단 기술, 숙련된 인력, 안정된 생산 시스템, 대규모 R&D 등이 필요한데, 3~4위 업체나 신규 진입 업체가 이러한 역량을 확보하는 것은 매우 어렵다. 따라서 자사의 내부역량이 파워에지를 구축하기에 충분하지 않다면 차별적 디자인 같은 뉴에지로서 소비자의 감정의 뇌를 깨워야 한다. 또 이러한 뉴에지도 어렵다면 가격할인, 할부지원 등 리스크에지를 최소화하는 전략으로 단기성과를 노려야 한다.

자동차의 경우 현대, 기아 자동차가 강력한 파워에지 포지셔닝을 확보하고 있으며 르노삼성, 쌍용자동차, GM대우는 리스크에지 포지셔닝을 가진다. 라면 시장의 경우에 신라면이 맛이라는 확고한 파워에지 포지셔닝을 가진다면, 기타 브랜드는 새로운 성분, 색상, 가격을 강조한 뉴 및 리스크 에지 포지셔닝을 가진다. 여성 화장품은 시슬리, SK II 등이 기능과 브랜드에서 강력한 파워에지 포지셔닝을 가진다면, 미샤 등은 리스크 에지 포지셔닝을 지닌다.

　이렇듯 거의 모든 상품 카테고리에서 1위 업체는 성능과 브랜드에서 확고한 포지셔닝을 확보하고 있으며, 이를 확보하지 못한 업체는 뉴에지나 리스크에지를 확보하는 포지셔닝을 가진다. 기업은 자사 상품이 소비자의 감정의 뇌 어디쯤 위치하는지를 정확히 이해해야 하고 이에 맞게 포지셔닝을 해야 한다.

06 감정의 뇌를 유혹하는 10가지 전략

1. 대전략: '진짜 나'로 가는 지름길을 공략하라
2. 전략1: 브랜드, 0.05초 안에 승부를 내라
3. 전략2: 시각적 실체, 눈이 즐거워야 뇌가 웃는다
4. 전략3: 소비자의 말, 이분이 바로 마케팅의 신
5. 전략4: TV 광고가 해야 할 단 한 가지, 감정 깨우기
6. 전략5: 가격에 감정가치를 불어넣어라
7. 전략6: 여성은 디테일에 미친다
8. 전략7: 감정접점을 절대 놓치지 마라
9. 전략8: 감정의 뇌 시장세분화를 하라
10. 전략9: 탁상기획은 절대 모르는 RDE의 세계
11. 전략10: 테스토스테론을 컨트롤하라

CHAPTER 01

대전략: '진짜 나'로 가는
지름길을 공략하라

'진짜 나'는 뇌를 가장 많이 활성화시키는 상품을 구매하며 이를 활성화시키는 것은 상품의 3에지라고 말했다. 그렇다면 감정의 뇌는 3에지를 어떻게 느끼는 것일까?

 소비자의 감정의 뇌가 3에지를 느끼는 방법에 대해 라면을 예로 생각해 보자. 라면과 같은 음식의 파워에지는 '맛'이다. 즉, 갓 구운 빵 냄새를 맡으면 먹고 싶다는 생각이 드는 것과 같이, '맛있다'는 것에 감정의 뇌는 즉각적인 반응을 한다. 여러분은 시중에 판매되는 많은 라면 중에서 어떤 라면이 가장 맛있다고 생각하는가? 일반적으로 많은 소비자는 농심 신라면이 가장 맛있다고 대답한다. 그런데 사실 대부분의 소비자는 이 많은 라면을 다 먹어 보지 않았다. PART 1에서 언급했듯이 소비자는 맛을 제대로 구분하지 못하기 때문에, 브랜드를 알려주지 않으면 어떤 라면인지도 정확하게 구분하지 못한다. 그런데 소비자는 신라면이 가장 맛있다고

어느 라면이 가장 맛있을까?

한다. 그러면 우리는 어떻게 이런 판단을 하게 된 것일까?

> > >

감정의 뇌로 가는 첫 번째 지름길, 브랜드

소비자가 먹어 보지도 않고, 맛을 구별하지도 못하는 이러한 불완전한 정보 상황에서 상품을 평가하는 데 중요한 역할을 하는 것은 '브랜드'이다. 브랜드는 감정의 뇌로 가는 고속도로와 같다. 이는 사람의 뇌가 불필요한 에너지를 낭비하지 않도록 한 진화의 결과다. 소비자의 뇌 속에 각인된 브랜드는 뇌가 이를 인지하고 판단해야 하는 과정을 필요 없게 한다. 즉, 뇌를 사용하지 않아도 되기 때문에 최소한의 에너지로 자동적인 선택을 할 수 있다. 반대로 생소한 브랜드는 뇌가 그것을 인지하고 비교 분석해야 하며, 판단을 위한 복잡한 사고과정을 거쳐야 하기에 많은 에너지가 소모된다. 따라서 뇌는 에너지를 많이 사용해야 하는 생소한 브랜드보다 친근한 브랜드를 선호한다.

　소비자가 친근한 브랜드를 선호한다는 것을 보여주는 좋은 예는 한국 시장에서의 에비앙 생수일 것이다. 에비앙은 전 세계 생수 시장을 장악하고 있는 세계적인 브랜드이지만, 한국 소비자에게만큼은 특별한 인식이 없다. 이는 에비앙이 알프스 산맥의 에비앙이라는 마을에 '병을 고치는 신기한 우물'이 있다는 이야기가 한국 소비자들에게는 전혀 알려지지 않았기 때문이다.

　한국 소비자들에게는 제주도 푸른 바다에 대한 선망과 제주도 물이 깨끗하다는 인식이 각인되어 제주 삼다수에 대한 선호가 높다. 즉, 한국 소비자의 감정의 뇌에는 제주 삼다수 브랜드가 에비앙 브랜드보다 깨끗한 물이라는 인식을 더 빨리 심어준다. 신라면 브랜드도 마찬가지다. 신라면은 지난 20년간 한국 라면시장에서 부동의 1위를 지킨 라면의 대명사로, 거의 모든 소비자는 신라면이라는 브랜드를 보았을 때 가장 적은 에너지를 사용한다.

병을 고치는
신기한 물, 에비앙

〉〉〉

두 번째 지름길, 시각적 실체

'몸이 천 냥이면 눈이 구백 냥'이라는 말이 있듯이, 우리가 사물을 지각하는 활동 대부분은 눈을 통해서 이뤄진다. 따라서 우리가 먹어보지도 않은 라면의 3에지를 느낄 수 있는 것은 상품의 시각적 실체를 통해서다. 즉, 보이는 것을 통해 감정의 뇌가 자극을 받는데 신라면의 빨간색 봉투와 빨간색 국물을 통해 받는 3에지 임팩트 수준과 꼬꼬면의 하얀색 국물이 주는 임팩트 수준은 다르다. 일반적으로 맛있다고 생각되는 음식 대부분은 빨간색이어서 빨간색 음식을 보면 맛있다는 판단이 감정의 뇌에서 저절로 일어난다. 이는 인류의 주식이었던 고기, 과일 등이 거의 빨간색이었던 것에서 기인하는데, 특히 한국인은 매운맛을 내는 고추의 영향으로 맛있는 음식은 빨간색이라는 인식을 강하게 갖게 되었다. 따라서 신라면의 빨간색 봉투와 빨간색 국물을 보면, 소비자는 하얀색 국물 라면보다 더 맛있다는 판단을 미리 내리는 것이다.

>>>

세 번째 지름길, 사람의 말

감정의 뇌가 상품의 3에지를 느끼는 세 번째 지름길은 '사람의 말'이다. 어떤 라면이 가장 맛있느냐는 질문에 많은 사람이 신라면이라고 한 것은 소비자 개인의 경험과 브랜드, 광고의 영향도 있지만 다른 사람의 말이 더 큰 영향을 주었다. 특히 신뢰하는 사람의 말은 판단에 절대적인 영향을 미친다. 말은 감정과 정보의 전달을 위해 인간이 만든 최고의 발명품으로, 본능적으로 우리는 다른 사람의 말을 믿도록 코딩되어 있다. 따라서 말에 의해 전달되는 상품의 3에지 임팩트는 우리가 상품을 평가하는 데 중요한 역할을 한다.

이렇듯 브랜드, 시각적 실체, 사람의 말은 감정의 뇌에 상품의 에지를 전달하는 절대적인 역할을 하는 '세 가지 지름길'이다.

CHAPTER 02

전략1: 브랜드,
0.05초 안에 승부를 내라

 브랜드는 감정의 뇌가 3에지 임팩트를 느끼는 데 가장 중요한 역할을 한다. 브랜드가 감정의 뇌로 가는 고속도로라고 표현했듯이, 브랜드가 중요한 이유는 뇌가 브랜드를 인식하는 속도 때문이다.

 앞서 '단 0.05초 만에 일어나는 판단'에서 설명했듯이, 생존을 위해 빠른 판단이 필요했던 감정의 뇌는 상품을 판단할 때도 순간적으로 내린다. 이때 중요한 것은 감정의 뇌는 상품을 보면 상품의 3에지로부터 순간적인 자극을 받는데, 이때 감정의 뇌를 먼저 활성화시키는 브랜드가 절대적으로 유리하다. 즉, 감정의 뇌가 특정 브랜드로부터 활성화되면, 다른 브랜드는 그 활성화 수준 이상의 3에지 임팩트를 가져야 감정의 뇌를 되찾을 수 있다는 뜻이다. 따라서 감정의 뇌를 선점하는 브랜드가 유리한데, 이때 중요한 것이 속도다.

뉴로마케팅으로 네이밍한 K7

\>\>\>

감정의 뇌를 활성화하는 브랜드의 조건

2008년 여름 기아자동차는 2005년부터 개발해 온 야심작 VG(프로젝트 이름)의 차 브랜드 선택 때문에 큰 고민이었다. VG는 절제된 세련미가 돋보이는 날렵한 차체라인으로 품격, 고급스러움은 유지하면서 역동적인 강인함, 균형감이 돋보이는 디자인을 자랑하고 있었다. 출시 전 기아자동차는 브랜드 네이밍에 있어서 고유한 VG만의 스포티하고 고급스러운 이미지를 강조하고자 했다.

알파벳 이니셜과 숫자를 조합해 여러 모델의 이름을 통일하려고 했지만, 어떤 조합이 가장 좋은 반응을 이끌어낼 수 있는가가 기아자동차의 핵심 고민이었다. 기아자동차는 이 문제를 과감하게 국내 신경과학 분야 권위자인 한국과학기술원(KAIST)의 정재승 교수에게 의뢰했다. 즉, 브랜드 작업을 '뉴로마케팅' 기법으로 해결하고자 했던 것이다.

정 교수팀은 국내외 200여 명을 대상으로 1년 넘게 단어 연상, 시선 추적, 기능성자기공명영상장치 측정 등 다양한 방식으로 뇌 반응을 추적했다. 그렇게 해서 얻은 결론이 'K7'이었다. 'K'는 기아(KIA), 한국(Korea)을 떠올리게 하면서 '지배, 강함'을 뜻하는 그리스어 '크라토스(kratos)'의 첫

감정의 뇌가 좋아하는 네이밍들(왼쪽부터 2%, 햇반, 화이트, 스킨푸드)

글자이기도 하다. 그리고 '7'은 행운을 상징한다. 기아자동차 K7은 현대자동차 그랜저의 아성을 무너뜨릴 만큼 큰 성공을 거두었다.

K7은 감정의 뇌를 선점하는 성공적인 브랜드의 조건이 무엇인지 잘 보여준다. 가장 중요한 것은 쉬운 네이밍이다. K와 7을 모르는 소비자가 없듯이 이해하기 쉬운 네이밍 원칙은 브랜드에서 매우 중요한 필수조건이다. '2%', '햇반', '디스', '화이트', '갈아 만든 배', '스킨푸드', '딤채', '컨디션', '17차' 등은 쉬운 네이밍의 좋은 예이다.

반대로 소비자가 즉각적으로 이해하기 어려운 네이밍은 많은 마케팅 비용을 수반하며 실패 가능성 또한 높다. '알피온', 'HTC 미켈롭', '아큐라' 등은 한 번에 이해하기 어려운 네이밍이다. 또 설화수의 '자음생 진본유', 잇츠스킨의 '포어 클린 노우즈 시트 포맨' 등도 마찬가지다.

또 2012년 '패밀리마트'에서 'CU'로 이름을 바꾼 편의점도 소비자가 한 번에 무슨 의미인지 알기 어렵다. 기업 내부 사정으로 이처럼 브랜드를 변경해야 하는 경우에는 브랜드 로고나 색상 등을 기존 브랜드의 아이덴티티와 가장 유사하게 변경해, 뇌가 브랜드를 이해하는 데 필요한 에너지를 최소화해야 한다.

〉 〉 〉
감정의 뇌 포지셔닝에 적합한 브랜드

감정의 뇌를 활성화하기 위한 브랜드의 두 번째 조건은 감정의 뇌 포지셔닝에 적합해야 한다는 것이다. 파워에지가 가장 중요한 자동차의 경우 브랜드는 '빠름'과 '강함'을 조건반사적으로 불러일으킬 수 있어야 하는데, K7은 네이밍 선택 시 이러한 부분을 적극 고려했다. 앞서 언급했듯이 알파벳 K는 KIA, Korea, Kratos의 첫 글자일 뿐 아니라 '활동적인, 동적인'이란 뜻의 영어 'Kinetic'의 첫 글자이기도 하다. 따라서 알파벳 K는 '빠름', '강함'이라는 느낌으로 소비자의 절대동기 '경쟁 승리'를 강하게 자극한다.

반대로 브랜드가 3에지 포지셔닝에 적합하지 않으면, 많은 커뮤니케이션 비용이 들 뿐 아니라 실패 가능성 또한 높아지는데, 파스퇴르의 '마더스 밀크'가 좋은 사례다. 파스퇴르는 2006년 수험생을 위한 프리미엄 우유를 출시했는데, 당시 가격은 일반 우유의 두 배인 900원이었다. '엄마가 만들어주는 것과 같은 최고의 영양 가득한 우유'라는 제품 콘셉트를 지향했으나, 소비자는 '모유'라는 인식을 더 많이 했다.

우유의 파워에지는 몸에 좋은 성분이며, 뉴에지는 새로운 용기 등이 해당한다. 그리고 리스크에지는 가격과 안전성이다. 파스퇴르의 전략은 몸에 좋은 새로운 성분(DHA 등)의 파워에지를 통해 프리미엄 우유로 포지셔닝하고자 했지만, '마더스 밀크'는 '안전한 모유'라는 뜻으로 리스크에지가 강하게 작용했다. 이는 브랜드와 감정의 뇌 포지셔닝이 일치해야 좋은 시장성과를 낼 수 있음을 보여주는 사례다.

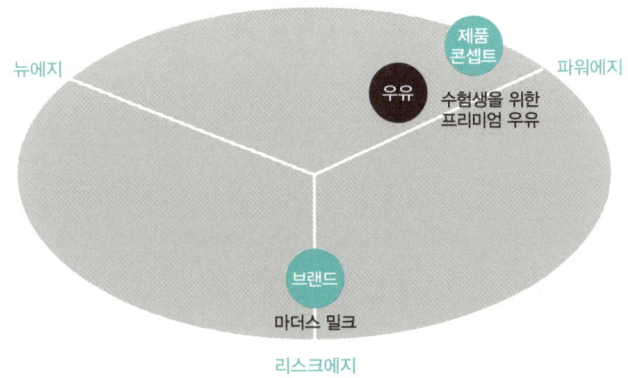

파스퇴르 마더스 밀크의 3에지 포지셔닝 맵

> > >

브랜드는 마케팅에 의해 만들어지기도 한다

이처럼 감정의 뇌를 활성화시키는 브랜드의 조건에 관해서 이야기했지만, 시장에는 이러한 조건에 맞지 않지만 성공한 브랜드가 많이 있다. 브랜드 자체는 좋지 않더라도 기업들이 많은 마케팅 비용을 쏟아부어 소비자의 인식을 바꾸었기 때문이다.

도요타 자동차 '렉서스'는 처음 런칭되었을 때 소비자들로부터 좋은 평가를 받지 못했지만, 많은 마케팅 비용과 포지셔닝 전략으로 지금은 가장 좋은 자동차 중 하나로 인식되고 있다. 이러한 현상에 대해 한스 게오르크 호이젤 박사는 반복적인 브랜드 노출은 소비자의 뇌신경 네트워크를 반복적으로 활성화시켜 긍정적 경험을 일으킨다고 말한다.

소비자의 신경 브랜드 네트워크는 독특하고 특이한 브랜드를 볼 때 즉각적으로 생성되기보다는, 네트워크에 소속된 신경세포들을 지속적으로 반복해서 동시에 활성화시킬 때 비로소 생성되기 때문이다. 즉, 동일한 메시지의 반복 노출은 감정의 뇌가 해당 브랜드를 좋은 경험으로 인식하게 하며 조건반사적으로 이를 불러일으킨다.

  브랜드는 '마케팅의 꽃'이라고 할 만큼 매우 복잡한 주제이기 때문에 많은 전문적인 연구들이 있었다. 하지만 '감정의 뇌'는 0.05초라는 순간적인 시간 안에 인식되는 '감정의 뇌 포지셔닝'에 적합한 브랜드가 성공 조건이라고 말하고 있다.

> Episode 16

감정의 뇌는
카스를 좋아한다

국내 맥주시장은 하이트맥주(현재 하이트진로)와 오비맥주 두 회사가 90% 이상을 점유하며, 치열한 경쟁을 펼쳐온 마케팅의 산 역사다. 93년 이전까지 시장을 군림해온 오비맥주가 하이트를 앞세운 조선맥주(1998년 상호명을 '하이트맥주'로 바꾸고, 다시 2011년 '진로'와 통합 후 '하이트진로'로 상호명을 바꾸었다)에 시장 1위 자리를 넘겼다. 이후 15년간 1위 자리를 빼앗겼던 오비맥주는 다시 카스를 앞세워 2011년 정상을 재탈환하는 데 성공했다.

1위 자리를 내주었던 브랜드가 이를 재탈환하는 것은 극히 이례적인 일로 치열한 마케팅 경쟁이 있었음을 의미한다. 물론, 이러한 성공에는 차별적인 마케팅 전략이 있었다.

> > >

카스 vs 하이트, 뇌의 선택은?

2008년까지 카스는 '내가 살아있는 소리 카스, 톡 쏘는 카스'라는 광고로 톡 쏘는 20대 맥주라는 포지셔닝 전략을 가져갔으며, '카스=젊음=맥주=톡 쏘는 맛'이라는 공식을 만들어냈다. 반면 하이트는 '천연 암반수'로 성공한 만큼 계속 깨끗함을 강조하는 전략을 고수했고, '물이 만든

영원한 라이벌 카스와 하이트

작품, 깨끗한 하이트'라는 광고를 중심으로 젊음보다는 깨끗함, 솔직함 등의 이미지를 가져갔다. 또한 카스는 다양한 멀티브랜드 전략, 하이트는 단일브랜드 전략을 통한 상품 출시를 하고 있으며, 빅 모델 광고 경쟁을 하고 있다(2013년 현재 하이트는 월드스타 싸이, 카스는 이종석, 김우빈을 앞세우고 있다).

이러한 여러 마케팅 전략의 차이를 통해 카스의 15년 만의 업계 정상 재탈환을 설명할 수도 있지만 카스와 하이트는 브랜드 관점에서 감정의 뇌에 다르게 해석된다.

카스는 우리가 시원한 음료나 술을 마시면 자연스럽게 나오는 감탄사 '카~'를 연상케 하며, 맥주를 주문할 때 자연스럽고 쉽게 '카스 주세요'가 나오는 브랜드이다. 또 카스는 '카~'라는 감탄사가 시원함과 즐거움을 가져다주는 효과도 얻고 있다. 이러한 현상은 술을 마시면 '카~'라는 감탄사를 사용하는 대한민국 소비자들에게 주로 발생하는 것으로, 해외 소비자에게는 다르게 받아들여질 수도 있다. 반면 하이트는 특별한 감정적 메시지 없이 좋은 브랜드라는 인식만 가져다준다. 감정의 뇌 관점에서 카스가 하이트보다 감정의 뇌에 전달되는 속도가 훨씬 더 빠르며, 즐거움을 자극하는 강도도 훨씬 크다는 것을 알 수 있다. 즉, 한국인 소비자의 '감정의 뇌'는 하이트보다 카스를 더 좋아한다.

CHAPTER 03

전략2: 시각적 실체,
눈이 즐거워야 뇌가 웃는다

감정의 뇌가 상품의 3에지를 느끼는 또 다른 방법은 상품이 주는 시각적 자극이다. 앞에서 우리가 초당 1100만 비트의 정보를 오감을 통해 받아들이는데 그중 대부분의 정보를 눈을 통해 받아들인다는 것을 이야기했듯이, 우리 몸에서 시각이 차지하는 비중은 절대적이다. 즉, 우리는 눈을 통해 상품의 3에지 임팩트를 느낀다.

이러한 시각의 발달은 직립보행이라는 진화의 결과다. 인간은 직립보행을 하면서 시각의 발달을 통해 다른 동물들의 위협을 피할 수 있었고, 잘 익은 과일도 구분할 수 있게 되었다(개는 색맹이지만, 인간은 1000개 이상의 색깔을 구분하는 능력이 있다). 인간이 이렇게 대부분의 정보를 시각을 통해 받아들이기 때문에, 소비자가 상품에 관한 판단을 내릴 때도 절대적으로 시각 정보에 의존한다. 한 조사에 의하면 소비자가 상품을 선택할 때 사용하는 각 감각의 비중은 '시각(보고 산다)'이 87%를 차지하며, 청각 7%,

촉각 3%, 후각 2%, 미각은 1%에 불과하다고 한다.

감각	시각	청각	촉각	후각	미각
감각별 소비자 구매 의존도	87%	7%	3%	2%	1%

감각별 소비자 구매의존도 표(출처: Consumer's Report)

특히 '음식은 눈으로 맛을 본다'라는 말이 있듯이, 감정의 뇌는 빨간색 국물 라면과 하얀색 국물 라면을 보고 나서 받아들인 시각 정보만으로도 맛이 어떨지 알 수 있다. 붉은색 라면은 맵고, 흰색 라면은 맵지 않고 느끼하다는 것을 시각 정보만으로도 느낀다. 노란색의 바나나 맛 우유는 보는 것만으로도 '달콤하다'는 것을 알 수 있으며, 파란색의 비타민 음료는 시원하다는 느낌을 준다.

〉 〉 〉

감정을 전달하는 컬러

우리가 보는 것만으로도 맛과 느낌을 알 수 있다(혹은 짐작한다)는 것은 결국 상품의 컬러와 형태가 얼마나 중요한지를 가르쳐준다. 소비자는 라면의 빨간색을 통해 매운 정도를 판단하며, 면발의 탄력도를 통해 쫄깃함을 인식한다. 특히 컬러는 소비자가 상품을 인지하는 데 매우 중요한 역할을 한다.

미국 컬러리서치연구소(ICR)의 연구에 따르면 사람은 상대방이나 환경, 물건 등을 처음 접할 때 처음 90초 안에 무의식적인 판단을 내리며, 그 판단의 60~90%가 컬러를 기반으로 한다. 또한 트렌드 분석가 캐시 라만

쿠사(Kathy Lamancusa)는 소비자가 제품을 보고 느끼는 첫인상의 60%가 컬러에 의해 결정된다고 이야기한다.

이렇게 상품을 평가하는 데 컬러가 중요한 역할을 하는 이유는 컬러에 감정전달 효과가 있기 때문이다. 즉, 소비자는 컬러를 통해 즐거운 감정, 시원함, 쾌적함, 안정감 등 다양한 감정을 느끼는데 이러한 감정이 구매 행동을 촉진한다. 컬러가 소비자의 감정을 움직이고 기억 속에 그 상품을 쉽게 인식시켰던 사례들은 주위에서 쉽게 찾을 수 있다. 아래 사진은 음료 '포카리 스웨트' 광고의 배경이 되었던 그리스 산토리니다. 쨍쨍한 햇살 아래 푸른 바다, 새하얀 피부의 청순한 여배우가 새하얀 원피스를 입고 밝게 웃고 있다. 시원함, 상쾌함, 가슴이 트이는 느낌 등이 TV 화면을 통해서도 강렬하게 전달된다.

또 다른 좋은 사례는 '코카콜라'의 로고에 사용되고 있는 빨간색이다. 코카콜라는 1890년대부터 일관되게 빨간색을 통해 브랜드를 알려왔다. 산타클로스가 빨간 옷에 흰 수염을 기르게 된 것도 코카콜라의 마케팅 때문일 정도로 코카콜라 하면 가장 먼저 떠오르는 것이 빨간색이다. 빨간

컬러의 감정 전달 효과를 잘 살린 '포카리 스웨트'의 광고 장면

색은 자극적이면서 사람을 흥분시키는 역할을 한다. 또한 달콤함을 연상시켜 음식의 맛을 돋우는 작용도 한다. 코카콜라, 버거킹, KFC, 롯데리아, 맥도널드, 신라면, 오리온 초코파이, 새우깡 등 많은 음식료 기업들이 로고와 포장, 브랜드 등에 빨간색을 적극 활용하는 이유다. 빨간색 덕분에 높은 매출증가 효과 또한 보고 있다.

이렇게 빨간색이 사람을 흥분시키고, 또 맛있고 달콤함을 연상시키듯이 각각의 컬러마다 자극하는 감정이 다르다. 노란색을 보면 병아리의 귀여움과 봄의 따사로움이 연상되고, 또한 즐거운 느낌을 준다. 파란색은 하늘, 바다를 연상시키며 시원함과 긴장감을 느끼게 한다. 또, 회색은 우울한 감정을 불러일으키며, 베이지색은 부드러운 느낌을 준다.

〉〉〉

컬러마다 3에지가 다르다

이렇게 컬러마다 감정을 자극하는 효과가 다르다는 것은 감정의 뇌 포지셔닝에서 매우 중요한 의미가 있다. 즉, 감정의 뇌 포지셔닝과 컬러가 일치해야 하는 것이다. 파란색 코카콜라를 떠올려보라. 어떤 느낌이 드는가? 보라색 그랜저, 검은색 치약, 흰색 햄, 빨간색 치즈 등을 우리는 상상하기조차 어렵다. 감정의 뇌는 포지셔닝과 다른 컬러를 볼 때 매우 혼란을 느낀다. 실제 잘못된 컬러로 실패한 사례들이 많은데, 대표적인 것이 흰색 코카콜라다. 코카콜라는 추수감사절과 크리스마스 시즌을 타깃으로 디자인한 흰색 캔을 출시했지만, 불과 한 달 만에 시장에서 철수할 수밖에 없었다.

생각의 전환과 흰색의 북극곰을 온난화로부터 지켜내자는 등의 의미를

코카콜라가 시도했던 컬러 전략은 컬러의 힘이 얼마나 큰지를 잘 보여준다.

담은 흰색 콜라는 나름 좋은 시도였지만, 소비자들은 콜라가 흰색이라는 것을 감정적으로 인정할 수 없었다. 콜라는 맛이 파워에지인 상품인데, 그 파워에지를 표현하는 컬러는 빨강과 파랑이다. 따라서 다른 컬러의 콜라는 감정의 뇌에 혼란스러움을 준다. 은색의 '다이어트 콜라'나 검은색의 '코카콜라 제로'를 소비자가 선호하지 않는 것도 같은 이유이다.

최근 불황기 마케팅의 일환으로 다양한 컬러를 활용한 컬러 마케팅이 붐을 이루고 있다. 다양한 컬러가 소비자의 구매 욕구를 자극해 수요를 촉진하기도 하지만, 흰색 코카콜라 사례와 같이 감정의 뇌 포지셔닝과 일치하지 않는 컬러를 사용하면, 감정의 뇌는 혼란을 느낀다. 당연히 이를 극복하기 위해서는 많은 마케팅 비용이 든다.

한스 게오르크 호이젤 박사는 기능성자기공명영상장치 실험을 통해 컬러와 림빅맵과의 관계를 증명하기도 했다. 즉, 각 컬러는 감정의 뇌를 자극하는 부분이 다른데 각 상품 카테고리에 맞는 컬러로 시각적 자극을 줄 때 감정의 뇌가 가장 활성화된다는 것이다.

검정, 빨강, 파랑은 대표적인 파워에지 컬러로 고급 승용차일수록 검은색 컬러가 많으며 코카콜라, 롯데리아, 신라면 등과 같은 음식은 빨간색

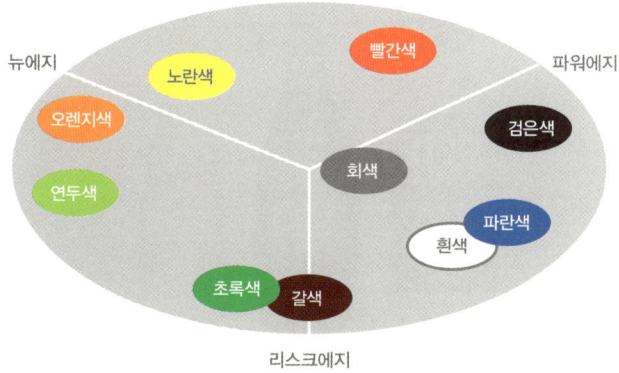

컬러별 3에지 임팩트

이 많다. 노랑 계열은 대표적인 뉴에지 컬러다. 병아리, 개나리 등 노란색을 보면 우리는 즐거워지기 때문이다. 또, 흰색과 초록색은 대표적인 리스크에지 컬러들인데 평화의 상징 비둘기와 초록색 숲을 보면 우리의 마음이 편안해진다. 이렇게 감정의 뇌가 인식하는 3에지 컬러가 각각 다르다는 것을 기업은 하루빨리 인식해야 한다. 눈이 즐겁다는 것은 감정의 뇌 포지셔닝과 컬러가 일치한다는 뜻이며, 다를 경우 감정의 뇌는 혼란을 느낀다.

〉〉〉

상품의 외양 또한 뇌를 즐겁게 한다

소비자가 시각적 자극으로 상품을 판단하는 데 있어 또 하나의 중요 포인트는 상품의 외양이다. 즉, 소비자는 컬러와 함께 외양으로 상품을 판단하기도 하는데, 특히 색다른 외양을 보았을 때 뇌는 강한 자극을 받는다. 동일성분이지만 다르게 인식되는 생수가 그 좋은 예다. 물은 H_2O로 동일

병 모양으로 평가되는 생수 브랜드(왼쪽부터 블링 H2O, 피지, 페리에, 에비앙, 삼다수)

한 성분이지만, 수백 원에서 수만 원에 이르기까지 그 가격대는 천차만별이다. 이렇게 다양한 가격으로 판매되는 데 중요한 역할을 하는 것이 병의 디자인이다. 소비자는 물만으로는 상품의 가치를 판단할 수 없기에, 시각적 외양과 브랜드를 통해 물의 가치를 주관적으로 평가한다.

위 사진은 대표적인 프리미엄 생수와 일반 생수인 제주 삼다수 사진이다. 샴페인 병을 연상시키는 매끈한 디자인과 스와로브스키(Swarovski)의 크리스털이 박혀 있는 블링 H2O, 태평양의 아름다운 자연수라는 파란색 병의 피지, 몸에 좋은 하이테크 탄산수 이미지를 주는 유리병의 페리에, 병을 고치는 신비의 우물이라는 메시지를 주는 유리병의 에비앙 등의 생수병은 제주 삼다수 생수병이 주는 메시지와 매우 다르다.

화장품, 스마트폰, MP3, 시계 등도 색다른 외양으로 소비자가 상품의 가치를 평가하는 대표적인 상품들이다. 상품으로부터 받는 시각적 자극은 감정의 뇌가 상품의 3에지 임팩트를 느끼는 데 매우 중요한 역할을 한다. 이는 감정의 뇌가 더 많은 시각적 즐거움을 주는 상품을 구매하기 때문이다.

> Episode 17

하얀 국물 라면은
왜 몰락했을까?

삼성경제연구소는 2011년 10대 히트 상품 1위로 '꼬꼬면'을 선정했다. 2011년 개그맨 이경규가 만들어서 많은 화제가 되었고, 농심의 신라면 아성을 무너뜨릴 만큼 시장에서 강력한 돌풍을 일으켰다. 라면 개발자와 언론이 밝혔던 꼬꼬면의 주요 성공 요인으로는 하얀 국물이라는 차별성, 개그맨을 통한 화제성, 파워블로거들을 통한 고객과의 수평적 소통 등이었다. 그러나 2012년 불과 1년도 지나지 않은 시점에서 꼬꼬면 돌풍은 언제 그랬냐는 듯 사라졌다.

> > >

하얀 국물은 맛이 없다고 느끼는 뇌

2012년 7월 AC닐슨 자료에 의하면 하얀 국물 라면의 인기가 정점에 달했던 2011년 12월 팔도 꼬꼬면, 삼양 나가사끼 짬뽕, 오뚜기 기스면 등 '하얀 국물 3총사'의 시장점유율은 17%에 달했다. 하지만 2012년 들어 점유율이 매달 1~3%포인트 하락해 6월에는 4.4%까지 주저앉았으며, 2012년 8월 이후부터는 나가사끼 짬뽕, 꼬꼬면, 기스면 등 3종의 하얀 국물 라면이 모두 순위에서 밀려났다. 이후 그 자리에는 오징어짬뽕, 진라면 매운맛, 신라면

PART 6. 감정의 뇌를 유혹하는 10가지 전략

많은 시사점을 주는 꼬꼬면 사례

큰사발이 올라오면서 열 개 제품 중 짜파게티를 제외한 모든 제품이 빨간 국물 라면이었다. 소비자들은 하얀 국물 라면이 새롭게 나왔다는 호기심과 불티나게 잘 팔린다는 구전 효과로 한 번쯤은 구매했지만 더 이상 구매하지는 않았던 것이다.

왜 소비자는 하얀 국물 라면을 구매하지 않게 된 것일까? 뇌과학과 진화심리학 관점에서 꼬꼬면의 추락 이유는 하얀 국물이라는 컬러에 있다. 앞에서 소비자는 눈으로 맛을 보고, 시각적 자극을 통해 감정의 뇌가 자극받는다는 것을 이야기했다. 그리고 컬러별로 전달하는 감정의 뇌 자극이 다른데, 빨간색은 감정의 뇌에 맵고 맛있다는 자극을 전달한다. 이는 맛있는 음식이 대부분 빨간색이기 때문이기도 하다. 반대로 하얀색은 맛에 대한 감정 자극을 전달하기보다는 깨끗하다는 자극을 감정의 뇌에 전달한다. 그래서 라면 맛을 보고 소비자 이성의 뇌가 맛을 평가하기도 전에, 감정의 뇌는 신라면과 같은 빨간색 국물을 보는 순간 이미 '맵다'와 '맛있다'는 판단을 내린다.

맛은 혀로만 인식하는 것이 아니기에 소비자는 감정의 뇌가 인식한 맛을 그냥 맛있다고 느낀다. 하지만 하얀색 국물은 감정의 뇌에 '맛있다'는 감정 자극 대신 '깔끔하다'는 정도의 자극을 주므로 감정의 뇌가 이미 맛있다고 판단하지 않는다는 것이다. 하얀색 국물 라면이 시장에서 쇠퇴하는 이유가 여기에 있으며, 앞으로도 라면 시장을 주도하는 것은 빨간색 국물 라면이 될 것이다. 감정의 뇌는 하얀색보다 빨간색 국물 라면을 더 좋아하기 때문이다.

CHAPTER 04

전략3: 소비자의 말,
이분이 바로 마케팅의 신

브랜드, 시각적 자극과 함께 감정의 뇌가 상품의 3에지를 느끼는 또 하나의 방법은 '사람의 말'이다. 말은 감정의 뇌에 감정을 전달하는 기능과 이성의 뇌에 정보를 전달하는 기능을 동시에 갖는 강력한 전달 수단이기 때문이다.

> > >

강력한 감정 전달 효과가 있는 '말'

우리가 소통하는 말은 대부분 눈을 통해 얻는 시각적 정보를 전달하고, 반대로 뇌는 '말'을 통해 얻는 정보를 시각적 이미지로 형상화해 이해하는 과정을 거친다. 예를 들어 우리 뇌는 '빨간 사과' 하면 둥그런 빨간색의 사과가 뇌 속에서 이미지로 형상화되며, '장동건' 하면 멋진 배우 장동건의 모습이 뇌 속에 이미지로 떠오른다.

| 빨간 사과 | 장동건 | 파란 하늘 |

 이렇게 말이 감정 전달 효과가 있는 것은 말이 시각 정보를 전달하기 때문이다. 이는 시각 정보에 감정을 전달하는 효과가 있듯이, 시각 정보를 전달하는 '말'에도 역시 감정을 전달하는 효과가 있다. 즉, '파란 하늘'이라는 '말'은 뇌에 파란 하늘을 형상화하며, 이 형상화된 이미지를 통해 뇌는 파란색이 주는 시원함, 상쾌함을 느낀다. '빨간 고추' 하면 빨간색이 주는 '맵다'는 느낌과 '맛있다'라는 등의 감정이 전달된다.

 그리고 이러한 '말'의 감정 전달 효과는 '말'의 전파 속도와 그 영향력을 높인다. '말'의 영향력과 전파 속도를 우리는 2012년 가수 싸이의 '강남 스타일'을 통해 경험했다. '강남 스타일'은 2012년 7월 15일 유튜브를 통해 그 뮤직비디오가 최초로 공개되었는데, 발표와 동시에 트위터 등을 통해 삽시간에 전 세계로 퍼져 나갔다.

 여기에는 티페인, 로비 윌리엄스, 브리트니 스피어스 등 해외 스타들이 자신의 SNS와 블로그에 올린 칭찬의 '말'도 일조했지만, 전 세계가 싸이의 '말춤'을 추게 한 가장 강력한 힘은 일반 SNS 사용자들의 '재미있다'는 '말'이었다. 또, 예전에 발생했던 광우병 촛불시위, 천안함 침몰사건 그리고 최근에 발생했던 타진요 사건 등도 '말'의 영향력을 보여주는 좋은 사례다.

〉〉〉
우리는 '사람의 말'을 절대적으로 신뢰한다

'사람의 말'에는 감정 전달 효과 이외에 또 하나의 중요한 기능이 있는데, 바로 '이성의 뇌'에 정보를 전달하는 것이다. 이성의 뇌는 신문, 광고, TV, 인터넷 등 여러 정보원을 통해 정보를 받는데, 그중에서 '사람의 말'을 통해 받는 정보를 절대적으로 신뢰한다. 이는 협력해서 큰 동물을 사냥하거나 맹수로부터의 위협을 피할 때처럼, 인류가 생존하는 데 '말'을 통한 의사소통이 절대적으로 중요했기 때문이다. 우리가 다단계 금융사기와 같이 '큰돈을 벌어준다'는 유혹에 잘 빠지는 것도 사람의 말을 본능적으로 믿기 때문이다.

이러한 '사람의 말'에 대한 높은 믿음은 소비자 행동에도 그대로 나타난다. '동네 어느 미용실이 잘한다더라, 어느 음식점이 맛있다더라, 어느 영화가 재미있다더라'와 같은 말을 듣고 소비 행동을 했던 경험은 누구나 한 번쯤 가지고 있다. 2009년에 개봉되었던 영화 〈워낭소리〉는 '말'을 통해서만 300만 명의 관객을 모았고, 2012년 개봉해 1230만 명이라는 엄청난 관객을 모은 〈광해, 왕이 된 남자〉의 경우도 마찬가지다. 200만 명이 넘는 관객이 포털사이트의 영화 평가에 참여해 높은 평점을 매기고 카카오톡, 페이스북, 트위터와 같은 SNS를 통해 압도적인 호평을 한 덕분이다. 이 평점과 호평이 바로 '사람의 말'이다.

이러한 '사람의 말'의 영향력을 보여주는 여러 조사결과가 있는데, 2012년 글로벌 리서치 회사인 닐슨은 전 세계 56개국 2만 8000명 이상의 온라인 소비자들을 대상으로 광고 신뢰도에 관한 조사를 시행했다. 이 결과에 의하면 전 세계 소비자들의 92%는 친구, 가족 등 지인의 추천

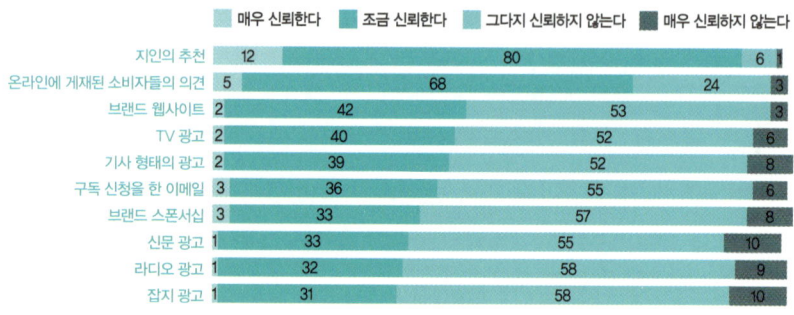

'사람의 말' 영향력에 대한 조사결과(출처: 닐슨, 2012)

을 통한 '사람의 말'을 가장 신뢰했고, 다음으로는 온라인에 게재된 다른 소비자들의 의견(70%)을 신뢰한다고 응답했다. 그리고 브랜드, TV 광고, 기사 등의 순서였는데 SNS 등 디지털 미디어의 발달과 TV 광고의 효과 감소 등으로 '사람의 말'에 대한 신뢰도는 2007년 대비 큰 폭으로 증가(18%)한 것으로 나타났다.

>>>

말을 이용한 마케팅 활동

기업들은 오래전부터 '소비자의 말'을 마케팅에 적극 활용해왔다. 스타벅스는 '스타벅스 커피'를 경험한 사람들의 입소문이 광고 매체보다 훨씬 신뢰감을 주는 홍보라고 생각했다. 그래서 고액의 매체 광고 대신 쾌적한 점포와 일관된 정체성을 유지해 소비자들의 마음을 얻는 데 주력했고, 그 결과 스타벅스를 경험한 소비자들은 '말'을 통해 스타벅스의 우수성을 널리 전파했다.

또, 딤채는 제품 출시 초기 대중매체를 이용한 대대적인 광고 대신 직접 제품을 평가할 200명의 주부평가단을 모집해서 3개월 동안 무상으로 딤채를 사용하게 했다. 주부들은 딤채에 대한 사용 후기를 '입소문'을 통해 빠르게 전파했고, 딤채는 대중매체를 통하지 않고도 제품의 우수성을 소비자들에게 홍보할 수 있었다.

하지만 기업들의 입소문(말) 마케팅이 항상 성공적이었던 것은 아니다. 소비자는 근본적으로 자신의 경험을 공유하기를 원하지 내 이야기가 아닌 인위적인 정보를 전파하고 싶어하지는 않기 때문이다. 따라서, '말'이 전달되는 과정에 '마케팅 활동'이 개입되는 것을 극단적으로 싫어한다. 다수의 기업은 이러한 성향을 무시하고 단기매출만을 위해 과장 정보와 노이즈 마케팅 등을 통한 푸시 마케팅을 시행하는데, 이러한 마케팅은 결과가 거의 좋지 않다.

2007년 LG전자가 시행했던 '낸시랭 납치사건'이 그 대표적 사례다. 2007년 LG전자는 낸시랭 작품과 LCD 모니터를 이용한 전시회를 열었는데 이 전시회에 참석했던 낸시랭이 실종됐다는 기사를 냈다. 이후 8주간 제공되는 힌트를 통해 낸시랭의 행방을 추적하는 이벤트였다. 순식간에 네이버 등 주요 포털에서 인기 검색어 1위에 오르는 등 처음에는 뜨거운 반응을 얻었지만, 결국 '전 국민을 상대로 낚시질했다'는 네티즌들의 부정적 반응을 받았고, 상품에 대한 부정적인 인식이 형성되는 역효과가 나고 말았다.

이렇게 '소비자의 말'은 감정의 뇌가 상품의 3에지를 느끼게 하는 중요한 수단이지만, 인위적인 마케팅은 역효과를 부를 수 있는 양날의 검과 같다. 그러면 '소비자의 말'을 통해 상품을 잘 전달하고, 감정의 뇌를 깨우는 방법에는 무엇이 있을까?

〉〉〉

상품 자체를 잘 만드는 것이 가장 중요

가장 중요한 것은 상품 자체를 잘 만드는 것이다. 너무나 당연한 이야기지만 상품이 좋지 않으면 소용없다. 좋지 않은 상품은 바로 부정적 입소문이 형성되며, 아무리 좋은 입소문을 내려고 해도 소비자는 기업이 원하는 대로 입소문을 내주지 않는다. 특히, 상품이 좋지 않은 상황에서 무리하게 올리는 인터넷 댓글과 인위적인 사용 후기는 오히려 역효과를 부른다.

두 번째는 '말'을 통한 효과적인 마케팅을 위해서는 입소문 마케팅을 '정보를 촉진하기 위한' 보조수단으로 이용해야 하며, 그 자체가 중심이 되어서는 안 된다. 몇 년 전 소니는 자사가 고용한 사람들을 관광객으로 가장해 소니 신제품 카메라로 사진을 찍게 해서, 이를 소비자의 말인 양 퍼트리려고 했지만 곧장 고객들에게 덜미를 잡히고 말았다. 고객들은 분노했고 그 여파는 인터넷을 타고 크게 확대되어 큰 곤욕을 치렀다. 소비자는 우리가 알고 있는 것보다 훨씬 더 똑똑하다.

세 번째는 '말'에 의한 전달을 주도하는 SNS 사용자들의 눈에 많이 띄어야 한다는 것이다. 소셜네트워크 사용자들은 마케팅에 의한 인위적인 정보 전달은 원치 않지만, 객관적인 정보에 대해서 중요한 전달자 역할을 한다. 특히 '얼리리뷰어(제품을 써보고 사용 후기를 올리는 초기 소비자 집단)'들에게 적극 노출시키는 것이 중요하며, 이를 위해서는 홈페이지나 댓글, 트위터 등을 통해 정확한 정보를 지속적으로 제공해야 한다.

또 얼리리뷰어들이 참여해 글을 쓰도록 하는 것도 효과적인 방법인데, LG생활건강의 '이자녹스 더블 이펙트'는 출시 초기 인터넷 쇼핑몰 운영자, 인터넷신문 객원리포터 등이 포함된 200명의 체험단을 운영했으며, 이들이 개인 미니홈페이지나 블로그, 포털사이트 게시판 등에 체험기를 적극 올리도록 했다. 그 결과 '더블 이팩트'는 출시 8개월 만에 14만 개 이상 팔리는 인기를 누렸다.

CHAPTER 05

전략4: TV 광고가 해야 할
단 한 가지, 감정 깨우기

　21세기를 사는 소비자는 신문, 지하철 TV, 인터넷, 길거리, 휴대전화, 간판 등 수없이 많은 광고의 홍수 속에서 살고 있다. 특히, TV 광고는 인간의 주요 감각인 시각과 청각을 통해 뇌에 많은 정보를 전달하는 매개체로서, 기업 입장에서는 소비자에게 브랜드를 각인시키고 상품 정보를 전달할 수 있는 가장 효과적인 수단이다. 2013년 3월 8일 하루에만 그날들, 금호타이어, 네스카페 돌체구스토, 도미노 피자 더블크러스트 패스츄리 피자, 지펠 FS9000, 팔도 일품짜장면, 푸마 SOCIAL, LG 옵티머스 LTE III, OB 골든라거 등 아홉 개의 새로운 TV 광고가 방영되었다. 그리고 공중파, 케이블 TV, IPTV 등을 통해 방영되는 TV 광고는 하루 5000개가 넘을 정도로 우리는 많은 광고를 보고 있다.
　여러분은 혹시 위 광고 중에서 기억나는 것이 있는가? 솔직히 대부분 기억하지 못할 것이다. 사실 우리는 시청자로서 프로그램을 보기 전에 10분

2013년 3월 8일에 새롭게 방영된 TV 광고들

넘게 봐야만 하는 TV 광고에 대해 부정적인 생각을 갖고 있다. 하지만 기업 입장에서는 TV 광고를 포기할 수가 없다. 왜냐하면 TV 광고는 소비자의 감정의 뇌에 3에지를 전달하는 가장 강력한 수단이기 때문이다. 따라서 기업은 기억에 오래 남으며 소비자 선택에 영향을 주는 광고를 만드는 것이 오랜 숙제였으며 카피, 음악, 톤 앤 매너, 모델, 재미있는 소재, 3B, 새로운 포맷 등 성공적인 광고를 위해 엄청난 연구와 노력을 기울여왔다. 하지만 지금 이 순간에도 대다수 TV 광고들이 공중에서 그냥 사라지고 있는 것이 현실이다.

〉 〉 〉

감정 광고 vs 이성(정보) 광고

TV 광고를 뇌 관점에서 구분하면, 감정의 뇌를 자극하는 감정 광고와 이성의 뇌에 정보를 전달하는 이성(정보) 광고로 나눌 수 있다. 대부분의 광고는 소비자의 주의(attention)를 끄는 데 중점을 두고 이성의 뇌에 상품에 대한 정보를 전달하는 이성 광고다. 이렇게 되는 이유는 기업에서 TV 광고를 만드는 과정에 있다. 대다수 기업은 15초라는 짧은 시간에 자사 상품에 관한 많은 이야기를 하도록 광고대행사에 주문하며, 광고대행사들은 광고주의 요구에 맞춰 많은 정보를 짧은 시간에 압축해서 넣는 광고를 만든다. 그래서 시사회장에서 보는 광고는 모두 훌륭하지만, 실제 TV에서 보면 매우 평범한 광고가 된다. 오늘도 TV를 통해 많은 정보 광고들이 방송되고 있지만, 우리는 전혀 기억하지 않는다.

〉 〉 〉
감정의 뇌가 기억하는 광고의 비밀

그렇다면 소비자에게 기억되고, 소비 행동에 영향을 줄 수 있는 광고는 어떤 것일까? 뇌과학은 한마디로 감정을 깨우는 감정 광고라고 말한다. 이는 기억을 형성하는 인간의 뇌 구조에 그 이유가 있다. 인간의 뇌에서 단기 기억을 장기 기억으로 저장하는 역할을 하는 부분이 감정을 관할하는 감정의 뇌이기 때문이다.

우리가 감정의 뇌라고 하는 변연계는 시상하부(Hypothalmus, 視床下部), 편도(amygadala, 扁桃), 해마(hippocampus, 海馬)와 그 인접기관들로 구성되어 있는데 여기서 해마가 우리 몸에서 단기 기억을 장기 기억으로 저장하는 역할을 한다. 정보는 시각, 청각, 후각, 촉각, 미각을 통해 뇌에 전달되는데, 이러한 오감을 통해 들어온 여러 가지 자극들은 일단 해마를 거쳐야 비로소 기억의 형태로 저장된다. 만약 해마가 손상되면 새로운 것을 기억하지 못하는데, 기억상실증에 걸린 많은 드라마 주인공들은 바로 해

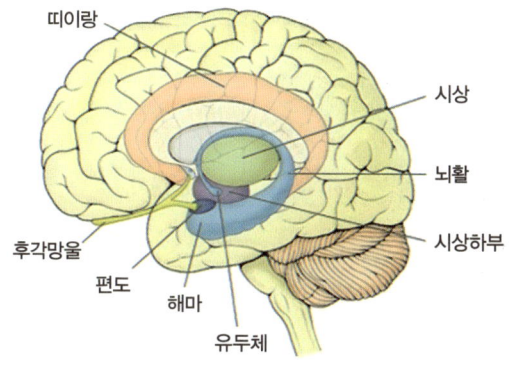

감정의 뇌(변연계) 구조

마가 손상된 경우이다.

 감정의 뇌의 중추기관으로 감정을 관할하는 곳은 편도인데, 편도는 바로 옆에 있는 해마에 감정과 관련된 기억을 우선 장기 기억으로 저장하게 한다. 이를 '감정적 기억'이라고 하는데, 상대방의 사소한 말 한마디에 상처받았던 기억, 사랑하는 사람을 잃었던 기억, 2002년 시청역 앞에서 월드컵을 함께했던 기억들이 오랫동안 잊히지 않는 것도 이들이 감정과 관련된 것이기 때문이다. 이렇듯 감정과 기억을 함께 만드는 곳이 감정의 뇌이기 때문에 뇌는 감정과 관련된 기억을 우선적으로, 그리고 오랫동안 기억한다.

> > >

감정을 깨우는 감정 광고

최근 소비자들의 감정에 호소하는 감정 광고가 많이 등장하고 있다. 좋은 예는 2012년 런던올림픽에서 활약한 선수들 뒤에 감춰져 있던 어머니

의 사랑과 기도를 절실히 느끼게 한 P&G의 '엄마, 고마워요(Thank you, mom)' 캠페인이다. 누구보다 더 열렬히 응원하며, 부진한 성적이나 부상에 좌절하는 딸을 끝까지 격려하고, 어떤 힘든 순간도 함께하는 어머니. 마침내 세계 최고의 무대인 올림픽에서 금메달을 딴 소녀가 어머니를 찾아와 안는 순간 어머니는 끝내 울음을 터뜨린다는 내용이었다. 올림픽에 참가하는 모든 선수의 뒤에는 헌신적인 뒷바라지를 한 어머니가 있다는 내용을 다큐멘터리 형태로 보여준 광고로, 한국에서는 배드민턴의 이용대, 리듬체조의 손연재 선수 어머니가 주인공이 되었다. 한 편 한 편 모두 뜨거운 감동을 주는 훌륭한 광고들이었다(이 캠페인은 유튜브를 통해 확인할 수 있다 http://youtu.be/FFEPT6T5k90).

> > >

훌륭한 대한민국의 감정 광고들

대한민국 광고 중에도 소비자의 감정을 깨우는 훌륭한 감정 광고들이 있는데, 두산의 '사람이 미래다', 동아제약의 '대한민국 피로 회복제 박카스', 현대자동차의 'Live Brilliant'가 대표적이다. 이외에도, 오리온의 '초코파이 情', 천호식품 '산수유', 친구랑 나누어 먹으라는 '핫초코 미떼', 우루사의 '간 때문이야' 등이 대표적인 감정 광고다.

광고론에서 가장 잘 알려진 공식 중 하나인 3B, 즉 아기(Baby), 미녀(Beauty), 동물(Beast)도 감정을 자극하는 소재이다. 즉, 아기는 결합동기

처음에는 당신에게 어떤 말로 용기를 줘야 할지 고민했습니다. 하지만 우리는 한마디로 찾을 수 없었습니다. 이미 당신은 최선을 다하고 있고, 지금 그대로 멋지기 때문입니다. 당신은 지금까지 그랬던 것처럼 최선을 다하면 됩니다. 사람이 미래다, 두산

엄마는 아침 식사로 미역국을 준비합니다. 엄마가 정성 들여 끓인 미역국을 아들은 짜증을 냅니다. 왜냐하면, 그날이 모의고사를 보는 날이었기 때문이죠. 그런 아들이 못내 서운한 엄마, 그날이 엄마 생일이었기 때문입니다. 동생문자를 받고 후회하며, 그냥 넘길 수 없었던 아들은 박카스를 사서 선물로 드립니다. 대한민국 피로 회복제 박카스

몹시도 두근거렸고 아팠지만
아름다웠던 사랑을
나는 당신과 함께 했습니다.
나는 당신의 자동차입니다.
당신의 빛나는 인생입니다.
Live Brilliant

(동정심)를 자극하는 대표적인 소재이며, 미인은 아름다워지고자 하는 절대동기 '경쟁 승리'를 자극하는 소재이고, 동물은 종류에 따라 재미와 동정심을 동시에 유발하는 소재이다. 하지만 3B 소재 광고가 모두 성공적이지 않은 이유는 소재만 3B이지, 스토리는 정보전달 광고 형태를 취하기 때문이다.

>>>
슬픈 감정 기억이 더 강렬하게 기억된다

일반적으로 감정 광고는 희로애락과 관련된 기쁨, 슬픔, 사랑과 관련된 것으로 나눌 수 있는데, 소비자는 특히 슬픈 감정과 관련된 기억을 강렬하게 기억한다. 이는 슬픈 감정에 대해 감정의 뇌가 더 활발하게 자극받고, 더 활발하게 정보처리를 하기 때문이다.

제일기획연구소의 조사에 따르면, 가장 강렬한 기억과 연관된 감정은 슬픔이 기쁨보다 두 배 이상 높으며, 특히 연령대가 높을수록 그 비율은 더 높아지는 것으로 나타난다. 이는 2011년 대중적 인기를 끈 MBC 프로그램 '나는 가수다'의 20회 경연 중 청중평가 상위권(1~3위)을 차지한 곡들에서 '울다'라는 동사가 들어간 곡이 41.6%에 달하고, '눈물'이란 명사가 들어간 곡이 21.7%였다는 것을 통해서도 알 수 있다. 밝고 쾌활한 곡은 아무리 잘 불렀어도 순위에 들기 어려웠다.

슬픈 감정을 자극하는 TV 광고가 더 효과적이라는 것은 미국 하버드대와 카네기멜론대의 공동연구팀 실험을 통해서도 증명되었다. 연구팀은 슬픈 영화와 중립적 성격의 다큐멘터리를 각기 다른 그룹에 보여준 뒤, 이들에게 똑같은 물병을 얼마에 사겠느냐고 물었더니 슬픈 영화를 본 그

가장 강렬한 기억과 관련된 정서(출처: 제일기획연구소, 단위: %)

룹이 다큐 시청 그룹보다 평균 세 배 이상 물병값을 높게 불렀다.

감정 광고 중에서 성공적으로 슬픈 감정을 자극한 광고들이 다수 있다. 언급된 P&G의 'Thank You Mom' 캠페인, 현대자동차의 'Live Brilliant' 캠페인 모두 가슴 속에 뭉클함을 주는 슬픈 감정을 깨우는 광고들이다. 동국제약은 여성 갱년기 치료제를 소비자들 머릿속에 각인시키기 위해 입대하는 아들과 엄마가 연병장에서 헤어지며 눈물 쏟는 장면을 담은 광고를 만들었고, '쿠쿠'도 탤런트 원빈을 등장시킨 광고에서 원빈이 눈물 흘리는 장면을 연출했다. 소화제 훼스탈은 '아세요? 가장 슬픈 건 행복했던 때를 기억하는 거죠', '사랑을 삼키다'라는 광고로 슬픈 감정을 자극했다.

CHAPTER 06

전략5: 가격에 감정가치를 불어넣어라

기업에게 가장 어려운 일 중 하나는 마케팅 활동의 최종 결과물인 '가격 결정' 작업이다. 세상의 모든 것에는 가격이 있다. 신앙, 행복, 노동, 공짜, 미래에도 가격이 존재한다.

지금까지 가격을 설명하는 가장 일반적인 방식이 수요공급 이론이었다. 가격이 오르면 상품에 대한 수요가 줄어들고 공급이 늘어나서 공급과 수요가 일치하는 점에서 가격이 형성된다는 이 이론은 단순하면서도 대부분의 소비 현상을 설명할 수 있을 만큼 강력했다. 하지만 이러한 수요공급 이론으로는 수백만 원에 거래되는 '1004번' 휴대전화 번호 가격과 수천만 원을 호가하는 명품 가방의 가격을 설명하기가 쉽지 않다. 그러면 가격이라는 것을 어떻게 이해해야 할까?

〉〉〉
절대가치를 반영하는 가격은 없다

행동경제학과 뇌과학은 두 가지 관점의 진지한 설명을 하고 있다. 첫 번째는 가격이라는 것이 상품의 절대가치를 반영하는 것이 아니라 상대적인 가치를 반영한다는 것이다. 앞에서 언급했던 생수들의 절대가치는 객관적으로 이야기하면 제로다. 2010년 국정감사에서 밝혀진 주요 수입 생수 가격은 500원 미만이었으며 이는 물 이외에 용기, 포장비, 운반비, 세금, 광고비 등이 포함된 가격이었다. 하지만 수입 단가가 383원인 페리에의 소비자 가격은 3000원이며, 최고급 생수인 블링 H_2O는 750mL가 24달러(약 2만 6000원), 피지 500mL 1900원에 이른다. 원가는 비슷한데 가격은 한마디로 받는 사람 마음이다.

몇 년 전 〈행복한 눈물〉이라는 작품이 전 세계적인 이슈가 되었다. 미국의 대표적인 팝 아티스트인 로이 리히텐슈타인(Roy Lichtenstein, 1923~1997년)의 1994년 작인 〈행복한 눈물〉은 2002년 11월 뉴욕 크리스티 경매에서 약 715만 달러(약 80억 원)에 낙찰되었고, 지금은 그 가격을 산정하기조차 어렵다고 한다. 단순 원가만 보면 몇십만 원에 불과한 그림의 가격이 80억 원을 넘긴 것이다. 명품 가방 가격도 마찬가지다. 몇백만 원 하는 가방의 실제 원가는 얼마 되지 않을 수 있지만, 소비자들은 프라다의 그 가격을 당연하다고 생각한다. 상품의 절대가치를 반영하는 절대가격이라는 것은 없으며 명품 가방이 몇백만 원, 그림이 몇십억 원이라고 하는 것은 절대가격이 아니라 사람들이 정한 임의적 가격이다.

이렇게 절대가격이 없는 이유는 우리가 사물을 판단할 때 상대적인 비교를 통해서 판단하기 때문이다. PART 3에서 '99% 착시를 통해 보는 세상'에서 언급했듯이 소비자는 같은 사물에 대해 '크다'와 '작다'라는 판단이 다르다. 사람들에게 5kg 추를 들게 했을 때 이 추가 5kg이라고 정확하게 맞출 수 있는 사람은 거의 없다. 다만 5kg 추를 든 다음 10kg 추를 들었을 때 전자가 더 가볍다는 것을 알 수 있다. 또 음계를 듣고 음을 정확하게 알 수 있는 절대 음감을 가진 사람들은 음악계에 종사하는 몇몇뿐이며, 대부분의 사람은 상대적인 음감을 통해서 음을 판단한다. 즉, 우리는 절댓값은 알지 못하지만 상댓값을 통해 사물을 파악하는데, 가격을 판단할 때도 마찬가지다. 따라서 우리는 절대가치를 측정하지 못하고 상대적으로 비교하기 때문에 모든 가격은 상대적인 가치인 셈이다.

> > >

상대가치가 차이 나는 이유

소비자는 절대가치를 모르고 상대적 가치만 알 수 있는데, 그렇다면 가격에 차이가 나는 이유는 무엇일까? 그 이유는 '앵커링' 때문이다. 앵커링이란 앞서 언급했듯이 초깃값(앵커)이 심리적인 기준이 되는 현상이다. 카너먼의 'UN에서 아프리카 국가 비율은 얼마인가'라는 사례가 대표적이었듯이, 우리는 임의의 숫자를 기준으로 판단한다. 이러한 앵커링 효과는 모든 가치를 판단하는 데 영향을 준다.

음식점에서는 처음 제시된 가격에 앵커링이 된다. 우리는 이탈리안 레스토랑에서 '추천 메뉴' 파스타 한 접시가 1만 2000원인 경우, 8000원짜리 파스타는 좋지 않을 것으로 판단하고 중간 가격인 1만 원짜리 파스타를 고른다. 하지만 같은 음식이 학교 구내식당에서는 4000원 내외다. 이때는 4500원이 비싸 보인다. 소비자는 이미 4000원이라는 숫자에 앵커링

되어 있기 때문이다.

2012년 공연된 뮤지컬 〈라 보엠〉은 VIP석이 57만 원에 이르렀다. 관객들은 프리미엄 뮤지컬의 경우에 많은 무대장치, 훌륭한 배우, 장기공연을 위해 이 정도 가격이 적정하다고 믿는다. 이러한 경우 VIP 티켓을 30% 할인한 40만 원에 구입할 수 있다면 소비자는 좋은 구매를 했다고 생각한다. 하지만 같은 기간 서울 강동아트센터에서도 〈라 보엠〉을 공연했는데, 최고가 R석이 6만 원이었다. 제작비가 낮지만 캐스팅 배우, 무대장치 등은 흠잡을 데 없이 훌륭했다. 하지만 관객은 R석 6만 원이 싸다고 생각하지 않는다. 가격은 이렇듯 상대적이며 임의적이다.

> > >

가격 자체가 가지는 감정 자극 효과

감정의 뇌 관점에서 가격에 대한 두 번째 시사점은 가격이 단순한 숫자가 아니라 감정을 자극하는 효과가 있다는 것이다. 즉, 가격 자체가 파워에지 역할을 하며 소비자에게 더 좋은 제품이라는 인식을 심어준다.

2006년 국내에서 만든 저가 손목시계를 값비싼 해외 명품 시계라고 속여 부유층과 연예인을 대상으로 수천만 원에 판매한 이른바 '빈센트 앤 코' 시계 사건이 있었다. 수천만 원이라는 가격과 해외 명품이라는 것만으로 부유층 인사와 연예인들은 싸구려 한국산 시계를 서슴없이 구매했다. 수만 원짜리 손목시계를 수천만 원으로 만든 것에는 브랜드와 가격 자체가 파워에지 역할을 했기 때문이다.

얼마 전 인터넷을 뜨겁게 달군 노스페이스 계급도 마찬가지다. 일명 '등골 브레이커'라는 점퍼는 가장 가격이 높은 '대장'이 70만 원대, 가장 낮은

'찌질이'는 25만 원대로 모두 6단계 계급으로 이루어져 있었다. 이는 가격 자체가 상품의 등급을 결정하며 소비자들에게 파워에지 역할을 한다는 것을 잘 보여준 사례다.

또 수백만 원대인 샤넬, 프라다 등을 수십만 원에 판매한다면 소비자는 그것이 '짝퉁'이며, 좋은 제품이 아니라고 판단한다. 또, 비슷한 품질의 수십만 원대 국산 명품 가방 MCM보다 수백만 원 하는 샤넬, 프라다가 훨씬 더 가치 있다고 생각한다. 아이폰도 마찬가지다. 시장에서 저렴하게 구입할 수 있는 HTC, 팬텍 휴대전화보다 고가의 아이폰을 더 선호하며, 가격에 대한 불만도 없다.

미국 캘리포니아공대는 실험을 통해 가격이 감정을 자극하는 효과를 증명했다. 똑같은 와인을 놓고 병당 10만 원이라고 했을 때와 2만 원이라고 했을 때 즐거움에 반응하는 뇌의 기쁨 중추는 10만 원짜리 와인을 마셨을 때 더욱 활발하다는 것이다. 즉, 비싼 와인을 더 맛있다고 느낀다는 것이다. 이렇게 가격이 감정을 자극하는 것은 상품이 가지는 감정 가치 때문이다. 상품은 브랜드, 평판, 가격 자체 등을 통해 감정(일반적으로 파워에지)을 자극하는 감정 가치를 가지고 있는데 이 감정 가치의 강도에 따라 가격은 달라진다.

3000만 원에 이르는 루이뷔통 가방은 상품 원가에 감정 가치가 더해져 정해진 가격이다. 상품 원가는 얼마 되지 않지만 명품 가방 브랜드가 주는 감정 가치가 상품 원가의 열 배가 넘을 정도로 강력하다. 앞서 나온 생수의 경우도 마찬가지다. 몇백 원에 불과한 상품 원가에 브랜드와 병이 주는 감정 가치가 더해져 높은 가격이 형성된 것이다.

> > >

높은 앵커링 가격에 감정 가치를 불어넣는 가격전략

가격이 절대가치를 반영하지 않는 상대가치이며, 감정을 자극하는 효과에 의해서 결정된다면 기업은 어떻게 가격을 결정하는 것이 가장 유리할까? 특히, 경쟁 상품이 있는 경우에 가격을 결정하기란 쉽지 않은 일이다. 브랜드, 성능 등의 파워에지를 충분히 가지고 있는 상품이라면 고객 지불 의향 가격 범위 내에서 높은 가격으로 앵커링하고, 감정 가치(브랜드, 새로운 기능, 디자인 등)를 강화해 상품의 가치를 높이는 가격전략이 매우 유효하다. 지불 의향 가격 범위 내에서 더 많은 가치를 가질수록 소비

앵커링에 의한 가격 전략

자는 앵커링 효과에 의해 더 많이 지불할 용의가 있기 때문이다. 여기에 감정 가치 요소를 강화해주면 소비자는 이를 통해 자기합리화 과정을 거친다.

이러한 전략을 대표적으로 사용하는 기업은 현대자동차다. 현대자동차는 신차 출시 때마다 새로운 기능을 추가하면서 가격을 높이는 전략을 펼쳐왔다. 몇 년 전 2000만 원대였던 그랜저는 지금은 4000만 원에 육박하지만 소비자는 이를 당연하다고 생각하며 기꺼이 그 가격을 지불한다. 휴대전화도 마찬가지다. 처음에는 통화 중심의 30만 원대 휴대전화에 다양한 기능을 추가하면서 가격을 높여, 이제는 100만 원을 넘는 휴대전화도 많다. 고가의 와인, 고급 손목시계, 명품 가방 등 가격 자체가 강력한 파워에지 역할을 하는 상품 카테고리에서는 높은 앵커링 가격이 매우 유용하다.

높은 가격으로 앵커링할 때 주의해야 할 점은 앵커링한 가격이 소비자의 지불 의향 가격 범위 내에 있어야 한다는 것이다. 만약 이 가격대를 넘어서 앵커링하면 상품이 주는 감정 가치가 이를 커버하지 못한다. K9이 그 좋은 사례다. K9은 브랜드, 디자인, 자동차 성능 측면에서 매우 훌륭한 상품이지만, 앵커링한 가격이 너무 높아 가격이 마이너스 리스크에지 역할을 하면서 전체 상품의 가치를 떨어뜨렸다. 높은 가격으로 앵커링하고, 감정 자극 가치요소를 강화하는 것이 감정에 의해 소비하는 소비자에게 가장 효과적인 가격책정 전략이다.

> Episode 18

잘 만들고도
안 팔리는 K9

지난 2008년 프로젝트명 'KH'로 시작된 'K9'은 4년 5개월간 5200억 원의 연구비가 투입된 기아자동차의 야심작이자 역작이다. 기아자동차는 2012년 5월 K9 출시 당시 매월 2500대 이상을 판매해 2012년 국내에서만 1만 8000대 이상을 판매하겠다는 계획을 세웠다. 하지만 출시 5개월간 판매량은 5403대에 그쳤고, 10월에는 월 500대 수준에 머물렀으며, 2012년 말에는 300만 원 이상의 가격할인을 시행했음에도 잘 팔리지 않았다.

〉 〉 〉
잘 만들어진 K9, 팔리지 않는 K9
K9는 뉴로마케팅의 가장 성공적인 사례라고 할 수 있는 K7의 후속작으로 절대동기 '경쟁 승리'를 깨우는 강력한 파워에지를 가진 역작이다. K9이라는 브랜드, 강하고 힘이 넘치는 디자인, 헤드업 디스플레이와 같은 새로운 기능 등 어느 하나 나무랄 데가 없었으며, 남성 고객이라면 한 번쯤 가던 길을 멈춰 구경할 자동차다. 또 가격전략도 감정의 뇌를 가장 만족시킨다는 높은 앵커링 가격에 감정 가치를 불어넣는 전략을 폈다. 하지만 고객의 반응은 싸늘했다. 정확하게 말하면 출시 이후 싸늘해졌다.

2012년 5월 이후 K9 월간 판매 추이(출처: 2013년 1월 4일 자 〈조선비즈〉)

그 이유는 높은 앵커링 가격이 고객이 지불하고자 하는 지불 의향 가격을 넘어섰다는 것이다. 최고 8000만 원대로 앵커링하다 보니 그 차이를 지금의 K9이 가진 브랜드, 디자인, 신기능 등이 커버하지 못하는 상황이 발생했다. 만약 최고 5000만 원대로 가격 앵커링을 했다면 지금의 디자인, 새로운 기능 등의 감정 가치 요소가 충분히 커버될 수 있었으며 소비자로부터도 외면받지 않았을 것이다. 이렇게 가격 앵커링이 잘못될 경우, 단기적인 가격인하, 가격할인 프로모션으로는 회복할 수 없는 실패를 부를 수 있다. 즉, K9이 가격을 낮추고 가격할인 프로모션을 한다면 K9이 가진 강력한 파워에지(브랜드, 성능 등)를 상쇄하는 역할을 해서 좋지 않은 상품, 실패한 자동차라는 인식을 소비자에게 심어줄 수 있다. K9은 소비자가 에쿠스급이라고 인정할 만큼 파워에지를 더 강화하는 전략(성능, 새로운 기능 등)만이 성공을 가져올 수 있다. 감정의 뇌가 더 강력해졌다고 느낄 수 있는 멋진 후속 K9를 기대해본다.

CHAPTER 07

전략6:
여성은 디테일에 미친다

몇 년 전 멜 깁슨이 주연한 〈왓 위민 원트(What Women Want)〉라는 영화가 있었다. 광고회사 중역인 닉 마샬(멜 깁슨)은 어느 날 욕조에서 감전을 당하면서 여성들이 맘속으로 하는 말을 들을 수 있는 초능력이 생겼고, 여성의 속마음을 들을 수 있게 된 닉 마샬이 큰 성공을 거둔다는 내용이다. 우리는 남성과 여성이 뇌 구조와 성 호르몬 작용으로 근본적으로 사고와 행동이 다르다는 것을 이야기했다. 남성과 여성의 뇌는 해부학적 측면에서

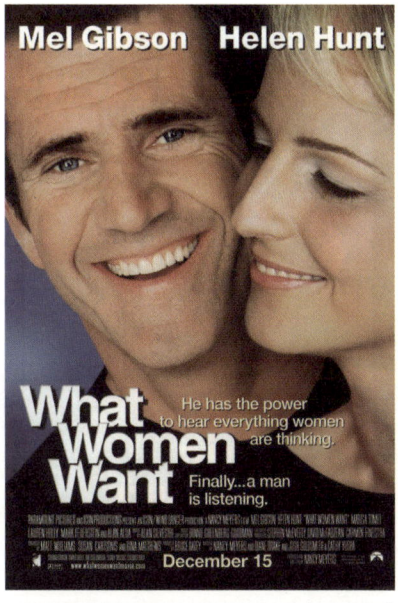

여성 심리를 잘 보여주었던 영화 〈왓 위민 원트〉(2000년 작)

300여 가지에 달하는 차이점이 있으며, 뇌 크기 자체도 다르다. 여성의 뇌(1.2kg)는 남성(1.4kg)보다 좀 더 가볍고 작지만, 보살핌과 사교적인 태도를 담당하는 감정의 뇌 속 부위는 남성보다 거의 두 배 정도 크다. 반대로 남성의 편도와 시상하부에 있는 경쟁 승리 중추와 공격 중추의 크기는 여성보다 두 배 더 크다. 후각과 미각을 담당하는 부위도 서로 다르며 남성은 여성보다 양쪽 뇌의 기능이 더 뚜렷하게 분화되어 있다. 이러한 구조의 차이와 함께 성호르몬이 남성과 여성의 행동 차이를 만드는 데 큰 역할을 한다. 남성 호르몬인 테스토스테론은 특히 좌뇌에 영향을 미치며, 남성의 사고를 좀 더 단순하고 낙관적으로 만든다. 여성 호르몬 에스트로겐은 여성의 사고를 복합적이며 관용적으로 만든다.

> > >

남성과 여성의 절대동기 차이

이러한 여성과 남성의 근본적인 차이는 소비자 행동에서도 큰 차이를 만

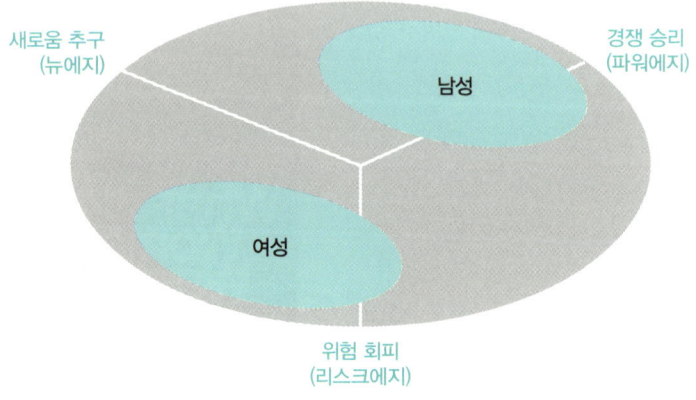

남성과 여성의 절대동기 차이

든다. 가장 큰 차이는 감정의 뇌에 코딩된 절대동기가 다르다는 것이다. 테스토스테론의 영향을 받는 남성의 절대동기 중심점은 '경쟁 승리' 측면에 가까운 반면, 여성의 절대동기 중심점은 '위험 회피'와 '새로움 추구' 사이에 놓여 있다. 절대동기 중심에 따라 감정의 뇌를 활성화시키는 3에지도 다른데, 남성은 '경쟁 승리'를 활성화시키는 파워에지에 강하게 반응하는 반면, 여성은 '위험 회피'를 활성화시키는 리스크에지에 반응한다.

이런 남성과 여성의 차이는 마케팅에 여러 의미를 던진다. 먼저, 광고문구 및 제품설명 측에서 테스토스테론의 영향을 받는 남성들은 '정돈되고 명확한 사실'을 좋아하는 반면, 여성들은 개방적이고 환상을 자극하는 제품설명을 선호한다. 동시에 여성들은 사회적인 측면과 의사소통 측면을 더 중요시한다. 정보를 수집할 때도 남성은 테스트 보고서, 잡지, 체계적인 인터넷 검색 등을 통해 정보를 수집하는 반면, 여성들은 사회적 측면과 의사소통의 측면을 중요하게 생각해 다른 여성들의 경험을 묻는다.

여성들은 남성과 달리 부드럽고 둥근 형태의 자동차를 선호한다(위 왼쪽부터 폭스바겐 뉴비틀, 닛산 큐브, 기아자동차 레이).

그러므로 여성들에게는 입소문이 엄청나게 중요한 역할을 한다.

그리고 테스토스테론과 에스트로겐은 시각적 형태에 대한 선호도 다르게 만드는데, 남성은 정사각형 모양의 직선적이고 실용적인 형태를 좋아하는 반면, 여성은 부드럽고 둥그스름한 형태를 선호한다. 이는 여성이 선호하는 자동차를 통해 대표적으로 확인할 수 있는데 폭스바겐 뉴비틀, 닛산 큐브, 기아자동차 레이, 쉐보레 스파크 등을 보면 한결같이 동글동글한 외양에 흰색, 연두, 은색 등 부드러운 컬러들이다. 이는 남성이 검은색의 강한 외관을 가진 자동차를 선호하는 것과 대조를 이룬다.

〉 〉 〉

디테일이 여성의 감정의 뇌를 깨운다

하지만 가장 중요한 차이점은 감각처리 능력이 다르다는 것이다. 원시시대에 사냥을 해야만 했던 남성은 빠른 판단을 위해 좌뇌와 우뇌가 분리돼 한쪽 뇌가 일하는 동안 다른 활동이 간섭하지 않도록 진화했다. 이는 빠른 판단을 위해 오감으로부터의 정보처리 용량을 제한한 것이다. 따라서 남성의 뇌는 많은 감정 정보를 접하면, 용량초과로 이를 견뎌내지 못한다. 백화점에서 쇼핑하는 부인, 애인을 기다리며 지루해하는 남성들의 행동 원인이 여기에 있다.

반대로 제한된 공간에서 생활해야만 했던 여성은 빠른 판단이 중요하지 않았다. 대신 우수한 자손을 낳기 위해서 훌륭한 남성을 정확하게 판단하는 것이 중요했다. 여성의 뇌는 정확한 판단을 위해 느리지만 좌뇌와 우뇌를 모두 사용해 많은 정보를 동시에 처리할 수 있도록 진화했다(한 마디로 듀얼 코어다). 양쪽 뇌를 모두 사용한다는 것은 감정 정보가 어느 뇌에 전달되든 감정 관련 정보를 알아차릴 수 있다는 것을 의미하며, 이러한 높은 감정 정보 처리능력으로 여성은 남성들이 전혀 인식하지 못하는 많은 것을 인지할 수 있다.

이러한 인지능력으로 인해 여성은 남성들이 전혀 보지 못하는 상품, 매장, 판매원 등의 세밀한 부분(디테일)까지 느낄 수 있으며, 이러한 디테일에 대해 여성의 감정의 뇌는 더 많은 자극을 받고 즐거워한다. 여성이 쇼핑 자체를 즐기는 이유가 여기에 있다.

서울우유는 포장지에 제조 연월을 표시해 디테일에 즐거워하는 여성의 마음을 얻었다.

여성들은 루이뷔통 매장에서 인테리어와 가방에 높은 자극을 받지만, 격조 높은 피팅룸에 더 많은 감동을 받는다. 또 애플 IOS의 세심한 배려를 즐기며, 여성이 느끼는 운전 애로 리스트를 바탕으로 만들어진 볼보 YCC에도 감탄한다. 특히 여성이 주요 의사결정 권한을 지니는 여성 관련 상품, 식료품 등에서는 디테일이 여성의 선택을 결정하는 데 중요한 역할을 한다. 제조일로부터 멀어지면 신선도가 떨어질 수밖에 없다는 것에 착안했던 서울우유는 포장지에 제조 연월을 표시해 여성의 마음을 사로잡았다. 한스 게오르크 호이젤 박사는 여성이 남성보다 30% 이상 유통기한을 더 자세히 본다는 것을 증명하기도 했다. 이러한 디테일에 의한 감정 자극 효과는 상품기획, 쇼핑 공간, 판매원과의 의사소통 모두에서 일어난다.

> > >

여성 상품은 여성이 만들어야 한다

이렇게 디테일로 여성을 즐겁게 해줄 수 있는 마케팅에는 어떤 것이 있을까? 가장 확실한 방법은 여성이 마케팅하는 것이다. 오늘날 마케팅 영역은 대체로 남성들이 지배하고 있지만, 남성의 눈으로는 여성들이 보는 세밀한 부분을 볼 수가 없다. 동일한 시각을 가진 여성만이 여성을 위한 디테일을 만들 수 있으며, 성공적인 여성 상품의 마케터가 대부분 여성인 이유도 여기에 있다.

지난 몇 년간 '여성친화적 디자인을 하라', '구전에 의한 영향력이 높다', '관계지향적 언어를 사용하라' 등과 같은 여성 마케팅에 관한 이야기들이 많았다. 그리고 강력한 파워 소비집단으로 부상한 여성들을 위한 현대 여우카드, 국민 eQueens 등 여성전용 카드, 여성우대 맥주전문점 큐즈, 현대자동차의 뉴EF 소나타 엘레강스 스페셜, LG전자의 핑크초콜릿폰 등 여성전용 상품들도 많았다. 하지만 이러한 여성 마케팅, 여성전용 상품이 크게 주목받지 못했던 이유는 여성들을 독립된 세그먼트로 보고 차별적인 마케팅을 하는 데 중점을 두었기 때문이다. 이러한 차별적인 여성 마케팅의 방향성과 상품 자체가 틀린 것은 아니었지만, 이러한 방향성과 더불어 여성들이 진정으로 즐거워하는 디테일에 더 많은 관심과 노력을 기울였다면 실패하는 여성 마케팅은 없었을 것이다.

여성은 남성들이 보지 못하는 디테일을 볼 수 있으며, 이러한 디테일에 감정의 뇌는 더 많은 자극을 받는다. 여성은 쇼핑 과정 그 자체를 즐긴다.

CHAPTER 08

전략7: 감정접점을
절대 놓치지 마라

고객접점에서의 서비스를 강조하는 MOT(Moment Of Truth)라는 개념이 있다. MOT란 'Moment De La Verdad'란 스페인어를 영어로 옮긴 것으로 스페인 투우에서 투우사와 소가 일대일로 대결하는 '최후의 순간', 즉 투우사가 소의 급소를 찌르는 순간을 말한다. 스웨덴의 리차드 노만(R. Norman)이 처음 사용한 '진실의 순간'이란 용어는 고객이 종업원이나 기업과 특정 접점에서 접촉할 때 서비스 품질에 대한 고객인식이 결정된다는 것을 말한다.

이 MOT 개념을 마케팅적으로 가장 잘 활용한 이는 80년대 스칸디나비아 항공(SAS)의 얀 칼슨(Jan

진실의 순간

PART 6. 감정의 뇌를 유혹하는 10가지 전략　285

패밀리 레스토랑의 접점

Carlzon) 사장이다. 그는 직원들이 고객을 만나는 15초 동안이 '진실의 순간'이라고 정의했으며, 이 짧은 순간이 스칸디나비아 항공의 전체 이미지, 나아가 사업의 성공을 좌우한다는 것을 강조해 큰 성공을 거두었다. 이렇게 모든 상품과 기업은 고객과 만나게 되는 접점(touch point)이 있으며, 이 접점이 중대한 고객인식을 결정하는 진실의 순간이다.

패밀리 레스토랑의 접점을 예로 들어 보자. 고객과 만나는 가장 많은 접점은 매스미디어를 통한 광고다. 고객은 TV를 통해 패밀리 레스토랑의 광고와 접촉하며, 웹사이트를 통해 패밀리 레스토랑과 만난다. 또 신문, 잡지와 같은 매체를 통해서도 접촉하며 이메일, 우편으로도 만난다. 예약을 위해 직원과 전화통화를 하며, 주차장에서 주차안내 직원과도 만난다. 일단 매장에 들어서면 서버(server)들이 문을 열어주면서 인사를 하고, 대기 시간을 위해 웨이팅 푸드도 제공한다. 안내하는 직원을 따라 자리에 앉으면, 테이블 당 담당 서버가 무릎을 꿇고 눈높이를 맞추는 퍼피독(Puppy Dog) 서비스를 하며 생일파티 등 다양한 이벤트도 열어준다. 중간에 서빙하는 직원들과 이야기를 하며, 조리대에서 요리사에게 직접 주문하기도 한다. 마지막으로 계산대에서 계산하고 집으로 돌아간다. 이렇게 패밀리 레스토랑에는 고객과 만나는 다양한 고객접점이 있는데, 다른 많은 상품과 서비스에도 유사한 접점이 존재한다.

〉 〉 〉

감정접점에서 감정 자극 효과를 높이는 2가지 방법

이러한 접점 중에는 고객의 감정과 직접적으로 만나는 감정접점(emotional touch point)이 있다. 패밀리 레스토랑의 경우 20여 곳의 접점 중에서 매장안내 전화, 입구안내 직원, 서빙 직원이 고객의 감정과 직접적으로 만나는 감정접점이다. 고객은 감정접점에서 받는 감정 자극 효과를 상품 자체의 감정 효과와 구분해서 인지하지 못한다. 즉, 패밀리 레스토랑의 직원에게 받는 감정 자극 효과는 맛과 함께 패밀리 레스토랑의 감정 효과로 기억된다. 그리고 중요한 점은 감정은 기억과 관련 있기 때문에 이러한 감정 자극 효과는 오래도록 소비자 기억에 영향을 미치며, 특히 부정적인 감정 자극 효과는 오랫동안 소비자 행동에 부정적인 영향을 미친다. 기업들이 감정접점의 중요성에 대해 깊이 인식하고 치밀하게 관리해야 하는 이유가 바로 여기에 있다.

감정접점에서 소비자의 감정 자극 효과를 높이기 위해서는 크게 두 가지가 필요한데, 먼저 인스토어 디자인이다. 감정의 뇌는 오감을 통해 자극받기 때문에 대기실 공간 의자나 매장 내 디스플레이 등은 시각, 청각,

후각 등 오감 자극을 극대화할 수 있는 디자인이 필요하다. 애플은 고객의 감정 반응과 무의식적 습관까지 고려해 애플스토어를 설계했는데, 화장실 표지판을 무슨 색으로 할지까지도 세심하게 고려했다고 한다. 또, 매장 입구는 강렬한 첫인상을 심어줄 수 있는 중요한 접점이다. 매장 입구에서 오감을 통해 받는 감정 자극은 앵커링 효과에 의해 좋은 감정을 지속적으로 유지하게 한다.

신세계 백화점은 좋은 향기가 나는 화장품 점포나 과일 코너 배치를 입구 쪽에 함으로써 감정 효과를 극대화하는 것으로 유명하다. 그리고 진열 공간은 고객의 촉각과 미각을 최대한 자극할 수 있게 상품 체험이 가능하도록 꾸미는 게 좋다. 진열대 중 돌출하거나 함몰된 부분을 만들어 시선을 집중시키고, 직접 만져보고 싶은 심리를 자극하는 것도 효과적이다. 고객 동선을 고려한 매장 배치도 필수다. 소비자의 68%는 매장에 들어서면 무의식적으로 오른쪽으로 움직인다고 한다. 따라서 매장 전체를 놓고 보면 시계 반대 방향의 거대한 순환 패턴이 발생하는데, 이러한 고객 동선에 따라 상품코너를 구성하면 효과적으로 구매 욕구를 자극할 수 있다. 음악을 통한 감정 자극 효과도 좋다. 또한 최근 유행하는 여성친화적 디자인은 여성의 감정을 자극하는 데 유효하다.

감정접점에서 소비자의 감정을 자극하기 위한 두 번째 방법은 접점에서 판매원과 종업원의 감정지수(emotional perception index)를 관리하는 것이다. 접점에서 발생하는 감정 자극 효과의 90% 이상은 접점 직원(판매원, 종업원, 콜센터 직원 등)과 고객 사이의 감정 교류에서 발생하기 때문에 접점 직원의 감정 관리는 매우 중요하다. 이를 위해서는 감정지수가 높은 직원을 채용하는 것이 최우선이며, 채용 후에도 직원들의 감정지수를 적극 관리해야 한다. 접점 직원이 소비자의 감정에 공감하고 감정이입하면 소비자가 받는 감정 자극 효과는 훨씬 더 커지기 때문에, 접점 직원에게는 말이나 표정, 행동 등을 통해 고객의 감정 상태를 이해할 수 있는 능력이 필요하다. 또 소비자의 다양한 감정 상태에 따라 대응하는 훈련도 지속해야 한다.

2012년 채선당 종업원과 임산부 간에 벌어진 몸싸움은 인터넷을 타고 일파만파로 퍼졌다. 회사 측에는 혐의가 없다는 것이 밝혀졌지만 이미 기업 이미지는 바닥으로 떨어졌고, 수백 개에 이르는 가맹점은 큰 영업손실을 보았다. 사실 여부와 관계없이 고객의 감정을 다치게 하는 것이 얼마나 안 좋은 결과를 가져올 수 있는지 보여준 사례다. 그래서 소비자의 감정과 직접 만나는 감정접점에서는 한순간도 소비자와의 감정 교류에 소홀해서는 안 된다.

CHAPTER 09

전략8: 감정의 뇌
시장세분화를 하라

남성과 여성의 소비 행동이 근본적으로 다른 것과 같이, 시장에는 하나의 동일한 소비자만 존재하는 것이 아니라 서로 다른 특징을 가진 여러 개의 세분시장(segment market)이 존재한다. 이러한 세분시장은 지역과 같은 지리적 변수, 성과 연령 같은 인구통계학적 변수, 라이프스타일이나 가치관과 같은 심리적 변수, 구매 행태 같은 행동 변수 등에 의해 구분될 수 있다.

그런데 이러한 시장세분화는 감정의 뇌 관점에서도 이루어진다. 감정의 뇌에 코딩된 절대동기 유형과 남녀의 차이에 의해 행동유형이 명확히 구분되기 때문이다. 자동차 시장을 예로 들어보자. 자동차는 전형적으로 파워에지가 중요한 상품 카테고리다. 하지만 시장에는 리스크에지와 뉴에지를 중요하게 생각하는 세분시장이 존재한다. 자동차에는 승용차(세단)만 있는 게 아니라 제네시스 쿠페와 같은 쿠페, i40와 같은 왜건, 싼타페

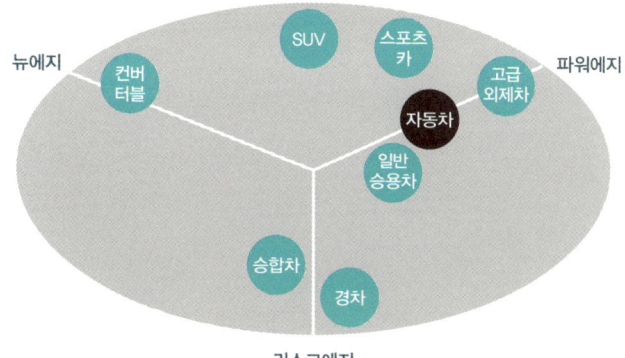

자동차 시장의 감정의 뇌 시장세분화

와 같은 SUV와 컨버터블, 리무진, 승합차, 픽업 트럭 등 다양한 세분시장이 존재하기 때문이다.

> > >

감정의 뇌 시장세분화

동일한 상품 카테고리라도 세분시장에 따라 3에지의 중요도는 달라진다. 스포츠카는 빨리 달릴 수 있는 성능과 멋진 외양(디자인)이 중요하며, SUV는 오프로드에서도 잘 달리며 고장 나지 않는 성능이 중요하다. 그리고 경차와 승합차의 경우는 잘 달리는 성능, 멋진 외양보다는 운행의 경제성인 리스크에지가 중요하다. 따라서 기업은 성공적인 마케팅을 위해 세분시장에 맞는 상품개발과 마케팅을 해야 한다. 예를 들어, 컨버터블 자동차는 멋진 디자인과 성능이 중요하기에 '좋은 연비' 같은 리스크에지를 강조하는 마케팅은 실패하게 될 것이다.

자동차만이 아니라 다양한 브랜드의 의류, 패밀리 레스토랑, 화장품,

컴퓨터, 휴대전화, 자전거 등 거의 모든 상품 카테고리는 감정의 뇌 관점에서 세분시장이 존재한다.

〉 〉 〉

새로운 방향성 제시

이러한 감정의 뇌에 따른 시장세분화는 기존 인구통계학적 변수, 심리적 변수, 행동 변수에 의한 시장세분화 결과를 더 명확하게 이해시킨다. 시장세분화의 대표적 사례인 미국 모빌오일(Mobil Oil)의 예를 들어보자. 미국의 휘발유시장은 가격이 가장 강력한 경쟁 무기인 완전경쟁 시장으로 오랫동안 상품 차별화가 어려웠다. 그런 시장에서 모빌오일은 정밀한 조사를 통해 시장세분화를 시도했는데, 그 결과는 다음과 같았다. 주변에서 가장 싼 주유소만을 찾아다니는 가격민감층(Price Shoppers) 20%, 자동차를 사랑하기에 좋은 휘발유를 넣으려고 하는 자동차애호가 16%, SK 주유소와 같이 특정 브랜드 주유소만을 찾는 알짜배기 16%, 가격이나

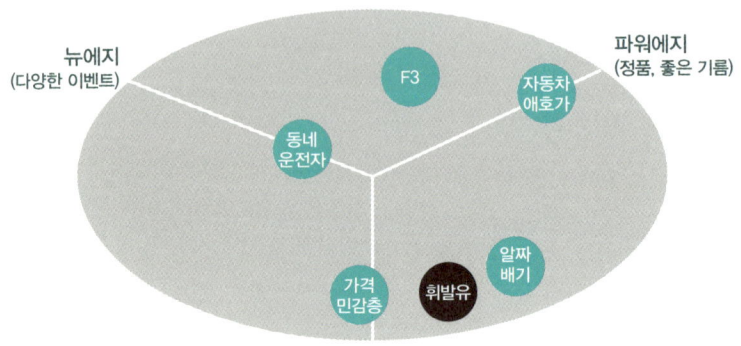

모빌오일의 감정의 뇌 시장세분화

주유소 브랜드에 상관없이 가장 가까운 주유소에서 기름을 넣는 F3 세대 27%, 그리고 주중에 대체로 낮에 자기 아이들을 동네 이곳저곳으로 데려다 주는 가정주부들인 동네운전자 21%로 세분시장이 나뉘는 것으로 파악되었다. 그래서 세분시장에 맞는 차별적 마케팅을 함으로써 시장점유율을 높이는 데 성공했다.

감정의 뇌 관점에서 보면 소비자들이 모두 절대동기 '위험 회피'만 강하게 가지고 있는 것은 아니다. 그중에는 절대동기 '경쟁 승리'가 강해서 파워에지인 좋은 기름을 넣고자 하는 소비자도 있기 때문이다. 이렇게 모빌 오일의 시장세분화 결과에서 볼 수 있듯이, 당연히 가격이 가장 중요한 시장일 것으로 생각했던 휘발유 시장에도 여러 세분시장이 존재한다.

6만 명이 넘는 독일 소비자를 대상으로 한스 게오르크 호이젤 박사가 조사한 감정의 뇌 코딩에 따른 분류를 보면 파워에지가 중요한 실행가(6%), 뉴에지가 중요한 향락주의자(11%), 리스크에지가 중요한 조화론자(32%)와 전통주의자(24%)가 있으며, 뉴에지와 파워에지를 중요하게 생각하는 모험가(3%), 뉴에지와 리스크에지를 중요하게 여기는 향유자(13%), 파워에지와 리스크에지를 중요하게 생각하는 규율숭배자(10%) 등 총 일곱 개의 소비자 유형이 있다.

이러한 독일 소비자 조사결과를 보면 가격민감층과 알짜배기 세분시장(조화론자와 전통주의자)이 전체의 56%를 차지하지만, 그럼에도 리스크에지인 가격보다 다른 부분을 더 중요하게 여기는 세분시장도 존재한다는 것을 의미한다. 그리고 감정의 뇌 시장세분화 관점에서 보면 향후 어떤 세분시장이 더 중요해지는지 알 수 있다.

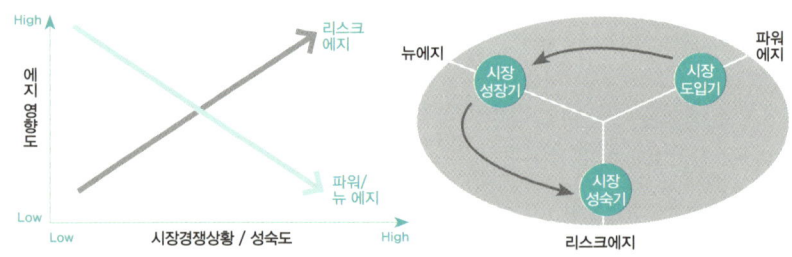

시장성숙도에 따른 3에지 변화

>>>

시장성숙도에 따라 다른 감정의 뇌 시장세분화

이는 세분시장의 중요도와 규모가 시장성숙도에 따라 변하기 때문이다. 즉, 새롭게 시장이 만들어지는 시장도입기에는 상품의 성능이 중요하기에 파워에지 비중이 높으며, 세분시장은 존재하지 않는다. 상품이 대중화되는 성장기에는 기존 성능 위주의 단순한 제품에 재미 요소가 추가되면서 시장이 다양화되므로 뉴에지가 중요한 세분시장이 형성된다. 마지막으로 시장이 쇠퇴하는 성숙기에는 파워에지와 뉴에지만으로는 시장차별화가 어려우며, 결국 가격이 가장 중요한 에지가 되는 시장이 된다. 파워에지인 성능 차별화가 가능한 자동차 시장에서는 파워에지 세그먼트가 크지만, 휘발유 시장과 같이 대표적인 성숙기 상품은 리스크에지가 중요한 세분시장으로 커지는 것이다.

아쉬운 것은 한국 소비자에 대한 감정의 뇌 시장세분화 연구 결과가 없다는 것이다. 물론 시장세분화 방법에 절대적인 기준이 없고 감정의 뇌 시장세분화도 소비자를 구분하는 기준 중 하나인 것은 사실이다. 그렇지만 인구통계학적·심리적·행동 변수 같은 기존 시장세분화 방법들이 설명하지 못했던 세분시장이 구분되는 이유나 향후 세분시장의 방향성 등에 대해 감정의 뇌 시장세분화가 더 명쾌한 답을 가지고 있는 것은 분명하다.

> Episode 19

림빅 시스템의
7가지 소비자 유형

앞서 언급된 한스 게오르크 호이젤 박사의 일곱 가지 고객 유형(전통주의자 24%, 조화론자 32%, 향유자 13%, 향락주의자 11%, 모험가 3%, 실행가 6%, 규율숭배자 10%)을 좀 더 살펴보자.

> > >

7가지 소비자 유형
림빅 시스템의 '균형'이 높은 전통주의자는 구매 결정을 내릴 때 안정성과

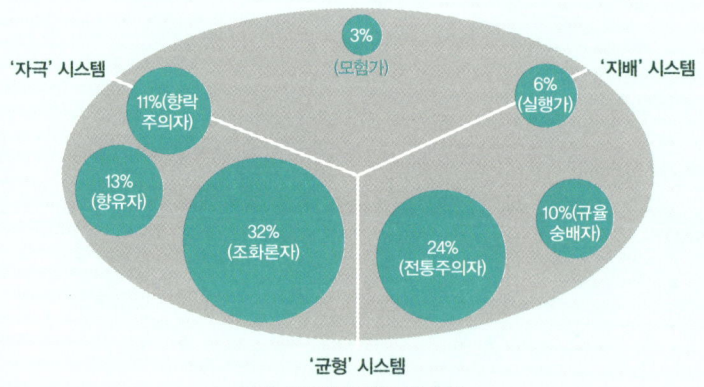

림빅 시스템에 의한 고객 유형

신뢰감, 품질에 대한 확신에 큰 비중을 둔다. 소비 및 구매 습관 또한 비교적 변하지 않고, 대중적인 취향과 광범위하게 유포된 상식을 지침으로 구매 결정을 한다. 또, 이들이 구매 과정에서 가장 중요하게 여기는 것은 안정성과 신뢰성이다. 또, '균형'이 높은 조화론자는 전통주의자와 비슷하지만 '결합'과 '보살핌'이라는 사회적 모듈이 강하게 활성화되어 있다. '균형'과 '자극' 중간에 있는 향유자는 개방적이고 긍정적인 생활방식을 가진 유형으로, 높은 만족감과 환상을 선호한다. '자극'이 높은 향락주의자는 언제나 새로운 것을 추구하고, 다른 보상을 찾아 헤매는 성격이다. 이들은 시끌벅적하거나 눈에 띄고 유별난 것을 중요하게 생각한다. 이들은 전형적인 얼리어답터라고 볼 수 있다.

'자극'과 '지배'가 높은 모험가는 향락에 전투적 요소가 가미되어, 자신의 의지를 관철하고 자신의 능력을 입증하되 그 과정에서 무언가를 체험하고자 하는 유형이다. '지배'가 높은 실행가는 눈에 들어온 목표물을 완강하고 집요하게 추적하는 성격으로, 영리함을 상징하거나 높은 지위를 약속하는 구매 장소와 상품을 중요하게 여기는 유형이다. 마지막으로 '지배'와 '균형'이 높은 규율숭배자는 염세적이고 의구심에 찬 태도로 세상을 대하며, 기분 전환을 추구하지 않는다. 그들에게 즐거움이나 향락은 보잘것없는 것이며, 꼭 필요한 물건만을 구입하는 유형이다. 여기에 또 하나의 특수 유형인 방관자가 있는데, 이들은 세 가지의 림빅 시스템 중 어떤 것에도 강하게 부각되지 않는 유형이다. 이렇게 소비자의 성향에 따라 관심 상품도 다르고 품질에 대한 기대치도 달라진다.

CHAPTER 10

전략9: 탁상기획은 절대 모르는
RDE의 세계

급변하는 경쟁 환경 속에서 혁신적인 신제품 개발은 생존과 번영을 위해 필수적이며, 3M과 같이 성공하는 기업들은 신제품 매출이 전체 매출의 30% 이상을 차지한다. 하지만 매년 5만 500개의 신제품이 나오는 대한민국 시장에서 대부분의 제품은 선택받지 못하고 그냥 사라져버린다.

음료시장을 예로 들면, 2012년에만 31가지 신제품이 나왔지만 시장 진입에 성공한 제품은 불과 세 개에 불과하다. 롯데칠성음료는 최초의 아미노산 스포츠음료인 '말벌 100km'을 출시했지만 월 10억 원대 매출목표에 턱없이 부족했고, 웅진식품이 차세대 곡물 음료라고 선보인 '빛고은팥'도 6개월이 안 돼 철수했다. 열한 종의 신제품을 선보인 남양유업의 '왓쓰업'·'알로에팅'·'산딸기 생', 동원 F&B의 '홍삼'·'산수유'·'타히티'·'검은콩 두두', 코카콜라가 녹차시장을 겨냥해 내놓은 '하늘연차', 해태음료의 '쉼표 하나'도 조용히 시장에서 사라졌다. 시장 진입이 아닌 성공한 신

2012년에 출시되었다가 조용히 사라져간 음료 신제품들

제품의 비율은 더욱 낮다. 청량음료의 경우 1%, 빙과류 7%, 유제품은 5%, 일반 가공식품은 5%에 불과하다.

> > >

소비자는 자신이 무엇을 원하는지 모른다

신제품 개발은 일반적으로 신제품 개발 프로세스(NPD, New Product Development)에 따라 이루어진다. 우선 내부자료, 고객조사, 브레인스토밍 등을 통해 아이디어를 수집하는 '아이디어 제너레이션'을 하며, 이후 회사의 전략 방향, 브랜드 아이덴티티 등을 기준으로 '아이디어 스크리닝'을 한다. 그다음 경쟁사와의 포지셔닝을 고려해 어떤 제품을 만들 것인지를 결정하는 '제품 콘셉트'를 결정하며, 테스트를 시행한다. 이후 핵심 타겟 고객을 정하고, 판매목

신제품 개발 프로세스(NPD)

표와 4P를 중심으로 한 마케팅 전략을 수립한다. 제품 콘셉트와 마케팅 전략이 완성되면 실제 제품을 개발하고 테스트 마케팅을 거친 후, 출시 이벤트와 광고를 포함한 런칭 전략에 따라 신상품 출시 마케팅을 시행한다. 하지만 가장 합리적이라는 신제품 개발 프로세스를 거친 많은 제품이 계속 실패하고 있다. 물론 매력적인 제품 콘셉트, 신제품 자체의 경쟁력, 강력한 런칭 프로그램 등 신제품 성공 요건이 잘 실행되었는지도 중요하다고 하지만, 그래도 그것만으로는 설명이 충분하지 않다.

어떻게 하면 성공적인 신제품을 만들 수 있을까? 가장 위대한 마케팅 실패라고 하는 코카콜라 뉴코크 사례는 성공적인 신제품 개발에 중요한 메시지를 제공한다. '대부분의 소비자는 자신이 무엇을 원하는지 모르며, 혹 안다고 하더라도 이를 구체적으로 표현하지 못한다.' 커피를 예로 들면, 소비자는 언제나 '풍부하고 진한 맛'이 나는 커피를 원하지만 어느 정도의 쓴맛과 단맛의 조화가 본인이 원하는 풍부하고 진한 맛인지를 정확히 알지 못한다. 따라서 소비자의 잠재욕구를 파악하는 데 있어 포커스 그룹 인터뷰나 설문같이 소비자에게 직접 묻는 조사방식에는 근본적인 한계가 있다. 스티브 잡스나 제임스 다이슨 같은 혁신 기업가들이 '소비자 조사는 무용지물'이라고 하는 이유가 여기에 있다.

> > >

소비자가 진정 원하는 것을 찾아가는 비즈니스 실험

이러한 질문에 하버드 대학교의 하워드 모스코비츠(Howard Moskowitz)는 매우 유용한 신제품 개발법을 제시하고 있다. 미국 식품업체 캠벨(Campbell)은 1980년대 후반 파스타 소스 사업에 진출한 이후 고전을 면치 못했다. 신제품은 소비자들의 외면을 받았고, 여러 차례의 소비자조사도 뚜렷한 해결책을 제시하지 못했다. 고민에 빠진 캠벨은 하워드 모스코비츠에게 도움을 청했다. 그는 소비자 설문조사나 포커스그룹 인터뷰를 통해 뭘 좋아하는지에 관해 말로 묻는 대신, 여러 시제품을 만들어 직접 체험하게 했다. 그는 토마토와 양파, 마늘 등 여섯 개의 핵심 재료로 무려 45개의 시제품을 만들었다. 재료별 구성비와 가공방식을 다양하게 조합한 것이다. 그는 이 45가지 소스를 갖고 여러 지역을 돌아다니며 소비자 시식회를 실시했다.

그는 이 실험을 통해 소비자들의 선호에 일정한 패턴이 있다는 것을 발견했으며, 소비자를 취향에 따라 세 개 그룹으로 나눌 수 있다는 것도 알았다. 전통적인 맛을 좋아하는 그룹과 강하고 매운맛을 좋아하는 그룹, 그리고 뭔가 씹는 맛을 좋아하는 그룹이 그것이다. 그는 각 그룹의 취향에 맞게 시제품을 다시 여러 종류 만들어 테스트를 했다. 거듭된 실험을 통해 그는 소비자가 진정 원하는 제품을 찾아 나갔다. 그렇게 탄생한 파스타 소스가 '프레고(prego)'다. 이 중에서도 특히 씹는 맛이 일품인 '엑스트라 청키(extra-chunky)'는 기존의 파스타 소스에는 없었던 전혀 새로운 맛이었다. 이는 어떤 소비자나 포커스그룹도 제안한 적이 없는 아이디어였으며, 프레고는 10년간 60억 달러의 매출을 올리며 큰 수익을 냈다.

하워드 모스코비츠는 이 과정을 일러 RDE(Rule Developing Experiment, 규칙 개발 실험)라고 했다. RDE란 체계적으로 성공적인 신제품을 찾는 것을 목표로, 고객들이 원하는 것을 정확히 알지 못하기 때문에 다양한 시제품을 만들어서 고객이 좋아하는 게 어떤 시제품인지 찾아가는 비즈니스 실험이다. RDE는 어떤 상품 요소가 고객의 수용과 거절을 결정하는지 명확하게 추출할 수 있다는 장점이 있으며, 책상 위 가설로 만들어진 신제품이 아니라 실제 고객반응을 기반으로 성공적인 신제품을 찾는 구체적인 방법론이다. 이러한 성공적인 결과들로 RDE 기법은 다른 식품업체로 확산되었다. 맥스웰하우스(Maxwell House) 또한 1990년대 새로운 커피 개발에 이 기법을 도입해 성공을 거두었다. 이전까지의 커피 개발은 '황금의 혀(golden tongues)'라고 불리는 커피전문가 그룹에 의존했는데, RDE 기법으로 한 시제품 테스트를 통해 소비자들의 입맛을 직접 파악하고 공략함으로써 오랜 실적 부진에서 벗어날 수 있었다.

그리고 다수의 금융, 전자, 생활용품, 디자인 기업들도 RDE 기법을 도입했는데, HSBC와 마스터카드는 2006년 독일 월드컵을 겨냥한 '특별 카드'를 공동으로 만드는 데 이 기법을 활용했다. 각각 다른 소비자 혜택과 디자인으로 구성된 수십 가지 시제품을 만든 뒤 소비자 테스트를 통해 단 3일 만에 3~4종의 전략 카드를 개발했다. 이 카드는 출시 한 달 만에 1년 치 목표를 달성하는 성과를 거두었다. 1990년대 중반 판매 실적 악화로 고민하던 휴렛팩커드(HP) 역시 RDE 기법을 통해 새로운 개념의 PC와 카메라들을 개발한 덕분에, PC는 판매순위 톱 10의 3분의 2를 차지했고, 카메라도 1위를 포함해 상위권을 석권했다.

감정의 뇌가 신제품을 좋아하는지 알 수 있는 가장 확실한 방법은 기능성자기공명영상장치를 활용해 조사하는 것이다. 하지만 기능성자기공명영상장치를 통한 실험은 시간, 장소, 비용의 제약을 받기 때문에 아직까지는 실용적이지 않다. RDE 기법은 이 장치를 사용하지 않고도 다양한 시제품 테스트를 통해, 감정의 뇌가 진정 원하는 신제품을 만들 수 있게 하는 유용한 기법이다.

CHAPTER 11

전략10:
테스토스테론을 컨트롤하라

앞에서 이야기했던 내용을 요약하자면 소비자는 감정의 뇌에 의해 소비자 행동을 하는데, 이 감정의 뇌는 소비자에게 여러 가지 판단의 오류와 착각, 그리고 비합리적 판단까지 일으킨다는 것이다. 그런데 이러한 오류와 착각은 경영자와 마케터도 똑같이 일으킨다. 우리 모두는 사실 착각하고, 비합리적 판단을 하는 소비자와 같은 존재이기 때문이다. 우리는 매번 실패하는 신상품을 만들고 소비자가 기억하지 않는 광고를 만든다. 잘못된 투자를 결정하며, 이해하기 어려운 브랜드를 계속 만든다. 이렇게 우리는 착각과 비합리적 판단을 부르는 판단의 지름길을 계속 사용하고 있다.

그렇다면 성공적인 마케팅을 하기 위해서는 어떻게 해야 할까? 감정의 뇌는 이 질문에 중요한 대답을 하고 있다. 조직을 구성하는 사람들의 유형에 따라 조직이 사용하는 판단의 지름길이 결정된다는 것이다. 즉, 절대동기 '경쟁 추구'가 강한 사람과 '새로움 추구'가 강한 사람이 사용하는 판단의 지름길은 전혀 다르며 그 유형은 바뀌지 않는다. 따라서 기업의 의사결정도 조직구성원의 절대동기 유형, 특히 의사결정권자들의 절대동기 유형에 따라 전혀 달라진다. 절대동기 '위험 회피'가 높은 사람들로 조직이 구성되면 당연히 조직 의사결정은 위험 회피적이 되며, 절대동기 '새로움 추구'가 높은 사람들의 비중이 높으면 벤처 기업과 같이 리스크 높은 사업에 공격적인 사업을 펼친다. 또 절대동기 '경쟁 승리'가 높은 사람들로 구성되면 조직은 성과창출 조직으로 나아가는 반면, 조직의 창의성은 떨어진다.

중요한 것은 한 유형만으로 구성해서는 안 된다는 것인데, 예를 들어 절대동기 '경쟁 승리'가 강한 사람들로만 조직되면, 서로 경쟁하고 파워게임만 하다 조직은 붕괴해버린다. 성공적인 조직 구성을 위해서는 조직의 핵심을 어떤 유형의 사람으로 구성하느냐가 가장 중요하다. 그러면 높은 성과를 창출할 수 있는 조직의 감정의 뇌 코딩은 어떤 유형일까?

〉 〉 〉

단기 성과를 내는 성과형

감정의 뇌 절대동기 코딩 유형에 따라 리더의 유형은 성과형, 선구형, 창조형, 개방형, 보존형, 감독형으로 구분된다. 성과형은 '경쟁 승리'가 높은 유형이며, 창조형은 '새로움 추구'가 높은 유형이다. 그리고 '경쟁 승리'와 '새로움 추구' 코딩 모두가 높은 유형이 선구형이다. 보존형은 절대동기 '위험 회피'가 높은 유형이며, 비슷한 유형으로 개방형과 감독형이 있다. 2001년 〈임펄스(Impulse)〉라는 잡지의 '성공한 기업인'의 인성에 관한 연구결과는

감정의 뇌 절대동기 코딩에 따른 리더의 6가지 유형

명백하게 '경쟁 승리' 절대동기가 높은 '성과형'과 '선구형'이 많다고 했다. 이런 결과는 한스 게오르크 호이젤 박사의 조사에서도 비슷하게 나왔다.

선구형과 성과형은 절대동기 '경쟁 승리'의 비중이 조금 다르다. 선구형은 스티브 잡스나 빌 게이츠 등이 대표적인데, 절대동기 '경쟁 승리'와 '새로움 추구' 비중이 동일하게 높은 유형이다. 창조적 혁신가로 명성이 높은 사람들은 대부분 선구형이다. 성과형은 절대동기 '경쟁 승리' 비중이 특히 높은 유형('경쟁 승리' 80% 수준에 달하고, '위험 회피'는 50%, '새로움 추구'는 30% 수준)으로 잭 웰치가 대표적이라고 할 수 있다.

〉 〉 〉

테스토스테론이 기업을 망하게 한다

단기 성과를 내는 절대동기 '경쟁 승리'는 유전적 요인과 환경적 요인에 의해 결정되는데, 남성 호르몬 테스토스테론을 통해 발현된다. 즉, 절대동기 '경쟁 승리'를 이끄는 행동은 남성 호르몬인 테스토스테론에 의한 행동 유형이다. 테스토스테론이 높을수록 권력에의 의지가 강하고 호전적이 된다. 테스토스테론은 승부에 대한 강한 경쟁에서 새롭게 힘을 받으며, 다른 일에는 에너지를 소비하지 않고 한 우물을 파도록 하는 성공의 연료다. 미군이 영장류를 대상으로 시행한 테스토스테론과 '경쟁 승리' 행동 사이의 상관성에 관한 실험 결과, 높은 테스토스테론 수치를 가진 사람(혹은 영장류)은 대체로 높은 서열과 낮은 사회지능을 갖고 있으며, 경쟁자를 복종시키려는 경향이 강하다. 또한 넓은 영토를 지향하고 공격성과 호전성이 높으며 평균보다 훨씬 많은 성 관계를 가진다고 한다.

하지만 이러한 성공의 핵심 연료인 테스토스테론에는 몇 가지 치명적인 약점이 있다. 테스토스테론은 성과를 내는 데도 영향을 주지만, 조직 내 파워게임에도 강력하게 그 힘을 발휘한다. 테스토스테론 수치가 높을수록 권력에의 의지가 강하고 호전적이며 힘든 파워게임에도 잘 버티는데, 이는 다시 말하면 테스토스테론이 높을수록 조직 내 파워게임에서 승자가 될 가능성이 높다는 것이다.

하지만 이렇게 파워게임에서 최종 승자가 되는 고(高) 테스토스테론 유형들은 '승자의 곡선'이라는 함정에 빠진다. 승자의 곡선이란 높은 테스토스테론이 고착화되어 보수적으로 바뀌는 현상이다. 즉, 힘든 경쟁을 벌이면 남성 호르몬인 테스토스테론의 분비량이 급증하는데, 몇 시간 혹은 며칠씩 지속되기도 한다. 승리 후 맛보는 행복 호르몬 엔도르핀 때문에, 뇌는 더 많은 경쟁을 하도록 끊임없이 자극한다. 이렇게 승리하는 경쟁이 지속되면, 뇌 속에서는 높은 테스토스테론 수치가 고착화되는 현상이 발생한다. 이는 마치 혈압이 지속적으로 높으면 고혈압이 되는 현상과 같다.

이렇게 높은 수준의 테스토스테론이 지속되면 뇌는 위험 회피 작용으로 또 다른 '행복 호르몬' 세라토닌을 분비하는데, 세라토닌은 위험을 회피하고자 하는 절대동기 '위험 회피'를 깨우는 호르몬이다. 쉽게 설명하면, 조직 내 파워게임에서 승리한 테스토스테론이 높은 유형은 승리에 도취되어 위험 회피 성향의 감독형이나 보존형으로 그 리더십 유형이 바뀐다는 것이다.

한때 높은 성과를 창출했던 성공적인 기업들이 환경 변화에 둔감해지고, 창조적 혁신을 하지 못하는 이유는 조직 내 파워를 획득한 사람들의 성향이 변했기 때문이다. '경쟁 승리'가 거의 100에 가까울 정도로 테스토스테론이 극단적으로 높은 사람들은(흔히, 마초라고 불린다) 업무부담의 한계를 모르고 지각과 사고가 매우 제한적이다. 동시에 병적인 공격성을 가지고 있어 조직 내 거부감을 유발하고 의사결정에도 많은 문제를 일으킨다. 또한 이들은 낮은 지능과 환경변화에 대한 둔감도 때문에 높은 성과를 내지 못한다. 하지만 이들은 조직 내 파워게임에서는 절대적인 영향력을 발휘해 절대 승자가 되는 경향이 높다.

〉〉〉
창조형 중심의 마케팅 조직이 혁신을 이끈다

절대동기 '새로움 추구'가 높은 선구형과 창조형 또한 단기적으로는 높은 성과를 창출하며, 대부분의 혁신 상품은 '새로움 추구' 동기가 매우 높은 '창조형' 성향의 사람들이 만든다. 하지만 지능이 높고 환경변화에 민감하게 반응하는 창조형은 조직 내 파워게임에서 궁극적으로 패자가 되기 쉽다. 또한 그들 대부분은 중간에 조직을 떠나는데, 이는 경쟁의 연료인 테스토스테론이 낮아 경쟁과 갈등 관계에서 오는 스트레스를 견디지 못하기 때문이다.

따라서 창조적 혁신을 지속하는 마케팅 조직이 되려면, 창조형과 선구형이 조직의 핵심으로 구성되어야 한다. 즉, 혁신과 성공을 지속적으로 창출하기 위해서는 절대동기 '경쟁 승리', '새로움 추구', '위험 회피'가 높은 사람들의 비율이 적절히 조화를 이루는 것이 중요하며, 창조적 혁신을 지속적으로 이루기 위해서는 절대동기 '새로움 추구'가 높은 사람들의 비중이 높도록 조직을 구성해야 한다. 특히, 최고마케팅책임자(CMO)는 '새로움 추구'가 높은 유형이 맡아야만 창조적 혁신이 지속될 수 있다. 하지만 이들은 조직 내 파워게임에서 패자가 될 가능성이 높기에 이들을 육성하기 위한 최고경영자의 절대적인 노력이 필요하다.

> Episode 20

잘나가던 코닥과 노키아가 무너진 이유

2012년 1월, 블룸버그 통신은 "전 세계 소비자가 필름에서 디지털 기술로 옮겨간 흐름을 극복하지 못하고 코닥이 끝내 파산 신청을 했다"고 보도했다. 60~70년대 코닥이라면 지금의 구글이나 애플과 같이 가장 선망받는 기업이었다. 아이러니한 것은 코닥은 이미 1975년에 세계 최초로 디지털 카메라를 개발한 상태였다. 하지만 잘 나가는 필름 시장을 스스로 디지털 사업으로 위축시킬 수 없다는 '근시안적 논리'가 코닥 내부에서 득세해, 디지털카메라가 아닌 기존 필름 산업에 계속 집중한 것이다. 결국 코닥은 시대에 적응하지 못한 게 아니라 스스로 적응을 거부했던 것이다.

> > >

창조적 혁신 기업이었던 노키아

노키아는 2012년 2분기 순손실액이 14억 1000만 유로에 달했다. 2011년 같은 기간보다 네 배가량 손실이 확대되었으며, 국제 신용평가사 무디스는 2012년 노키아의 신용등급을 투자부적격(정크) 등급인 'Ba1'으로 강등했다.

노키아의 휴대전화 역사는 1992년으로 거슬러 올라간다. 시티은행 출

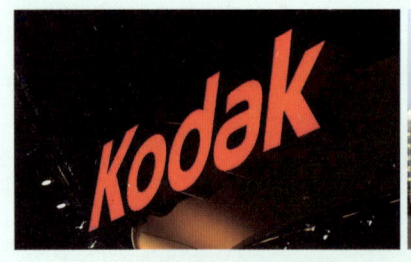

창조적 혁신 기업의 대명사였던 코닥과 노키아는 왜 몰락하고 말았을까?

신 CEO인 요르마 올릴라(Jorma Ollila)는 구소련이 무너지고 유럽이 경기 침체를 맞자 이에 대응하기 위해 휴대전화 집중 전략을 펼쳤다. 이러한 전략의 성공으로 노키아는 독일부터 중국까지 세계 각국에 노키아 공장을 짓는 등 엄청난 발전의 길을 걸었다. 당연히 주가도 치솟았는데 2000년대 초반 노키아의 시가총액은 3030억 달러에 이르렀다. 하지만 노키아는 성공에 안주하지 않았다. 이메일과 터치스크린, 빠른 무선통신망 등의 연구 개발에 수십억 달러를 지출했고, 급기야 1996년에는 최초의 스마트폰 노키아9000까지 내놓을 정도가 되었다. 노키아는 말 그대로 창조적 혁신 기업이었다.

> > >

파워게임에 빠진 노키아

이렇게 위대했던 노키아의 몰락은 조직 내 파워게임에서 시작되었다. 2006년 CEO로 온 올리페카 칼라부오는 스마트폰 사업부와 일반 휴대전화 사업부를 통합했다. 이들 팀이 합쳐지자 세력 내 다툼이 생기기 시작했다. 기존의 휴대전화 고유 운용체계(OS)인 '심비안'을 개선하자는 팀과 스마트폰 시장에 맞는 새로운 OS를 개발하자는 팀이 서로 의견을 통합해 문제를 해결하려는 대신 '사내 정치'를 시작한 것이다. 조직은 경직됐고 빠르게 변화하는 시장에서 기회를 놓치기 일쑤였다. 협력 업체들도 힘들긴 마찬가지였다. 2010년 부임한 CEO 스테판엘 롭은 이를 타파하기 위해 직접 움직여, 최고운영관리자(COO) 등 고위 임원 세 명을 해고했고 영업 및 마케팅 부서를 개편했으며, 1만 명에 달하는 직원 감축까지 시행하는 등 개혁을 진행했지만 이미 때는 지나간 후였다.

코닥과 노키아는 혁신적인 성공 기업이 어떻게 몰락하는지를 보여주는 대표적인 사례. 한때 성과를 창출했던 테스토스테론이 높은 '경쟁 승리' 유형은 조직 내 파워게임에서 승자가 되고, 또한 높은 성과를 낸다. 하지만 조직의 중심 멤버가 된 이들은 승자의 곡선에 빠져 환경변화에 둔감해지면 위험 회피 성향으로 바뀐다. 내부의 의사결정도 당연히 위험 회피 성향으로 바뀌고 환경 변화에 더욱더 따라가지 못한다. 한번 감독형, 보존형으로 바뀐 조직은 대대적인 인적 쇄신없이 단기간에 성과형, 창조형 조직으로 바뀌지 않는다.

추천도서

1. 《뇌, 욕망의 비밀을 풀다》, 한스 게오르크 호이젤, 흐름출판, 2008년
신경경제학이라는 새로운 관점(view)을 열어 준 역작. 한스 게오르크 호이젤 박사는 심리학을 전공한 독일의 유명 경제학자로 유럽의 신경마케팅 분야의 최고 권위자다. 제목 그대로 인간의 소비 심리를 지배하는 뇌 속, 소비자들의 숨겨진 욕망과 행동을 설명하며, 소비자의 구매에 인간의 뇌가 어떻게 영향을 미치는지에 대해 신경과학 관점에서 설명한다.

2. 《춤추는 뇌》, 김종성, 사이언스북스, 2005년
조금 설명이 어렵지만, 뇌에 대한 깊은 이해를 도와주는 종합 뇌 상식 서적이다. 사이언스북스 편집자이며 의사이기도 한 저자의 탁월한 지식이 종합되어 있다. 총 4장으로 구성된 내용을 이해하면, 뇌과학에 대한 큰 그림을 그릴 수 있을 정도로 자세하게 서술하고 있다. 뇌과학을 이해하고 싶은 독자라면 꼭 읽어보기를 추천한다.

3. 《상식 밖의 경제학》, 댄 애리얼리, 청림출판, 2008년
합리적이고 이성적인 인간을 전제로 하는 기존의 경제학으로는 실제 일어나는 인간의 비합리적 행동에 대해 충분히 설명하지 못했다. 댄 애리얼리는 행동경제학 관점에서 인간의 행동이 합리적이지 않다는 것을 일상에서 쉽게 경험할 수 있는 사례를 통해 설명하고 있다. 목차부터 재미있는 심리학적 경제서다.

4. 《가격은 없다》, 윌리엄 파운드스톤, 동녘사이언스, 2011년
행동경제학의 대가인 대니얼 카너먼과 리처드 탈러가 격찬한 책으로, 절대가치를 반영하는 가격은 없으며 가격은 심리적인 착각이라고 이야기한다. 그리고 이러한 착각

은 기업들의 다양한 마케팅 기법, 광고들에 의해서 이루어진다는 것을 다양한 실험을 통해 보여준다. 일반 독자라면 마치 가격에 대한 소비자 고발 프로그램을 보는 것 같은 생각도 들 것이다. 상대가치만 존재하는 가격의 진실에 대해 진지한 대답을 해주는 책이다.

5. 《위험한 생각 습관 20》, 레이 허버트, 21세기북스, 2011년

자동차를 운전할 때 깊이 생각하고 운전하지 않듯이, 우리는 판단을 할 때 나도 모르게 '휴리스틱'이라는 판단체계를 사용한다. 레이 허버트는 20가지로 분류된 휴리스틱을 다양한 사례를 통해 소개한다. 휴리스틱이 빠르고 편리한 선택을 하게 하지만, 잘못 사용할 경우 심각한 문제를 초래할 수도 있다는 것을 강조한다.

6. 《생각에 대한 생각》, 대니얼 카너먼, 김영사, 2012년

행동경제학 창시자이며, 노벨 경제학상 수상자인 심리학자 대니얼 카너먼의 연구를 집대성한 책으로 제목 그대로 생각에 대한 생각이다. 대니얼 카너먼 박사는 인간의 모든 삶의 근원을 '빠르게 생각하기(fast thinking)'와 '느리게 생각하기(slow thinking)' 크게 두 가지로 구분하고 있으며, 이것은 직관과 이성을 의미한다. 이 두 가지 생각이 인간 행동에 어떻게 작용하는지에 대한 오랜 연구 자료들을 5부로 나눠서 설명하고 있다.

7. 《욕망의 진화》, 데이비드 버스, 사이언스북스, 2007년

《욕망의 진화》는 진화심리학의 관점에서 인간의 욕망에 대해 과학적으로 써내려간 책이다. 진화심리학은 다윈의 진화론에 기초해 인간 행동의 근원을 이해하는 학문으로 인간의 욕망은 남녀의 생존, 번식 본능이 발전하면서 생긴 것이라고 설명한다. 한번쯤 읽어두면 남녀 행동에 대해 고개를 끄덕일 수 있을 만큼 재미있는 설명들을 담고 있다.

8. 《소비 본능》, 게드 샤드, 더난출판사, 2012년

《소비 본능》은 진화심리학 관점에서 인간의 소비행동을 고찰하고 있다. 게드 샤드는 소비자가 무엇을 기준으로 소비하는지, 이것이 인간의 본능과 어떻게 연관되어 있는지를 알려준다. 즉, 소비 활동이 네 가지 핵심적인 진화의 동인인 생존, 번식, 혈연 선택, 호혜적 이타성과 관련 있다고 설명한다. 더불어 소비자의 행동과 다른 동물들의 행동 사이에 존재하는 유사성을 알려준다.

9. 《승자의 뇌 구조》, 한스 게오르크 호이젤, 갈매나무, 2009년

성공을 이루는 사람들은 정해져서 태어나는 것일까? 이 어려운 질문에 뇌 과학자, 진화생물학자들은 이와 같은 유전자가 있다고 말한다. 한스 게오르크 호이젤 박사의 두 번째 저서인 이 책은 승자의 뇌 구조는 림빅(변연계)의 세 가지 지령, 즉 균형, 지배, 자극 지령 중 지배 지령이 강한 사람이 승자가 된다는 것을 이야기하고 있다.

10. 《이모션》, 한스 게오르크 호이젤, 흐름출판, 2012년

수많은 상품 중에서 소비자는 특정 상품을 구매한다. 왜 그 상품을 선택했는지에 대해 정확하게 대답하지 못하면서 말이다. 《이모션》은 소비자를 움직이는 보이지 않는 손인 감정에 대해 과학적으로 설명하고 있다. 한스 게오르크 호이젤 박사의 세 번째 저서로 감정(림빅)이 궁극적으로 소비자 행동을 결정한다는 메시지를 주며, 이를 자극하는 방법에 대한 이야기를 하고 있다. 마케터라면 꼭 읽어봐야 할 책이다.

11. 《아웃라이어》, 말콤 글래드웰, 김영사, 2009년

세기의 이야기꾼 말콤 글래드웰이 일반인들을 위해 쓴 심리학 책이다. 말콤 글래드웰은 자메이카인 어머니와 영국인 아버지 사이에서 태어나 토론토와 트리니티 대학에서 역사학을 공부한 저널리스트다. 그는 어려운 심리학 이야기를 일반인들이 쉽게 이해할 수 있게 전달하는 뛰어난 능력을 가지고 있다. 이 책은 뛰어난 성과를 창출한 사람들의 비밀을 전하며 세계적인 베스트셀러가 되었다.

12. 《넛지》, 리처드 탈러 & 캐스 선스타인, 리더스북, 2009년

《넛지》를 가장 쉽게 이해할 수 있는 사례는 본문에 나오는 소변기 이야기다. 남자 소변기 중앙에 파리 스티커를 부착함으로써 옆으로 새거나 흘렸던 소변의 양을 현저하게 줄일 수 있었다. 이렇듯 '넛지'란 간접적인 방법을 이용해 개인의 선택에 직접적인 영향을 자연스럽게 가져다주는 자유주의적 개입주의를 의미하며, 행동경제학을 기

반으로 인간의 사고방식과 우리 사회의 작동원리를 설명하고 있다.

13. 《인튜이션》, 게리 클라인, 한국경제신문사, 2012년
《인튜이션》은 인지과학 분야의 40년 연구를 한 권으로 집대성한 것이다. 분석적이며 논리적인 의사결정이 항상 옳은 판단을 하는 것은 아니며, 경험에서 나오는 직관의 힘이 인류 문명을 발전시켜왔다고 설명한다. 직관은 빅 데이터 시대에 비합리적인 의사결정이라는 반박을 받을 수 있지만, 반대로 인간 행동이 빅 데이터로 설명될 수 있는가에 대한 질문도 던진다.

14. 《뇌의 거짓말》, 마이클 캐플런 & 앤널 캐플런, 이상, 2010년
마이클 캐플런은 비합리적이고 오류투성이의 인간 행동은 뇌가 세상을 파악하는 방식이 정직하지 않고 의사결정을 내리는 방식이 비합리적이기 때문이라고 한다. 이 책은 경제적 선택에서 낭비를 불러오는 계산 습관, 왜곡된 현실을 보게 만드는 인지 함정, 똑똑한 사람들도 실수하게 하는 순간적 판단 오류 등 우리가 합리적인 판단을 하지 못하는 다양한 사례들을 인지과학, 신경경제학, 행동경제학, 진화생물학을 통섭한 관점에서 소개한다.

15. 《블라인드 스팟》, 매들린 L. 반헤케, 다산초당, 2007년
《블라인드 스팟》은 자동차 사이드 미러에 보이지 않는 사각지대, 즉 맹점을 뜻한다. 반헤케는 맹점과 같이 인간에게도 심리적 사각지대가 있으며, 이러한 맹점에 의해 일어나는 10가지 부류의 실수와 편견, 오류에 대해 설명하고 있다.

16. 《불합리한 지구인》, 하워드 댄포드, 비즈니스북스, 2011년
《불합리한 지구인》은 빈틈없고 논리적인 사고관을 가진 우주인 존스를 통해 행동경제학의 주요 개념을 소개한다. 인간의 불합리성을 파헤친 이 책은 기발하고 엉뚱한 질문, 일상에서 벌어지는 다양한 사례를 통해 인간이 어떻게 똑똑한 선택을 망치는지, 무한 반복되는 판단 착오와 결정의 오류들은 어디에서 기인하는지 알려주고 있다.

17. 《블링크》, 말콤 글래드웰, 21세기북스, 2005년

생존을 위해 빠른 판단을 해야만 했던 우리들은 순간적으로 판단하는 능력을 가지고 있다. 내용 중 박물관 사례처럼 직관에 의한 순간적 판단이 어떻게 나오는지, 이 능력이 언제 필요하며 언제 경계해야 하는지에 대한 이야기를 하고 있다. 또, 비즈니스 세계뿐 아니라 일상생활에서 우리가 얼마나 직관과 통찰력에 의지하고 있는지를 밝히고 있다.

18. 《New》, 위니 프레드 갤러거, 오늘의 책, 2012년

《NEW》는 새로움을 탐닉하는 인간의 속성에 대한 성찰을 이야기한다. 저자는 인간을 '혁신 애호가'와 '혁신 회피가'로 나누어 설명하는데, 문명은 혁신에 대한, 새로움에 대한 호기심으로 꽉 찬 사람들이 발전시켜왔다고 이야기한다. 그리고 이러한 호기심은 좌뇌와 우뇌의 차이, 유전적 DNA로 전달되며, 모험 유전자 D4DR-7R의 발견은 새로움을 찾는 동기가 유전적으로 코딩되어 있다는 것을 처음으로 증명한 사례이기도 하다.

19. 《How Customers Think》, 제럴드 잘트만, 21세기북스, 2004년

소비자 행동의 95%는 무의식에 의해서 이루어지는데, 마케터는 합리적인 소비자에 집착한다. 결국 신제품의 80%가 6개월 이내에 예상 수익에 훨씬 못 미치는 결과를 보이거나 퇴출 당한다는 것이 《How Customers Think》 의 출발점이다. 제럴드 잘트만은 이 책에서 기존 일반적인 설문 조사나 FGI가 가지고 있는 태생적으로 치명적인 문제점들을 극복할 수 있는 연상추출기법 ZMET(Zaltman Metaphor Elicitation Technique)을 소개하고 있다.

20. 《인코그니토》, 데이비드 이글먼, 쌤앤파커스, 2011년

가끔 우리는 나도 모르는 행동을 하게 되면 내가 왜 그런 행동을 했을까 후회한다. 이럴 때면 우리는 내 안에 또 다른 내가 있는 것 같은 경험을 한다. 인코그니토는 뇌과학, 신경학, 진화생물학, 심리학, 사회학 등의 다채롭고 흥미로운 사례들을 바탕으로 우리의 몸과 마음을 움직이는 '내 안의 또 다른 나(무의식)'의 정체를 낱낱이 이야기해준다.

21. 《히든 브레인》, 샹커 베단텀, 초록물고기, 2010년
히든 브레인은 무의식이 인간의 행동을 지배한다는 것을 실증 사례를 통해 소개한다. 샹커 베단텀은 무의식은 진화의 과정을 통해 불확실한 자연에서 생존하기 위한 본능에서 출발한 것이며, 이러한 무의식적 생각들이 개인의 의사결정과 성차별, 대통령 선거, 총기 자살 등과 같은 사회적인 문제들에 어떻게 영향을 주는지 자세하게 설명하고 있다.

22. 《선택의 과학》, 리드 몬터규, 사이언스북스, 2011년
뇌과학이 밝혀내는 의사결정 과정에 대해 설명하는 뇌과학 책이다. 리드 몬터규는 '선택은 과연 계산 가능한 문제일까?'라는 인류의 오랜 궁금증을 다양한 연구를 통해 통찰해나간다. 다양한 사례들을 통해 뇌가 선택하는 과정과 더불어 인간의 다양한 문제점과 신비로운 현상을 설명하고 있다.

23. 《그들도 모르는 그들의 생각을 읽어라》, 로저 둘리, 윌컴퍼니, 2013년
소비자 행동의 95%를 지배하는 무의식은 합리적이지 않고, 비이성적이다. 따라서 합리적이고 이성적인 부분에만 초점을 맞춘 기존 마케팅 기법은 한계에 부딪힌다. 저자는 감정적이고, 비언어적이며, 무의식적인 부분에 초점을 맞춰 마케팅을 펼쳐야 하며, 이러한 비합리적인 소비심리를 파고드는 100가지 마케팅 전략에 대해 소개하고 있다.

24. 《뉴로마케팅》, 패트릭 랑보이제 & 크리스토퍼 모린, 미래의 창, 2007년
패트릭 랑보이제는 뇌를 '신뇌(사고한다)', '중뇌(느낀다)', '구뇌(결정한다)'로 구분해 소비자의 행동을 설명한다. 이 책은 의사결정중추인 '구뇌'에 영향을 줄 수 있는 세일즈, 마케팅, 커뮤니케이션에 대한 방법들을 설명하고 있다. 만약에 길거리에서 구걸하는 사람이 '집이 없어요. 도와주세요'라고 하는 것보다 '배고파 본 적이 있나요?'라는 문구를 사용한다면 더 상대를 설득할 수 있다는 것이다. 이처럼 비단 기업만이 아니라 자영업을 하는 개인에게도 활용하기 좋은 팁들이 있다.

25. 《블루 엘리펀트》, 하워드 모스코비츠 & 알렉스 고프먼, 럭스미디어, 2010년

매년 수없이 많은 신상품들이 시장에 나오지만 대부분은 소비자들의 선택을 받지 못하고 사라진다. 중요한 점은 이들 신상품들이 가장 정교하다는 신제품 개발 프로세스(NPD)를 거친 것인데도 말이다. 블루 엘리펀트는 이러한 신제품 개발 프로세스의 한계를 뛰어넘는 RDE 기법을 소개하고 있다. RDE 기법은 소비자들이 진정 원하는 것을 찾아가는 비즈니스 실험으로 신상품 개발 담당자들은 꼭 한번 읽어보기를 추천한다.

26. 《소비자의 뇌가 직접 말하는 광고·브랜드의 비밀》, 야마다 리에이, 커뮤니케이션북스, 2011년

수없이 많은 광고 중에서 소비자의 기억에 다다르게 하며, 소비 행동에 영향을 주는 광고를 만드는 것은 광고인들의 숙제다. 이 책은 소비자들이 상품 구매나 호불호를 선택함에 있어 '무의식'이 작용한다는 것을 여러 연구를 통해 밝히고 있다. 또한 뇌과학을 바탕으로 광고에 대한 정보와 의미들을 소비자들의 무의식에 전달하는 방법을 '공식(公式)적'으로 알려주고 있다.

27. 《무의식 마케팅》, 정성희, 시니어커뮤니케이션, 2009년

무의식에 대한 언급은 많지만, 이를 기반으로 마케팅을 어떻게 해야 하는가에 대한 이야기를 하는 책은 드물다. 이 책은 무의식 마케팅을 나름 체계적으로 정리한 책이며, 여러 사례들을 통해 이해하기 쉽게 알려준다.

28. 《마인드 바이러스》, 리처드 브로디, 흐름출판, 2010년

마인드 바이러스는 밈(Meme)에 관한 책으로, 밈은 '모방' 등 유전자 이외의 방법에 의해 전달된다고 여겨지는 문화적 요소라고 설명하고 있다. 밈은 우리들의 판단에 많은 영향을 미치는데, 사물을 분할하여 새로운 개념(예: 국가, 사회)을 만들어내기도 하며, 사이비 종교와 같이 현상을 왜곡시키기도 한다고 설명하고 있다.

29. 《입소문의 기술》, 고구레 마사토 & 이시타니 마사키, 라이온북스, 2008년

이 책의 저자인 고구레 마사토는 일본의 파워 블로거다. 그가 운영하는 네타후루

(http://netafull.net)는 월간 100만 PV(Page View)의 뷰어를 자랑하고 있다. 저자는 자신이 운영해왔던 블로그의 성공사례를 바탕으로 분석을 통한 통계 데이터, 성공적인 블로그를 만들기 위한 조건, 운영기법, 체크리스트까지 관련 종사자라면 알아두어야 할 내용들을 다루고 있다.

30. 《클릭, 이브 속으로》, 페이스 팝콘 & 리스 마리골드, 21세기북스, 2001년
여성에 대한 마케팅을 체계적으로 정리한 책이다. 관계성을 중요시하는 연결, 일인다역의 경제생활, 감동을 줄 수 있는 예측, 꼼꼼한 관찰력, 편한 생활의 제공, 세대를 공감하는 브랜드 물려주기, 함께하는 브랜드 그리고 숨김없는 마케팅 등 총 8개의 파트로 나누어 설명하고 있다.

왜 팔리는가

ⓒ조현준 2013

1판 1쇄 발행 2013년 7월 15일
1판 10쇄 발행 2023년 1월 26일

지은이 조현준

기획·책임편집 김성수 디자인 백주영 교정 김미화(네오북)
마케팅 김선진 배희주 브랜딩 함유지 함근아 김희숙 고보미 박민재 박진희 정승민
제작 강신은 김동욱 임현식 제작처 한영문화사

펴낸곳 (주)교유당 펴낸이 신정민
출판등록 2019년 5월 24일 제406-2019-000052호

주소 10881 경기도 파주시 회동길 210
문의전화 031-955-8891(마케팅) 031-955-3583(편집) 팩스 031-955-8855
전자우편 gyoyudang@munhak.com
인스타그램 @thinkgoods 트위터 @thinkgoods 페이스북 @thinkgoods

ISBN 978-89-546-2197-7 13320

■ 아템포는 ㈜교유당의 교양·자기계발·실용 브랜드입니다.
■ 이 책의 판권은 지은이와 ㈜교유당에 있습니다.
■ 이 책 내용의 전부 또는 일부를 재사용하려면 반드시 양측의 서면 동의를 받아야 합니다.